## 高速公路旅客周转量

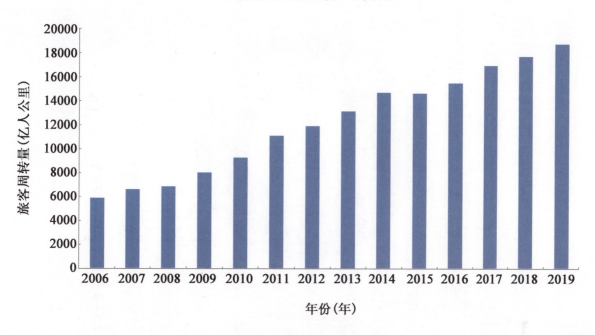

## 高速公路20座及以上客车旅客周转量在全社会营业性客车旅客周转量中所占的比例

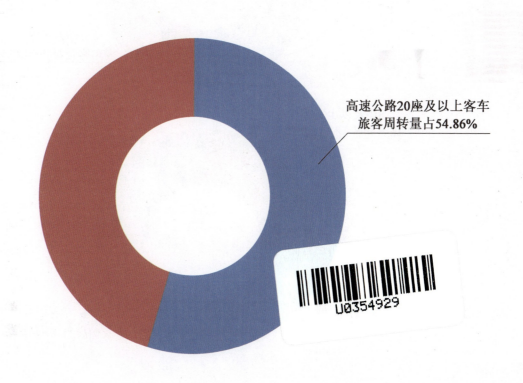

高速公路20座及以上客车旅客周转量占54.86%

# 客车组成结构

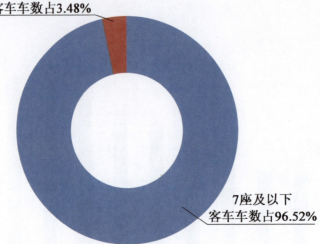

8座及以上客车车数占3.48%

7座及以下客车车数占96.52%

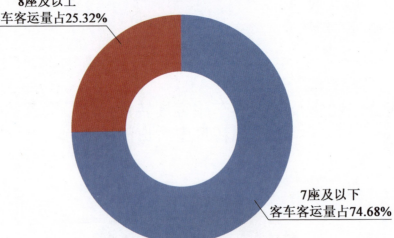

8座及以上客车客运量占25.32%

7座及以下客车客运量占74.68%

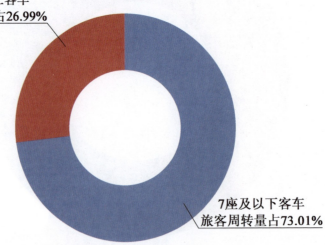

8座及以上客车旅客周转量占26.99%

7座及以下客车旅客周转量占73.01%

## 高速公路货物周转量

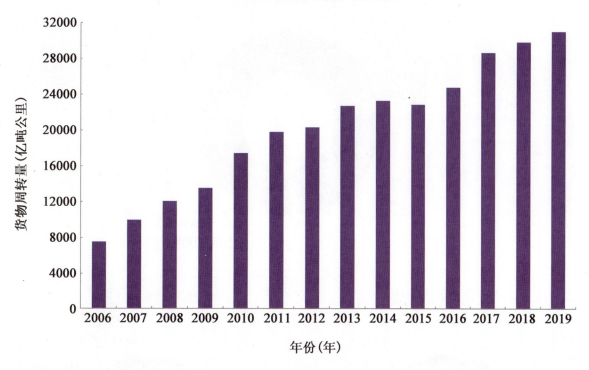

## 高速公路货物周转量在全社会营业性货车货物周转量中所占的比例

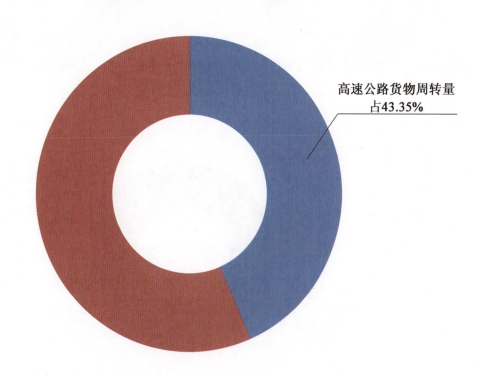

高速公路货物周转量占43.35%

## 货车组成结构

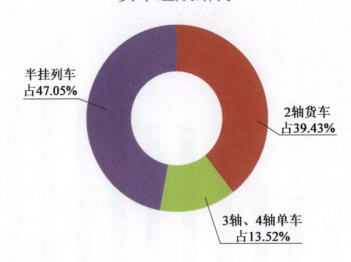

## 行驶量构成 　　周转量构成

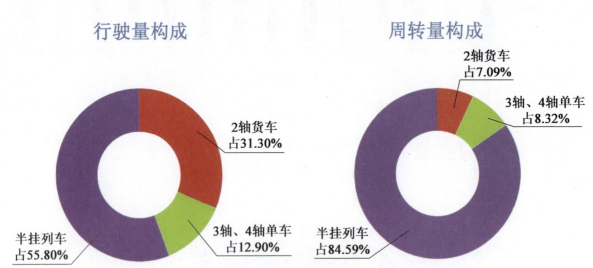

## 高速公路行驶量

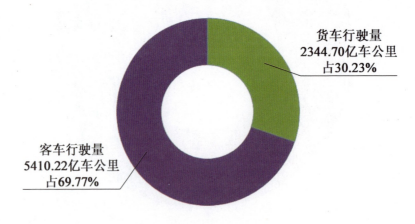

# 2019 中国高速公路运输量统计调查分析报告

陈荫三 肖润谋 闫晟煜 李 彬 著

人民交通出版社股份有限公司

北京

## 内 容 提 要

2019年底,我国高速公路通车里程达149571公里(不含香港、澳门特别行政区和台湾省),同比增长4.89%,2019年高速公路通车里程占公路总里程的2.98%,承担了54.86%的全社会营业性客车旅客周转量和43.35%的全社会营业性货车货物周转量(按可比口径计算)。同时,高速公路和铁路共同承担陆上干线运输任务。2019年高速公路货物周转量31007亿吨公里,略高于铁路;旅客周转量18683亿人公里,是铁路的1.27倍。

本书由长安大学运输科学研究院撰写,发布了中国高速公路运输量数据,分析了中国高速公路近年来运输结构的变化,也对高速公路运输量与国内生产总值的关系等问题进行了讨论。

本书可以作为中国运输经济趋势分析,高速公路规划、设计以及相关科研工作的基础资料,也可以作为高速公路建设、管理、运营和养护工作决策的依据。

### 图书在版编目(CIP)数据

2019中国高速公路运输量统计调查分析报告/陈荫三等著. —北京:人民交通出版社股份有限公司,2020.12

ISBN 978-7-114-16958-8

Ⅰ. ①2… Ⅱ. ①陈… Ⅲ. ①高速公路—运输量—调查报告—中国—2019 Ⅳ. ①U492.2

中国版本图书馆 CIP 数据核字(2020)第 228858 号

2019 Zhongguo Gaosu Gonglu Yunshuliang Tongji Diaocha Fenxi Baogao

| 书　　名: | 2019中国高速公路运输量统计调查分析报告 |
|---|---|
| 著 作 者: | 陈荫三　肖润谋　闫晟煜　李　彬 |
| 责任编辑: | 薛　亮　刘　博 |
| 责任校对: | 赵媛媛 |
| 责任印制: | 刘高彤 |
| 出版发行: | 人民交通出版社股份有限公司 |
| 地　　址: | (100011)北京市朝阳区安定门外外馆斜街3号 |
| 网　　址: | http://www.ccpcl.com.cn |
| 销售电话: | (010)59757973 |
| 总 经 销: | 人民交通出版社股份有限公司发行部 |
| 经　　销: | 各地新华书店 |
| 印　　刷: | 中国电影出版社印刷厂 |
| 开　　本: | 889×1194　1/16 |
| 印　　张: | 13 |
| 字　　数: | 402千 |
| 版　　次: | 2020年12月　第1版 |
| 印　　次: | 2020年12月　第1次印刷 |
| 书　　号: | ISBN 978-7-114-16958-8 |
| 定　　价: | 100.00元 |

(有印刷、装订质量问题的图书由本公司负责调换)

# 目录 *Mulu*

**第1章　高速公路运输态势分析** ········································ 1
　1.1　高速公路交通状况 ·················································· 1
　1.2　高速公路旅客运输状况 ············································· 2
　1.3　高速公路货物运输 ·················································· 4
　1.4　高速公路运输量的月度波动 ········································ 6
　1.5　货运运输量和国内生产总值的关联 ································ 9

**第2章　运输结构主要数据** ············································ 11
　2.1　高速公路运输与国民经济 ········································· 11
　2.2　高速公路基础设施 ················································· 11
　2.3　高速公路交通状况 ················································· 11
　2.4　高速公路旅客运输 ················································· 15
　2.5　高速公路货物运输 ················································· 17
　2.6　县乡区域发送客货量比例 ········································· 22
　2.7　部分省和地区的穿越车流状况 ···································· 22

**第3章　部分高速公路干线日均运输密度** ···························· 23
　3.1　京哈高速公路(G1)日均运输密度 ································· 23
　3.2　京沪高速公路(G2)日均运输密度 ································· 25
　3.3　京港澳高速公路(G4)日均运输密度 ······························ 27
　3.4　京昆高速公路(G5)日均运输密度 ································· 29
　3.5　京藏高速公路(G6)日均运输密度 ································· 31
　3.6　沈海高速公路(G15)日均运输密度 ································ 33
　3.7　青银高速公路(G20)日均运输密度 ································ 37
　3.8　连霍高速公路(G30)日均运输密度 ································ 39
　3.9　宁洛高速公路(G36)日均运输密度 ································ 41
　3.10　沪陕高速公路(G40)日均运输密度 ······························ 43
　3.11　沪蓉高速公路(G42)日均运输密度 ······························ 45
　3.12　沪渝高速公路(G50)日均运输密度 ······························ 47
　3.13　沪昆高速公路(G60)日均运输密度 ······························ 49

3.14 包茂高速公路（G65）日均运输密度 ·················· 51
3.15 兰海高速公路（G75）日均运输密度 ·················· 55

# 第4章 部分省（直辖市）高速公路日均运输密度 ·················· 57

4.1 天津市高速公路日均运输密度 ·················· 57
4.2 河北省高速公路日均运输密度 ·················· 61
4.3 山西省高速公路日均运输密度 ·················· 73
4.4 辽宁省高速公路日均运输密度 ·················· 84
4.5 上海市高速公路日均运输密度 ·················· 90
4.6 江苏省高速公路日均运输密度 ·················· 94
4.7 浙江省高速公路日均运输密度 ·················· 100
4.8 安徽省高速公路日均运输密度 ·················· 106
4.9 福建省高速公路日均运输密度 ·················· 112
4.10 江西省高速公路日均运输密度 ·················· 124
4.11 山东省高速公路日均运输密度 ·················· 131
4.12 河南省高速公路日均运输密度 ·················· 139
4.13 湖北省高速公路日均运输密度 ·················· 146
4.14 湖南省高速公路日均运输密度 ·················· 154
4.15 广东省高速公路日均运输密度 ·················· 160
4.16 重庆市高速公路日均运输密度 ·················· 164
4.17 四川省高速公路日均运输密度 ·················· 170
4.18 陕西省高速公路日均运输密度 ·················· 179
4.19 贵州省高速公路日均运输密度 ·················· 187

# 附录 ·················· 193

附录1 各省（自治区、直辖市）高速公路收费系统数据库信息类型 ·················· 193
附录2 各省（自治区、直辖市）客车收费车型划分标准 ·················· 194
附录3 运输结构主要数据说明 ·················· 194

# 致谢 ·················· 200

# 第1章　高速公路运输态势分析

截至2019年底,我国高速公路通车里程149571公里(不含香港、澳门特别行政区和台湾省,下同),同比增长4.89%。

2019年,我国高速公路行驶量7754.92亿车公里,同比增长5.93%;实现货物周转量31006.96亿吨公里,同比增长3.62%;实现旅客周转量18682.69亿人公里,同比增长5.73%。

2019年,我国高速公路通车里程占公路总里程的2.98%,高速公路完成的货物周转量占全社会营业性货车货物周转量的43.35%,同比增长1.35个百分点;高速公路上20座及以上客车实现的旅客周转量占全社会营业性客车旅客周转量的54.86%,同比增长5.70个百分点。

2019年每万元国内生产总值(按现价计算)的高速公路货运量2.0195吨,同比减少0.0326吨。2019年我国平均每人在高速公路上乘车次数为19.6372次,同比增加2.0254次。

## 1.1　高速公路交通状况

2019年,我国高速公路车道里程669419公里,日均车道交通量为3267辆次,其中货车961辆次,客车2306辆次。

2019年,我国高速公路行驶量7754.92亿车公里,其中货车行驶量2344.70亿车公里,客车行驶量5410.22亿车公里。

我国高速公路历年行驶量状况、日均车道交通量变化情况见表1-1。乘用车数量增长持续强劲,日均客车车道交通量涨幅明显。各省(自治区、直辖市)日均车道交通量分布如图1-1和图1-2所示。

我国高速公路交通状况　　　　表1-1

| 年份(年) | 2012 | 2013 | 2014 | 2015 | 2016 | 2017 | 2018 | 2019 |
| --- | --- | --- | --- | --- | --- | --- | --- | --- |
| 车道里程(公里) | 424588 | 461284 | 495614 | 548421 | 579471 | 604285 | 633310 | 669419 |
| 行驶量(亿车公里) | 3633.75 | 4229.61 | 4827.14 | 5277.28 | 5993.42 | 6802.60 | 7320.90 | 7754.92 |
| 日均车道交通量(辆次) | 2327 | 2495 | 2649 | 2699 | 2900 | 3223 | 3167 | 3267 |
| 货车(辆次) | 818 | 855 | 849 | 803 | 854 | 974 | 958 | 961 |
| 客车(辆次) | 1509 | 1640 | 1800 | 1896 | 2046 | 2249 | 2209 | 2306 |

2019年,我国高速公路日均货车车道交通量961辆次。高于961辆次的有上海(1754辆次)、浙江(1741辆次)、江苏(1631辆次)、北京(1428辆次)、山东(1353辆次)、广东(1349辆次)、陕西(1335辆次)、海南(1253辆次)、山西(1243辆次)、天津(1238辆次)、河南(1202辆次)、重庆(1165辆次)、河北(1065辆次)、安徽(1046辆次)、湖南(971辆次)共计15个省(直辖市)。

2019年我国高速公路日均客车车道交通量2306辆次。高于2306辆次的有北京(5654辆次)、上海(4774辆次)、江苏(4554辆次)、浙江(4083辆次)、广东(4033辆次)、海南(3719辆次)、重庆(3635辆次)、安徽(2829辆次)、四川(2677辆次)、河南(2565辆次)、湖南(2487辆次)、山东(2335辆次)共计12个省(直辖市)。

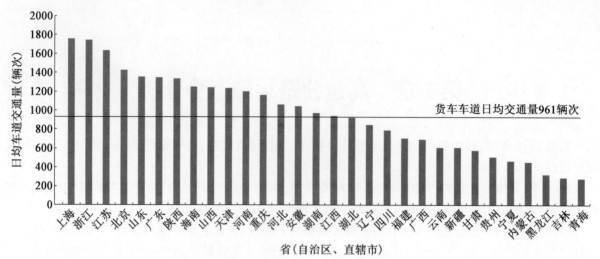

图 1-1　日均货车车道交通量分布

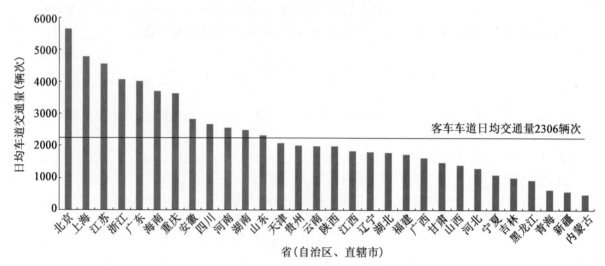

图 1-2　日均客车车道交通量分布

## 1.2　高速公路旅客运输状况

2019 年，高速公路旅客周转量达到 18682.69 亿人公里，相当于铁路旅客周转量的 127.04%。分别以 2006 年铁路和高速公路旅客周转量为 100%，2010—2019 年旅客周转量趋势见表 1-2，2006—2019 年旅客周转量增长趋势如图 1-3 所示。

**2010—2019 年旅客周转量趋势**（以 2006 年为 100%）　　表 1-2

| 运输方式 | 2010 年 | | 2011 年 | | 2012 年 | | 2013 年 | | 2014 年 | |
|---|---|---|---|---|---|---|---|---|---|---|
| | 亿人公里 | % | 亿人公里 | % | 亿人公里 | % | 亿人公里 | % | 亿人公里 | % |
| 铁路 | 8762 | 132.3 | 9612 | 145.2 | 9812 | 148.2 | 10596 | 160.0 | 11605 | 175.2 |
| 高速公路 | 9293 | 157.5 | 11087 | 187.9 | 11916 | 201.9 | 13112 | 222.2 | 14695 | 249.0 |
| 运输方式 | 2015 年 | | 2016 年 | | 2017 年 | | 2018 年 | | 2019 年 | |
| | 亿人公里 | % | 亿人公里 | % | 亿人公里 | % | 亿人公里 | % | 亿人公里 | % |
| 铁路 | 11960 | 180.6 | 12579 | 190.0 | 13456 | 203.2 | 14147 | 213.6 | 14707 | 222.1 |
| 高速公路 | 14609 | 247.6 | 15473 | 262.2 | 16886 | 286.2 | 17670 | 299.4 | 18683 | 316.6 |

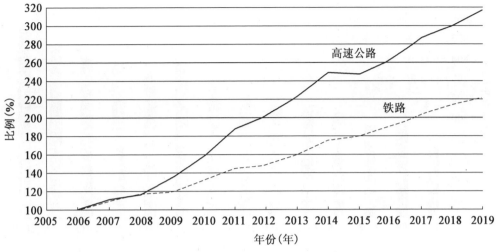

图 1-3　2006—2019 年旅客周转量增长趋势（以 2006 年旅客周转量为基数）

### 1.2.1　乘用车出行持续快速增长

2019 年，高速公路乘用车旅客周转量占高速公路旅客周转量的比例为 73.01%，同比增长 1.27 个百分点。乘用车出行比例持续快速增长，见表 1-3 和图 1-4。

高速公路客运中 7 座及以下客车客运比例　　　　表 1-3

| 年份（年） | 2010 | 2011 | 2012 | 2013 | 2014 | 2015 | 2016 | 2017 | 2018 | 2019 |
|---|---|---|---|---|---|---|---|---|---|---|
| 旅客周转量比例（%） | 45.09 | 47.10 | 49.99 | 55.64 | 59.18 | 54.37 | 62.91 | 65.16 | 71.74 | 73.01 |
| 客运量比例（%） | 56.56 | 60.09 | 63.64 | 66.55 | 68.24 | 66.78 | 69.77 | 72.12 | 76.78 | 76.48 |

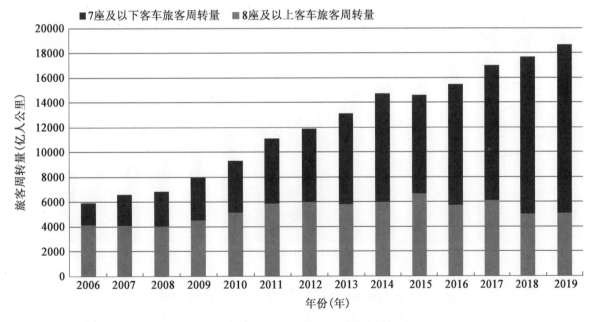

图 1-4　2006—2019 年高速公路旅客周转量

2019 年，高速公路上乘用车旅客运输密度（以下简称客运密度）为 976.37 万人公里/公里，同比增长 9.84%，见表 1-4 和图 1-5。

高速公路客运中 7 座及以下客车客运密度　　　　表 1-4

| 年份（年） | 2010 | 2011 | 2012 | 2013 | 2014 | 2015 | 2016 | 2017 | 2018 | 2019 |
|---|---|---|---|---|---|---|---|---|---|---|
| 客运密度（万人公里/公里） | 565.40 | 614.79 | 619.18 | 698.70 | 776.89 | 738.27 | 787.95 | 806.38 | 888.92 | 976.37 |

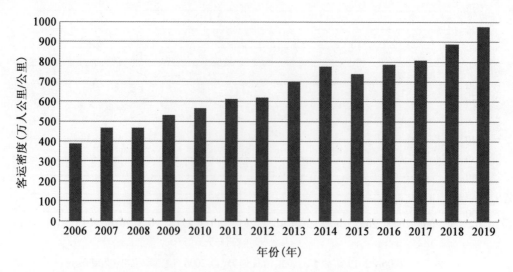

图 1-5　2006—2019 年高速公路 7 座及以下客车客运密度

#### 1.2.2　20 座及以上客车旅客运输量继续下滑

2019 年,高速公路上 20 座及以上客车旅客周转量占高速公路旅客周转量的比例同比下降 0.73%,客运密度为 324.86 万人公里/公里,同比增长 1.54%,见表 1-5 和图 1-6。

高速公路客运中 20 座及以上客车客运密度　　表 1-5

| 年份(年) | 2010 | 2011 | 2012 | 2013 | 2014 | 2015 | 2016 | 2017 | 2018 | 2019 |
| --- | --- | --- | --- | --- | --- | --- | --- | --- | --- | --- |
| 客运密度<br>(万人公里/公里) | 688.47 | 651.16 | 576.32 | 517.87 | 498.29 | 428.74 | 379.32 | 370.52 | 319.92 | 324.86 |

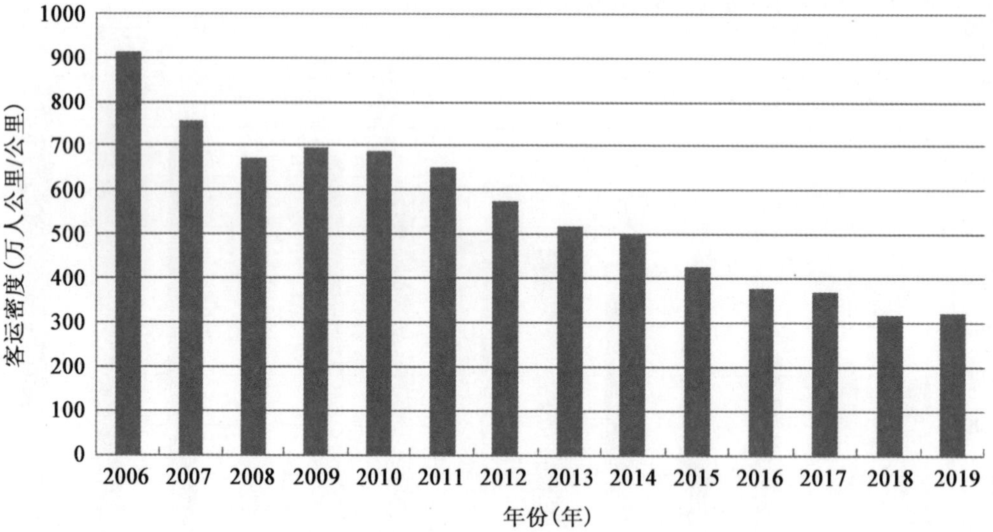

图 1-6　2006—2019 年高速公路中 20 座及以上客车客运密度

## 1.3　高速公路货物运输

2019 年,高速公路货物周转量 31006.96 亿吨公里,同比增长 3.62%。高速公路货物周转量相当于铁路货物周转量的 102.73%,占比下降 1.10 个百分点;相当于内河和沿海水运货物周转量的 62.13%,占比下降 1.37 个百分点。

2010—2019 年货物周转量趋势见表 1-6,2006—2019 年货物周转量变化趋势如图 1-7 和图 1-8 所示。

**2010—2019 年货物周转量趋势**(以 2006 年为 100%)　　　表 1-6

| 运输方式 | 2010 年 | | 2011 年 | | 2012 年 | | 2013 年 | | 2014 年 | |
|---|---|---|---|---|---|---|---|---|---|---|
| | 亿吨公里 | % | 亿吨公里 | % | 亿吨公里 | % | 亿吨公里 | % | 亿吨公里 | % |
| 铁路 | 27644 | 125.9 | 29130 | 132.7 | 29187 | 132.9 | 29174 | 132.9 | 27530 | 125.4 |
| 内河和沿海水运 | 22428 | 173.8 | 26068 | 202.0 | 28295 | 219.2 | 30730 | 238.1 | 36839 | 285.4 |
| 高速公路 | 17452 | 234.0 | 19802 | 265.5 | 20275 | 271.9 | 22720 | 304.6 | 23253 | 311.8 |

| 运输方式 | 2015 年 | | 2016 年 | | 2017 年 | | 2018 年 | | 2019 年 | |
|---|---|---|---|---|---|---|---|---|---|---|
| | 亿吨公里 | % | 亿吨公里 | % | 亿吨公里 | % | 亿吨公里 | % | 亿吨公里 | % |
| 铁路 | 23754 | 108.2 | 23792 | 108.4 | 26962 | 122.8 | 28821 | 131.3 | 30182 | 137.5 |
| 内河和沿海水运 | 37536 | 290.8 | 39264 | 304.2 | 43527 | 337.2 | 47126 | 365.1 | 49906 | 386.6 |
| 高速公路 | 22863 | 306.6 | 24709 | 331.3 | 28705 | 384.9 | 29924 | 401.2 | 31007 | 415.8 |

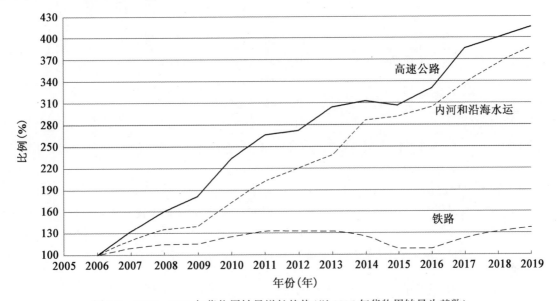

图 1-7　2006—2019 年货物周转量增长趋势(以 2006 年货物周转量为基数)

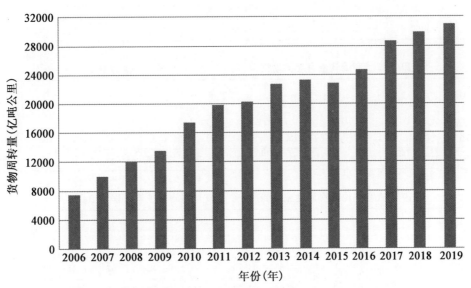

图 1-8　2006—2019 年高速公路货物周转量增长趋势

2019年，高速公路货运密度为2073.06万吨公里/公里，同比下降1.22%，见表1-7和图1-9。

表1-7 高速公路货运密度

| 年份（年） | 2010 | 2011 | 2012 | 2013 | 2014 | 2015 | 2016 | 2017 | 2018 | 2019 |
|---|---|---|---|---|---|---|---|---|---|---|
| 货运密度（万吨公里/公里） | 2354.76 | 2331.07 | 2107.61 | 2175.49 | 2077.38 | 1937.51 | 1920.02 | 2138.32 | 2098.56 | 2073.06 |

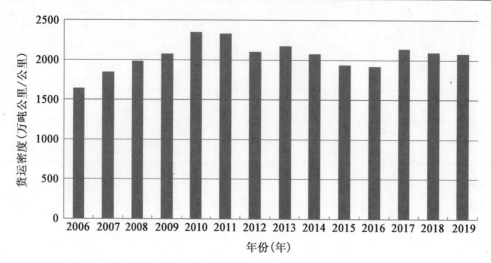

图1-9 2006—2019年高速公路货运密度

## 1.4 高速公路运输量的月度波动

### 1.4.1 客运月度波动

2019年，旅客发送量、旅客周转量和旅客平均行程的月度波动情况如表1-8～表1-10和图1-10～图1-12所示。

表1-8 2019年旅客发送量月度波动情况（%）（以月均旅客发送量为100.00%）

| 运输方式\月份 | 1月 | 2月 | 3月 | 4月 | 5月 | 6月 | 7月 | 8月 | 9月 | 10月 | 11月 | 12月 |
|---|---|---|---|---|---|---|---|---|---|---|---|---|
| 高速公路 | 94.77 | 105.55 | 94.68 | 101.54 | 100.68 | 96.52 | 103.21 | 108.74 | 99.09 | 115.60 | 91.08 | 88.54 |
| 铁路 | 92.92 | 95.45 | 91.34 | 100.12 | 100.99 | 100.77 | 116.62 | 124.21 | 97.94 | 104.60 | 88.79 | 86.25 |

表1-9 2019年旅客周转量月度波动情况（%）（以月均旅客周转量为100.00%）

| 运输方式\月份 | 1月 | 2月 | 3月 | 4月 | 5月 | 6月 | 7月 | 8月 | 9月 | 10月 | 11月 | 12月 |
|---|---|---|---|---|---|---|---|---|---|---|---|---|
| 高速公路 | 111.14 | 129.41 | 90.69 | 95.32 | 93.57 | 93.27 | 106.55 | 116.83 | 96.21 | 105.48 | 82.46 | 79.07 |
| 铁路 | 99.73 | 110.79 | 90.15 | 95.53 | 95.09 | 96.31 | 126.99 | 135.35 | 95.68 | 99.92 | 79.11 | 75.36 |

表1-10 2019年旅客平均行程月度波动情况（%）（以月均旅客平均行程为100.00%）

| 运输方式\月份 | 1月 | 2月 | 3月 | 4月 | 5月 | 6月 | 7月 | 8月 | 9月 | 10月 | 11月 | 12月 |
|---|---|---|---|---|---|---|---|---|---|---|---|---|
| 高速公路 | 117.46 | 122.82 | 95.94 | 94.03 | 93.10 | 96.79 | 103.42 | 107.62 | 97.27 | 91.40 | 90.69 | 89.46 |
| 铁路 | 107.79 | 116.58 | 99.12 | 95.84 | 94.57 | 95.99 | 109.36 | 109.45 | 98.11 | 95.94 | 89.49 | 87.75 |

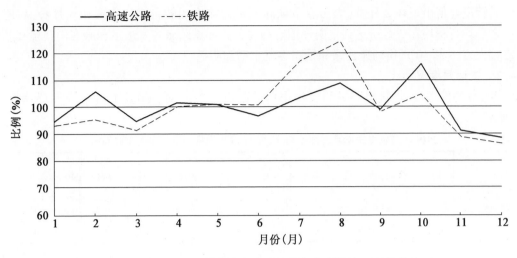

图1-10　2019年高速公路与铁路旅客发送量月度波动情况（以月均值为100%）

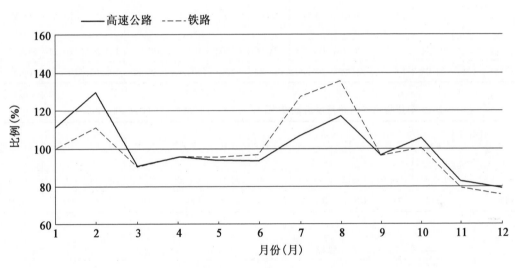

图1-11　2019年高速公路与铁路旅客周转量月度波动情况（以月均值为100%）

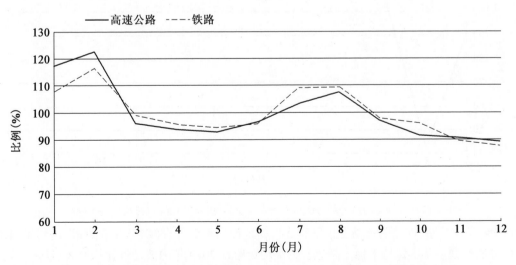

图1-12　2019年高速公路与铁路旅客平均行程月度波动情况（以月均值为100%）

2019年10月份,高速公路的旅客发送量达到峰值,而铁路的旅客发送量峰值出现在8月份;高速公路旅客周转量峰值出现在2月份(农历春节期间),铁路旅客周转量峰值出现在8月份;高速公路和铁路的旅客平均行程均在2月份达到年内峰值。高速公路和铁路旅客发送量和旅客周转量在第3季度的波动性较大,7、8和10月份高速公路和铁路客流量增加明显。

### 1.4.2 货运月度波动

2019年,货物发送量、货物周转量和货物平均运距的月度波动。如表1-11~表1-13和图1-13~图1-15所示。

**2019年货物发送量月度波动情况(%)(以月均货物发送量为100.00%)** 表1-11

| 运输方式\月份 | 1月 | 2月 | 3月 | 4月 | 5月 | 6月 | 7月 | 8月 | 9月 | 10月 | 11月 | 12月 |
|---|---|---|---|---|---|---|---|---|---|---|---|---|
| 高速公路 | 90.18 | 41.83 | 105.21 | 107.43 | 110.74 | 104.51 | 108.00 | 110.06 | 110.26 | 104.76 | 108.44 | 98.58 |
| 铁路 | 102.16 | 82.74 | 96.59 | 93.37 | 100.59 | 98.46 | 102.22 | 100.18 | 100.64 | 107.44 | 106.64 | 108.98 |

**2019年货物周转量月度波动情况(%)(以月均货物周转量为100.00%)** 表1-12

| 运输方式\月份 | 1月 | 2月 | 3月 | 4月 | 5月 | 6月 | 7月 | 8月 | 9月 | 10月 | 11月 | 12月 |
|---|---|---|---|---|---|---|---|---|---|---|---|---|
| 高速公路 | 97.44 | 45.70 | 106.18 | 103.73 | 103.66 | 98.68 | 101.72 | 107.76 | 111.36 | 106.31 | 110.22 | 107.24 |
| 铁路 | 102.06 | 81.17 | 97.75 | 95.00 | 100.82 | 97.45 | 100.64 | 99.80 | 102.05 | 107.00 | 106.52 | 109.76 |

**2019年货物平均运距月度波动情况(%)(以月均货物周转量为100.00%)** 表1-13

| 运输方式\月份 | 1月 | 2月 | 3月 | 4月 | 5月 | 6月 | 7月 | 8月 | 9月 | 10月 | 11月 | 12月 |
|---|---|---|---|---|---|---|---|---|---|---|---|---|
| 高速公路 | 107.35 | 108.56 | 100.27 | 95.93 | 93.00 | 93.80 | 93.57 | 97.28 | 100.34 | 100.83 | 100.98 | 108.08 |
| 铁路 | 99.92 | 98.12 | 101.22 | 101.76 | 100.24 | 98.98 | 98.47 | 99.63 | 101.42 | 99.61 | 99.91 | 100.73 |

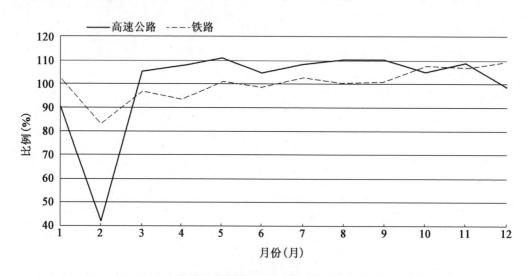

图1-13 2019年高速公路与铁路货物发送量月度波动情况(以月均值为100%)

2019年,高速公路、铁路的货物发送量和货物周转量均在2月份(农历春节期间)达到年内最低值,在3月份触底反弹后基本保持平稳。高速公路平均运距在2019年内波动性比铁路大,铁路货物平均运距相对较为平稳。

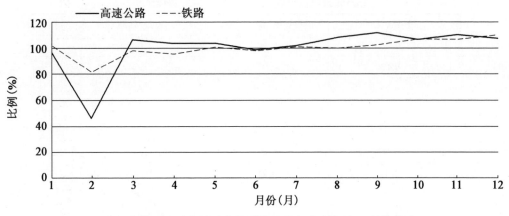

图 1-14　2019 年高速公路与铁路货物周转量月度波动情况(以月均值为 100%)

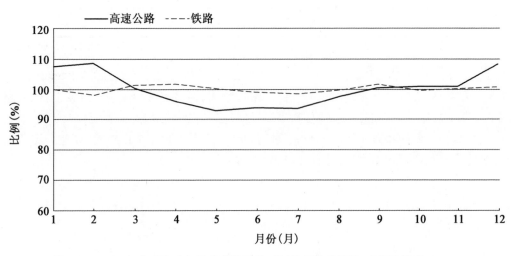

图 1-15　2019 年高速公路与铁路货物平均运距月度波动情况(以月均值为 100%)

## 1.5　货运运输量和国内生产总值的关联

2019 年,按现价计算的每万元国内生产总值的干线货物周转量为 1121.19 吨公里,同比下降 5.02%,见表 1-14。按现价计算的每万元国内生产总值的干线货运量为 3.13 吨,同比下降 2.11%,见表 1-15。干线货物运距为 358 公里,同比下降 3.01%,见表 1-16。

每万元国内生产总值(按现价计算)的货物周转量　　　　表 1-14

| 年份(年) | 铁路(吨公里) | 沿海和内河水运(吨公里) | 高速公路(吨公里) | 干线运输合计(吨公里) |
| --- | --- | --- | --- | --- |
| 2010 | 681.27 | 558.86 | 434.99 | 1675.12 |
| 2011 | 617.74 | 552.81 | 414.91 | 1585.46 |
| 2012 | 562.02 | 544.85 | 390.42 | 1497.29 |
| 2013 | 510.35 | 540.22 | 399.41 | 1449.98 |
| 2014 | 432.55 | 578.82 | 365.35 | 1376.72 |
| 2015 | 351.01 | 554.68 | 337.85 | 1243.54 |
| 2016 | 319.73 | 527.65 | 332.05 | 1179.44 |
| 2017 | 325.97 | 526.25 | 347.05 | 1199.27 |
| 2018 | 321.33 | 525.43 | 333.63 | 1180.39 |
| 2019 | 304.60 | 503.66 | 312.93 | 1121.19 |

**每万元国内生产总值（按现价计算）的货运量**　　　　　　　　　　　　表 1-15

| 年份(年) | 铁路(吨) | 沿海和内河水运(吨) | 高速公路(吨) | 干线运输合计(吨) |
|---|---|---|---|---|
| 2010 | 0.90 | 0.80 | 2.09 | 3.79 |
| 2011 | 0.83 | 0.77 | 2.02 | 3.62 |
| 2012 | 0.75 | 0.76 | 1.89 | 3.40 |
| 2013 | 0.70 | 0.86 | 1.91 | 3.47 |
| 2014 | 0.60 | 0.82 | 1.81 | 3.23 |
| 2015 | 0.50 | 0.80 | 1.88 | 3.18 |
| 2016 | 0.45 | 0.75 | 1.98 | 3.18 |
| 2017 | 0.45 | 0.71 | 2.06 | 3.22 |
| 2018 | 0.45 | 0.70 | 2.05 | 3.20 |
| 2019 | 0.44 | 0.67 | 2.02 | 3.13 |

**干线平均货物运输距离**　　　　　　　　　　　　表 1-16

| 年份(年) | 2010 | 2011 | 2012 | 2013 | 2014 | 2015 | 2016 | 2017 | 2018 | 2019 |
|---|---|---|---|---|---|---|---|---|---|---|
| 平均运距(公里) | 442 | 438 | 440 | 418 | 426 | 412 | 370 | 372 | 369 | 358 |

2019 年，按现价计算的每万元国内生产总值铁路货物周转量同比降幅为 5.21%，高速公路货物周转量同比降幅为 6.21%，内河和沿海水运货物周转量同比降幅为 4.14%，见表 1-14。

2019 年，按现价计算的每万元国内生产总值铁路货运量同比降幅为 1.32%，高速公路货运量同比降幅为 1.59%，沿海和内河水运货运量同比降幅为 3.94%，见表 1-15。

# 第 2 章　运输结构主要数据

## 2.1　高速公路运输与国民经济

(1) 每万元国内生产总值(按现价计算)的高速公路货运量为 2.0195 吨。
(2) 每万元国内生产总值(按现价计算)的高速公路货物周转量为 312.93 吨公里。
(3) 全国平均每人高速公路乘车次数为 19.6372 人次。
(4) 全国平均每人高速公路乘行距离为 1334.4301 公里。

## 2.2　高速公路基础设施

(1) 通车里程为 149571 公里。
(2) 车道里程为 669419 公里。
(3) 平均车道数为 4.4756 条。
2019 年部分省(自治区、直辖市)高速公路平均车道数见表 2-1。

**2019 年部分省(自治区、直辖市)高速公路平均车道数**　　表 2-1

| 区　域 | 平均车道数 | 区　域 | 平均车道数 |
| --- | --- | --- | --- |
| 上海 | 5.8923 | 河北 | 4.7995 |
| 天津 | 5.6571 | 辽宁 | 4.7562 |
| 北京 | 5.2954 | 河南 | 4.7507 |
| 广东 | 5.1207 | 宁夏 | 4.6767 |
| 江苏 | 5.0201 | 山东 | 4.6310 |
| 浙江 | 4.9102 | 陕西 | 4.6070 |

## 2.3　高速公路交通状况

(1) 行驶量为 7754.92 亿车公里,同比增长 5.93%。
(2) 货车行驶量在行驶量中所占比例为 30.24%,与 2018 年持平。
2019 年各省(自治区、直辖市)高速公路行驶量见表 2-2,部分省(自治区、直辖市)高速公路客货车车流量见表 2-3、表 2-4。

**2019 年各省(自治区、直辖市)高速公路行驶量(亿车公里)**　　表 2-2

| 区　域 | 货　车 | 客　车 | 合　计 | 区　域 | 货　车 | 客　车 | 合　计 |
| --- | --- | --- | --- | --- | --- | --- | --- |
| 北京 | 32.2529 | 127.6429 | 159.8958 | 内蒙古 | 46.0749 | 48.9157 | 94.9906 |
| 天津 | 33.1160 | 56.0139 | 89.1299 | 辽宁 | 63.9035 | 136.1143 | 200.0178 |
| 河北 | 139.5387 | 169.6170 | 309.1557 | 吉林 | 16.2269 | 54.9027 | 71.1296 |
| 山西 | 112.4813 | 127.6539 | 240.1352 | 黑龙江 | 21.5022 | 61.3247 | 82.8269 |

续上表

| 区域 | 货车 | 客车 | 合计 | 区域 | 货车 | 客车 | 合计 |
|---|---|---|---|---|---|---|---|
| 上海 | 31.8801 | 86.7640 | 118.6441 | 广西 | 65.7241 | 154.4336 | 220.1577 |
| 江苏 | 145.4311 | 406.0002 | 551.4313 | 海南 | 21.5779 | 64.0583 | 85.6362 |
| 浙江 | 144.9098 | 339.7241 | 484.6339 | 重庆 | 58.9393 | 183.8322 | 242.7715 |
| 安徽 | 81.2272 | 219.5910 | 300.8182 | 四川 | 93.3552 | 314.6162 | 407.9714 |
| 福建 | 63.3016 | 155.3142 | 218.6158 | 贵州 | 53.5251 | 211.9601 | 265.4852 |
| 江西 | 88.8273 | 173.6803 | 262.5076 | 云南 | 60.0796 | 196.8925 | 256.9721 |
| 山东 | 147.3961 | 254.4647 | 401.8608 | 陕西 | 125.5985 | 187.7749 | 313.3734 |
| 河南 | 145.1835 | 309.8883 | 455.0718 | 甘肃 | 38.2889 | 97.8585 | 136.1474 |
| 湖北 | 96.0589 | 185.8943 | 281.9532 | 宁夏 | 14.5993 | 33.0781 | 47.6774 |
| 湖南 | 99.4156 | 254.6783 | 354.0939 | 青海 | 14.2784 | 33.4745 | 47.7529 |
| 广东 | 239.3234 | 715.6820 | 955.0054 | 新疆 | 50.6856 | 48.3743 | 99.0599 |

**2019年部分省(自治区、直辖市)高速公路客车车流量(万辆次)**  表2-3

| 区域车流量 | | 穿越 | 到达 | 发送 | 省内 | 合计 |
|---|---|---|---|---|---|---|
| 北京 | 自然车流量 | 117 | 2774 | 3282 | 42879 | 49053 |
| | 折算车流量 | 118 | 2826 | 3366 | 43973 | 50283 |
| 天津 | 自然车流量 | 677 | 1924 | 1968 | 5577 | 10146 |
| | 折算车流量 | 681 | 1939 | 1984 | 5611 | 10215 |
| 河北 | 自然车流量 | 599 | 2104 | 2487 | 15188 | 20378 |
| | 折算车流量 | 600 | 2107 | 2500 | 15208 | 20416 |
| 山西 | 自然车流量 | 143 | 961 | 1159 | 14974 | 17237 |
| | 折算车流量 | 144 | 976 | 1174 | 15121 | 17415 |
| 辽宁 | 自然车流量 | 91 | 612 | 728 | 15540 | 16970 |
| | 折算车流量 | 94 | 623 | 738 | 15676 | 17131 |
| 吉林 | 自然车流量 | 91 | 469 | 482 | 5444 | 6486 |
| | 折算车流量 | 91 | 474 | 487 | 5485 | 6537 |
| 黑龙江 | 自然车流量 | 1 | 102 | 118 | 6900 | 7121 |
| | 折算车流量 | 1 | 104 | 120 | 6999 | 7224 |
| 上海 | 自然车流量 | 32 | 1345 | 1467 | 34239 | 37083 |
| | 折算车流量 | 32 | 1364 | 1486 | 34649 | 37531 |
| 江苏 | 自然车流量 | 1590 | 6666 | 6848 | 47546 | 62651 |
| | 折算车流量 | 1609 | 6783 | 6974 | 48327 | 63692 |
| 浙江 | 自然车流量 | 720 | 3932 | 4417 | 45083 | 54152 |
| | 折算车流量 | 730 | 4001 | 4486 | 45524 | 54741 |
| 安徽 | 自然车流量 | 1588 | 2987 | 3710 | 13277 | 21561 |
| | 折算车流量 | 1609 | 3043 | 3766 | 13456 | 21875 |
| 福建 | 自然车流量 | 55 | 622 | 760 | 27264 | 28701 |
| | 折算车流量 | 55 | 633 | 772 | 27502 | 28962 |
| 江西 | 自然车流量 | 446 | 1507 | 1763 | 13363 | 17079 |
| | 折算车流量 | 452 | 1536 | 1792 | 13491 | 17272 |

续上表

| 区域车流量 | | 穿越 | 到达 | 发送 | 省内 | 合计 |
|---|---|---|---|---|---|---|
| 山东 | 自然车流量 | 277 | 1536 | 1604 | 29463 | 32880 |
| | 折算车流量 | 280 | 1566 | 1624 | 29884 | 33354 |
| 河南 | 自然车流量 | 852 | 1965 | 2460 | 37828 | 43106 |
| | 折算车流量 | 861 | 2003 | 2499 | 38187 | 43550 |
| 湖北 | 自然车流量 | 629 | 1332 | 1711 | 22971 | 26643 |
| | 折算车流量 | 718 | 1525 | 1960 | 26209 | 30411 |
| 湖南 | 自然车流量 | 544 | 1558 | 1901 | 24083 | 28086 |
| | 折算车流量 | 550 | 1592 | 1933 | 24357 | 28432 |
| 广西 | 自然车流量 | 379 | 952 | 950 | 15920 | 18200 |
| | 折算车流量 | 382 | 988 | 986 | 16175 | 18531 |
| 重庆 | 自然车流量 | 219 | 963 | 1803 | 19532 | 22516 |
| | 折算车流量 | 221 | 985 | 1828 | 19752 | 22786 |
| 四川 | 自然车流量 | 54 | 1063 | 662 | 58558 | 60338 |
| | 折算车流量 | 55 | 1084 | 669 | 59012 | 60819 |
| 贵州 | 自然车流量 | 293 | 1053 | 1283 | 26886 | 29515 |
| | 折算车流量 | 295 | 1069 | 1298 | 27141 | 29803 |
| 云南 | 自然车流量 | 14 | 803 | 885 | 31378 | 33079 |
| | 折算车流量 | 14 | 812 | 893 | 31606 | 33324 |
| 陕西 | 自然车流量 | 101 | 703 | 879 | 30824 | 32508 |
| | 折算车流量 | 102 | 711 | 887 | 31252 | 32952 |
| 甘肃 | 自然车流量 | 56 | 571 | 585 | 8418 | 9630 |
| | 折算车流量 | 58 | 597 | 612 | 8816 | 10082 |
| 宁夏 | 自然车流量 | 165 | 305 | 342 | 3918 | 4730 |
| | 折算车流量 | 168 | 311 | 348 | 3946 | 4773 |
| 青海 | 自然车流量 | 64 | 161 | 627 | 4693 | 5545 |
| | 折算车流量 | 64 | 164 | 635 | 4771 | 5634 |

**2019 年部分省（自治区、直辖市）高速公路货车车流量（万辆次）** 表 2-4

| 区域车流量 | | 穿越 | 到达 | 发送 | 省内 | 合计 |
|---|---|---|---|---|---|---|
| 北京 | 自然车流量 | 32 | 739 | 1046 | 9736 | 11554 |
| | 折算车流量 | 43 | 994 | 1407 | 13094 | 15538 |
| 天津 | 自然车流量 | 661 | 1132 | 1021 | 2180 | 4995 |
| | 折算车流量 | 2286 | 3443 | 2995 | 5359 | 14083 |
| 河北 | 自然车流量 | 739 | 2745 | 2679 | 11620 | 17784 |
| | 折算车流量 | 1933 | 7416 | 7163 | 27023 | 43535 |
| 山西 | 自然车流量 | 419 | 2140 | 2155 | 6746 | 11459 |
| | 折算车流量 | 1549 | 7824 | 7905 | 21078 | 38357 |
| 辽宁 | 自然车流量 | 159 | 495 | 508 | 4306 | 5468 |
| | 折算车流量 | 551 | 1432 | 1573 | 10347 | 13903 |
| 吉林 | 自然车流量 | 84 | 330 | 287 | 1104 | 1805 |
| | 折算车流量 | 279 | 1061 | 909 | 2864 | 5113 |

续上表

| 区域车流量 | | 穿越 | 到达 | 发送 | 省内 | 合计 |
|---|---|---|---|---|---|---|
| 黑龙江 | 自然车流量 | 1 | 87 | 103 | 2075 | 2265 |
| | 折算车流量 | 2 | 274 | 322 | 4752 | 5349 |
| 上海 | 自然车流量 | 27 | 354 | 355 | 8764 | 9499 |
| | 折算车流量 | 61 | 680 | 700 | 16586 | 18028 |
| 江苏 | 自然车流量 | 492 | 3425 | 2693 | 11442 | 18053 |
| | 折算车流量 | 1342 | 8380 | 6280 | 22576 | 38578 |
| 浙江 | 自然车流量 | 407 | 2051 | 2052 | 14310 | 18820 |
| | 折算车流量 | 1241 | 5458 | 5480 | 29059 | 41237 |
| 安徽 | 自然车流量 | 922 | 1302 | 1283 | 3428 | 6934 |
| | 折算车流量 | 2911 | 3731 | 3671 | 9063 | 19377 |
| 福建 | 自然车流量 | 44 | 524 | 528 | 6490 | 7586 |
| | 折算车流量 | 152 | 1551 | 1554 | 13146 | 16403 |
| 江西 | 自然车流量 | 544 | 858 | 892 | 4011 | 6306 |
| | 折算车流量 | 1930 | 2650 | 2796 | 10211 | 17587 |
| 山东 | 自然车流量 | 139 | 1428 | 1779 | 11755 | 15100 |
| | 折算车流量 | 402 | 4178 | 5322 | 28785 | 38687 |
| 河南 | 自然车流量 | 952 | 1716 | 1680 | 9371 | 13719 |
| | 折算车流量 | 3123 | 5385 | 5216 | 24826 | 38551 |
| 湖北 | 自然车流量 | 708 | 1055 | 1070 | 6208 | 9040 |
| | 折算车流量 | 2417 | 3216 | 3287 | 14382 | 23302 |
| 湖南 | 自然车流量 | 728 | 816 | 788 | 4560 | 6892 |
| | 折算车流量 | 2593 | 2461 | 2375 | 9848 | 17277 |
| 广西 | 自然车流量 | 134 | 513 | 537 | 4707 | 5890 |
| | 折算车流量 | 599 | 2022 | 2119 | 13294 | 18034 |
| 重庆 | 自然车流量 | 27 | 565 | 715 | 4664 | 5971 |
| | 折算车流量 | 101 | 1804 | 2411 | 12491 | 16806 |
| 四川 | 自然车流量 | 24 | 357 | 445 | 10781 | 11607 |
| | 折算车流量 | 80 | 1041 | 1136 | 20640 | 22896 |
| 贵州 | 自然车流量 | 214 | 413 | 383 | 4345 | 5354 |
| | 折算车流量 | 679 | 1055 | 954 | 7054 | 9743 |
| 云南 | 自然车流量 | 9 | 416 | 438 | 6517 | 7380 |
| | 折算车流量 | 31 | 1067 | 1119 | 12515 | 14732 |
| 陕西 | 自然车流量 | 479 | 1089 | 1127 | 7772 | 10466 |
| | 折算车流量 | 1728 | 3635 | 3760 | 19342 | 28465 |
| 甘肃 | 自然车流量 | 72 | 399 | 420 | 2071 | 2962 |
| | 折算车流量 | 227 | 1144 | 1201 | 4731 | 7303 |
| 宁夏 | 自然车流量 | 151 | 303 | 280 | 1232 | 1965 |
| | 折算车流量 | 472 | 969 | 909 | 2966 | 5316 |
| 青海 | 自然车流量 | 55 | 136 | 232 | 1361 | 1784 |
| | 折算车流量 | 157 | 446 | 673 | 3855 | 5131 |

## 2.4 高速公路旅客运输

(1) 2019年我国高速公路客运量为274.93亿人次,同比增长11.87%。2019年部分省(自治区、直辖市)高速公路客运量见表2-5。

**2019年部分省(自治区、直辖市)高速公路客运量(万人次)**　　　　表2-5

| 省(自治区、直辖市) | 穿越旅客数 | 进省旅客数 | 出省旅客数 | 省内旅客数 | 合计 |
|---|---|---|---|---|---|
| 天津 | 2077 | 6077 | 6279 | 17100 | 31533 |
| 河北 | 1861 | 6601 | 7651 | 47317 | 63430 |
| 山西 | 410 | 3037 | 3523 | 43191 | 50161 |
| 辽宁 | 464 | 2474 | 2795 | 55223 | 60956 |
| 吉林 | 323 | 1794 | 1860 | 20094 | 24071 |
| 黑龙江 | 2 | 414 | 482 | 28118 | 29016 |
| 上海 | 89 | 4599 | 4908 | 106656 | 116252 |
| 江苏 | 4217 | 19387 | 20164 | 136902 | 180670 |
| 浙江 | 2322 | 13250 | 14302 | 128013 | 157887 |
| 安徽 | 5505 | 11229 | 13162 | 44903 | 74799 |
| 福建 | 165 | 2334 | 2731 | 87565 | 92795 |
| 江西 | 2013 | 7644 | 8570 | 56504 | 74731 |
| 山东 | 844 | 5519 | 5015 | 93896 | 105274 |
| 河南 | 2845 | 7542 | 9003 | 124250 | 143640 |
| 湖北 | 1889 | 4347 | 5242 | 64992 | 76470 |
| 湖南 | 1955 | 6660 | 7511 | 85213 | 101339 |
| 广东 | 47 | 7203 | 8131 | 498224 | 513605 |
| 广西 | 1172 | 4615 | 4581 | 55179 | 65547 |
| 重庆 | 688 | 3749 | 5939 | 60829 | 71205 |
| 四川 | 235 | 4941 | 2588 | 212815 | 220579 |
| 贵州 | 847 | 3432 | 3994 | 79160 | 87433 |
| 云南 | 35 | 2596 | 2771 | 96106 | 101508 |
| 陕西 | 304 | 2303 | 2762 | 103878 | 109247 |
| 甘肃 | 168 | 2040 | 2070 | 31012 | 35290 |
| 宁夏 | 651 | 1267 | 1358 | 14923 | 18199 |
| 青海 | 195 | 596 | 2154 | 16941 | 19886 |

注:河北省不含京津塘高速公路河北段、京承高速公路,江苏省为联网路段,湖南省不含绕城高速段、机场高速段,重庆市不含绕城高速段,陕西省不含铜川—西安路段。

(2) 2019年我国高速公路旅客周转量为18682.69亿人公里,同比增加5.73%。2019年各省(自治区、直辖市)高速公路旅客周转量见表2-6。

**2019年各省(自治区、直辖市)高速公路旅客周转量(亿人公里)**　　　　表2-6

| 省(自治区、直辖市) | 旅客周转量 | 省(自治区、直辖市) | 旅客周转量 |
|---|---|---|---|
| 北京 | 436.0485 | 内蒙古 | 169.5268 |
| 天津 | 179.5172 | 辽宁 | 529.0066 |
| 河北 | 527.1890 | 吉林 | 204.4393 |
| 山西 | 386.5581 | 黑龙江 | 253.3396 |

续上表

| 省(自治区、直辖市) | 旅客周转量 | 省(自治区、直辖市) | 旅客周转量 |
|---|---|---|---|
| 上海 | 272.6926 | 广西 | 581.6548 |
| 江苏 | 1222.5583 | 海南 | 353.5384 |
| 浙江 | 1044.2806 | 重庆 | 549.7613 |
| 安徽 | 767.6347 | 四川 | 1220.7698 |
| 福建 | 518.1253 | 贵州 | 658.0288 |
| 江西 | 787.1068 | 云南 | 638.3379 |
| 山东 | 856.8781 | 陕西 | 665.8738 |
| 河南 | 1079.8393 | 甘肃 | 345.6258 |
| 湖北 | 558.9244 | 宁夏 | 127.3109 |
| 湖南 | 987.5774 | 青海 | 122.6003 |
| 广东 | 2468.7098 | 新疆 | 169.2347 |

(3)2019年我国高速公路客运密度为1283.58万人公里/公里,同比增长3.58%。

(4)2019年我国高速公路旅客平均行程为70.63公里,同比下降1.77%。

(5)2019年我国高速公路省(自治区、直辖市)内旅客平均行程为56.65公里,同比下降1.43%。

(6)2019年我国高速公路跨省(自治区、直辖市)的旅客平均行程为286.41公里,同比增长11.53%。

(7)2019年我国高速公路客车平均速度为85.39公里/小时,同比增长0.24%。

2019年各车型客车平均速度见表2-7。

**2019年各车型客车平均速度**　　　　　　　　　　　　　　　　表2-7

| 车　型 | 座　位　数 | 平均速度(公里/小时) | 样本数(万辆) |
|---|---|---|---|
| Ⅰ | ≤7 | 85.64 | 455084 |
| Ⅱ | 8~19 | 78.24 | 4974 |
| Ⅲ | 20~39 | 78.85 | 5594 |
| Ⅳ | ≥40 | 78.72 | 5943 |

与2018年相比,Ⅰ、Ⅱ型客车平均速度有所上升,Ⅲ、Ⅳ型客车平均速度有所下降。

(8)高速公路客运结构分析如下:

①7座及以下客运车辆在客车车流量中的比例为96.52%,同比增长0.22个百分点;

②乘坐7座及以下客运车辆人数在客运量中的比例为76.48%,同比下降0.30个百分点;

③7座及以下客运车辆完成的周转量在旅客周转量中的比例为73.01%,同比增长1.27个百分点;

④客运车辆平均座位数和乘坐率见表2-8;

⑤轿车平均乘坐人数为2.39人。

**各型客车平均座位数和乘坐率**　　　　　　　　　　　　　　　　表2-8

| 车　型 | 座　位　数 | 平均座位数 | 乘坐率(%) |
|---|---|---|---|
| Ⅰ | ≤7 | 5.242 | 45.62 |
| Ⅱ | 8~19 | 12.255 | 48.17 |
| Ⅲ | 20~39 | 35.326 | 61.14 |
| Ⅳ | ≥40 | 50.978 | 56.44 |

## 2.5 高速公路货物运输

(1) 2019年我国高速公路完成货运量200.11亿吨,同比增长8.72%。其中部分省(自治区、直辖市)高速公路货运量见表2-9。

**2019年部分省(自治区、直辖市)高速公路货运量(万吨)**　　　表2-9

| 省(自治区、直辖市) | 穿越货运量 | 进省货运量 | 出省货运量 | 省内货运量 | 合　计 |
| --- | --- | --- | --- | --- | --- |
| 天津 | 11746 | 16608 | 10479 | 16917 | 55750 |
| 河北 | 12613 | 41901 | 42350 | 118242 | 215106 |
| 山西 | 8580 | 30408 | 45485 | 87106 | 171579 |
| 辽宁 | 3015 | 7325 | 8489 | 39553 | 58382 |
| 吉林 | 1547 | 6010 | 4645 | 11736 | 23938 |
| 黑龙江 | 10 | 1328 | 1821 | 14451 | 17610 |
| 上海 | 337 | 3508 | 3575 | 95793 | 103213 |
| 江苏 | 9307 | 46986 | 36438 | 91038 | 183769 |
| 浙江 | 6477 | 27536 | 23126 | 88186 | 145325 |
| 安徽 | 15140 | 19375 | 16527 | 35935 | 86977 |
| 福建 | 870 | 7833 | 8039 | 35950 | 52692 |
| 江西 | 10633 | 14386 | 15242 | 44261 | 84522 |
| 山东 | 2416 | 26516 | 26528 | 113925 | 169385 |
| 河南 | 18584 | 33886 | 21531 | 100360 | 174361 |
| 湖北 | 12779 | 14212 | 16637 | 46140 | 89768 |
| 湖南 | 15034 | 13084 | 10584 | 27581 | 66283 |
| 广东 | 674 | 25091 | 23622 | 201076 | 250463 |
| 广西 | 2389 | 7000 | 8712 | 39250 | 57351 |
| 重庆 | 370 | 5094 | 6553 | 30715 | 42732 |
| 四川 | 502 | 5650 | 5265 | 59025 | 70442 |
| 贵州 | 3730 | 4519 | 3644 | 14939 | 26832 |
| 陕西 | 11338 | 19415 | 22544 | 68062 | 121359 |
| 甘肃 | 1652 | 7183 | 8613 | 25103 | 42551 |
| 宁夏 | 2591 | 5203 | 4349 | 10385 | 22528 |
| 青海 | 599 | 2452 | 3003 | 15779 | 21833 |

注:河北省不含京津塘高速公路河北段、京承高速公路,江苏省为联网路段,湖南省不含绕城高速段、机场高速段,重庆市不含绕城高速段,陕西省不含铜川—西安路段。

(2) 2019年我国高速公路完成货物周转量31006.96亿吨公里,同比增加3.62%。其中各省(自治区、直辖市)高速公路货物周转量见表2-10。

**2019年各省(自治区、直辖市)高速公路货物周转量(亿吨公里)**　　　表2-10

| 省(自治区、直辖市) | 货物周转量 | 省(自治区、直辖市) | 货物周转量 |
| --- | --- | --- | --- |
| 北京 | 254.70 | 河北 | 1923.51 |
| 天津 | 455.89 | 山西 | 1786.39 |

续上表

| 省(自治区、直辖市) | 货物周转量 | 省(自治区、直辖市) | 货物周转量 |
|---|---|---|---|
| 内蒙古 | 875.50 | 湖南 | 1527.61 |
| 辽宁 | 929.22 | 广东 | 2567.05 |
| 吉林 | 219.22 | 广西 | 870.02 |
| 黑龙江 | 227.18 | 海南 | 144.57 |
| 上海 | 391.02 | 重庆 | 587.13 |
| 江苏 | 1626.44 | 四川 | 955.66 |
| 浙江 | 1700.30 | 贵州 | 499.32 |
| 安徽 | 1170.17 | 云南 | 776.74 |
| 福建 | 715.11 | 陕西 | 2055.70 |
| 江西 | 1464.72 | 甘肃 | 674.23 |
| 山东 | 2015.80 | 宁夏 | 178.86 |
| 河南 | 2262.86 | 青海 | 211.39 |
| 湖北 | 1235.73 | 新疆 | 704.92 |

(3) 2019年我国高速公路货运密度为2127.81万吨公里/公里,同比增长1.39%。

(4) 2019年我国高速公路货物平均运距为154.36公里,同比下降5.05%。

(5) 2019年我国高速公路省(自治区、直辖市)内货物平均运距为78.84公里,同比增长1.45%。

(6) 2019年我国高速公路跨省(自治区、直辖市)货物平均运距为445.89公里,同比增长0.09%。

(7) 2019年我国高速公路货车平均速度为64.95公里/小时,同比增长1.12%。

2019年各型货车平均行驶速度见表2-11。与2018年相比,单车平均速度和半挂列车平均速度均有所上升。

**2019年各型货车平均速度** 表2-11

| 车型 | 轴型 | 平均速度(公里/小时) | 样本数(万辆) |
|---|---|---|---|
| 单车 | 2轴4胎 | 74.40 | 11408 |
| | 2轴6胎 | 66.72 | 33596 |
| | 3轴和4轴 | 63.07 | 11481 |
| 半挂列车 | 3~6轴 | 62.08 | 50853 |

(8) 高速公路路网货运分析如下:

① 货车轴型构成见表2-12。

**2019年高速公路货车主要轴型** 表2-12

| 轴型 | | 车流量占比(%) | 行驶量占比(%) | 周转量占比(%) |
|---|---|---|---|---|
| 2轴4胎 | | 10.59 | 6.55 | 0.17 |
| 2轴6胎 | | 28.84 | 24.75 | 6.92 |

续上表

| 轴 型 | | 车流量占比(%) | 行驶量占比(%) | 周转量占比(%) |
|---|---|---|---|---|
| 3轴、4轴单车 | | 4.97 | 4.89 | 2.68 |
| | | 3.32 | 2.39 | 0.70 |
| | | 5.23 | 5.62 | 4.94 |
| 半挂列车 | | 0.15 | 0.18 | 0.17 |
| | | 0.03 | 0.06 | 0.04 |
| | | 1.41 | 1.93 | 1.36 |
| | | 1.24 | 1.84 | 1.33 |
| | | 0.39 | 0.48 | 0.31 |
| | | 9.66 | 10.98 | 17.28 |
| | | 34.17 | 40.33 | 64.08 |

注：表中比重由天津、河北、山西、黑龙江、江苏、江西、安徽、福建、山东、河南、湖北、湖南、贵州、陕西、宁夏合计15个省(自治区、直辖市)数据整理所得。这些省(自治区、直辖市)高速公路里程占全国高速公路通车里程的54.62%。

同2018年相比，2019年我国高速公路货车车流量比例的变化情况见表2-13，2019年我国高速公路3轴和3轴以上货车行驶量占比为68.70%，同比下降了2.40个百分点(表2-14)；完成的货物周转量占比达到92.90%，同比下降了1.03个百分点(表2-15)。

**高速公路货车车流量占比的变化(%)** 表2-13

| 轴 型 | 2012年 | 2013年 | 2014年 | 2015年 | 2016年 | 2017年 | 2018年 | 2019年 |
|---|---|---|---|---|---|---|---|---|
| 2轴4胎单车 | 12.40 | 12.84 | 13.28 | 11.95 | 11.68 | 10.65 | 10.34 | 10.59 |
| 2轴6胎单车 | 30.34 | 31.16 | 29.17 | 33.51 | 30.60 | 30.49 | 30.05 | 28.84 |
| 3轴、4轴单车 | 14.78 | 15.24 | 15.65 | 14.56 | 13.35 | 12.30 | 11.67 | 13.52 |
| 半挂列车 | 42.47 | 40.76 | 41.90 | 39.99 | 44.37 | 46.55 | 47.94 | 47.05 |

注：表列数据来源同表2-12。

### 高速公路货车行驶量占比的变化(%)

表2-14

| 轴 型 | 2012年 | 2013年 | 2014年 | 2015年 | 2016年 | 2017年 | 2018年 | 2019年 |
|---|---|---|---|---|---|---|---|---|
| 2轴4胎单车 | 7.30 | 7.47 | 7.74 | 6.86 | 6.84 | 6.29 | 6.04 | 6.55 |
| 2轴6胎单车 | 23.57 | 24.01 | 23.13 | 25.99 | 25.01 | 24.28 | 22.85 | 24.75 |
| 3轴、4轴单车 | 13.94 | 14.19 | 15.11 | 14.57 | 13.82 | 12.55 | 11.69 | 12.89 |
| 半挂列车 | 55.19 | 54.33 | 54.02 | 52.58 | 54.33 | 56.88 | 59.42 | 55.81 |

注：表列数据来源同表2-12。

### 高速公路货车完成的货物周转量占比的变化(%)

表2-15

| 轴 型 | 2012年 | 2013年 | 2014年 | 2015年 | 2016年 | 2017年 | 2018年 | 2019年 |
|---|---|---|---|---|---|---|---|---|
| 2轴4胎单车 | 0.71 | 0.64 | 0.58 | 0.23 | 0.21 | 0.18 | 0.17 | 0.17 |
| 2轴6胎单车 | 7.76 | 7.47 | 7.25 | 5.91 | 5.88 | 5.64 | 5.91 | 6.92 |
| 3轴、4轴单车 | 11.07 | 10.88 | 10.67 | 9.99 | 9.44 | 8.20 | 7.60 | 8.33 |
| 半挂列车 | 80.46 | 81.01 | 81.50 | 83.87 | 84.47 | 85.98 | 86.32 | 84.57 |

注：表列数据来源同表2-12。

②货车空驶状况见表2-16。

### 高速公路空车走行率及其变化

表2-16

| 轴 型 | 年份(年) | 省内运输(%) | 跨省运输(%) | 总量(%) |
|---|---|---|---|---|
| 2轴单车 | 2019 | 45.74 | 25.72 | 38.52 |
| | 2018 | 53.19 | 33.31 | 45.99 |
| | 2017 | 47.84 | 28.93 | 40.77 |
| | 2016 | 52.46 | 30.17 | 43.74 |
| | 2015 | 48.96 | 29.98 | 41.88 |
| | 2014 | 45.30 | 29.67 | 39.73 |
| | 2013 | 41.39 | 28.34 | 36.78 |
| | 2012 | 33.92 | 21.41 | 29.37 |
| | 2011 | 35.30 | 26.13 | 31.65 |
| | 2010 | 37.60 | 29.10 | 33.30 |
| | 2009 | 34.77 | 24.95 | 30.48 |
| | 2008 | 32.78 | 18.84 | 26.33 |
| | 2007 | 36.17 | 15.03 | 24.95 |
| | 2006 | 36.01 | 15.87 | 26.52 |
| 3轴、4轴单车 | 2019 | 32.88 | 9.59 | 20.03 |
| | 2018 | 41.12 | 13.64 | 24.91 |
| | 2017 | 37.79 | 14.36 | 23.80 |
| | 2016 | 36.32 | 13.46 | 21.59 |
| | 2015 | 36.14 | 14.42 | 22.29 |
| | 2014 | 48.18 | 21.91 | 32.09 |
| | 2013 | 42.14 | 17.66 | 26.96 |
| | 2012 | 37.64 | 13.04 | 22.61 |
| | 2011 | 34.44 | 12.30 | 20.23 |
| | 2010 | 34.17 | 12.42 | 17.93 |
| | 2009 | 35.03 | 9.46 | 16.95 |
| | 2008 | 36.40 | 10.81 | 18.05 |
| | 2007 | 33.24 | 8.38 | 15.00 |
| | 2006 | 32.82 | 9.38 | 17.73 |

续上表

| 轴 型 | 年份(年) | 省内运输(%) | 跨省运输(%) | 总量(%) |
|---|---|---|---|---|
| 半挂列车 | 2019 | 35.92 | 9.88 | 18.83 |
| | 2018 | 51.36 | 15.68 | 25.73 |
| | 2017 | 41.85 | 12.85 | 21.39 |
| | 2016 | 31.77 | 7.03 | 12.77 |
| | 2015 | 27.53 | 5.73 | 10.66 |
| | 2014 | 37.17 | 10.85 | 18.55 |
| | 2013 | 36.51 | 10.88 | 17.59 |
| | 2012 | 35.34 | 10.15 | 17.04 |
| | 2011 | 43.27 | 10.84 | 18.48 |
| | 2010 | 31.34 | 13.14 | 14.90 |
| | 2009 | 34.14 | 7.90 | 14.73 |
| | 2008 | 42.67 | 10.16 | 18.37 |
| | 2007 | 28.74 | 10.37 | 15.28 |
| | 2006 | 35.02 | 9.28 | 13.93 |
| 合计 | 2019 | 39.78 | 12.91 | 24.84 |
| | 2018 | 50.82 | 18.27 | 31.09 |
| | 2017 | 43.80 | 15.67 | 26.81 |
| | 2016 | 39.62 | 10.13 | 19.42 |
| | 2015 | 36.45 | 9.08 | 17.70 |
| | 2014 | 42.11 | 15.34 | 26.01 |
| | 2013 | 39.54 | 14.57 | 24.15 |
| | 2012 | 35.00 | 12.41 | 21.22 |
| | 2011 | 38.33 | 13.55 | 22.24 |
| | 2010 | 34.42 | 16.37 | 20.05 |
| | 2009 | 34.56 | 11.68 | 19.84 |
| | 2008 | 36.71 | 12.37 | 20.97 |
| | 2007 | 33.30 | 11.37 | 18.93 |
| | 2006 | 35.33 | 10.97 | 20.13 |

注:1. 空车走行率 = 空车行驶量/重车行驶量;
2. 表列数据来源同表2-12。

2019年我国高速公路路网空车走行率为24.84%,同比下降6.25个百分点。

③货车超限运输状况见表2-17。

**2019年高速公路各类货车车流量占比(%)** 表2-17

| 标 准 | 空车 | 不超限重车 | 超限 0~30% | 超限 30%~50% | 超限 50%~100% | 超限 >100% | 超限合计 |
|---|---|---|---|---|---|---|---|
| 按GB 1589标准 | 28.13 | 62.83 | 7.54 | 0.30 | 0.20 | 1.00 | 100.00 |

注:表列数据来源同表2-12。

按国家强制标准《道路车辆外廓尺寸、轴荷及质量限值》(GB 1589—2016)规定的限值,超限率(超限车数/货车总数)为9.04%,比2018年下降2.43个百分点;其中超限30%以上的货车比例为1.50%,比2018年增加0.62个百分点。

## 2.6 县乡区域发送客货量比例

2019年我国县乡区域发送货物量占发送货物总量的74.33%,同比增加3.55个百分点。
2019年我国县乡区域发送旅客量占发送旅客总量的62.91%,同比增加3.15个百分点。

## 2.7 部分省和地区的穿越车流状况

2019年部分省份和地区穿越货车车流见表2-18。

**2019 年部分省份和地区穿越货车车流** 表2-18

| 省 或 地 区 | 穿越货车行驶量(万车公里) | 货车总行驶量(万车公里) | 穿越货车比例(%) |
|---|---|---|---|
| 河南 | 364995 | 1451835 | 25.14 |
| 冀南和冀西北 | 102818 | 1150881 | 8.93 |
| 湖南 | 368864 | 994156 | 37.10 |
| 湖北 | 256922 | 960589 | 26.75 |
| 山西 | 166234 | 1124813 | 14.78 |
| 吉林 | 26367 | 162269 | 16.25 |
| 江西 | 314650 | 888273 | 35.42 |
| 安徽 | 250363 | 812272 | 30.82 |
| 贵州 | 88256 | 535251 | 16.49 |

# 第3章 部分高速公路干线日均运输密度

## 3.1 京哈高速公路(G1)日均运输密度

**3.1.1** 2019年京哈高速公路(G1)日均客运密度分布如表3-1和图3-1所示。

2019年京哈高速公路(G1)日均客运密度　　　　表3-1

| 路 段 | 路段起止点 | 客运密度(人公里/公里) | 路段起止点 | 客运密度(人公里/公里) |
|---|---|---|---|---|
| 北京段 | 六环—香河 | 73863 | 香河—六环 | 74437 |
| 河北段 | 香河—丰润 | 12955 | 丰润—香河 | 12721 |
| | 丰润—秦皇岛 | 27986 | 秦皇岛—丰润 | 26491 |
| | 秦皇岛—万家主线(冀辽界) | 12789 | 万家主线(冀辽界)—秦皇岛 | 16872 |
| 辽宁段 | 万家主线(辽冀界)—葫芦岛 | 29959 | 葫芦岛—万家主线(辽冀界) | 30645 |
| | 葫芦岛—锦州 | 35698 | 锦州—葫芦岛 | 36622 |
| | 锦州—沈阳 | 36191 | 沈阳—锦州 | 37472 |
| | 沈阳—毛家店(辽吉界) | 32671 | 毛家店(辽吉界)—沈阳 | 35939 |
| 吉林段 | 五里坡(吉辽界)—长春 | 26043 | 长春—五里坡(吉辽界) | 24116 |
| | 长春—拉林河(吉黑界) | 12966 | 拉林河(吉黑界)—长春 | 9382 |
| 黑龙江段 | 拉林河(黑吉界)—哈尔滨 | 7851 | 哈尔滨—拉林河(黑吉界) | 10257 |

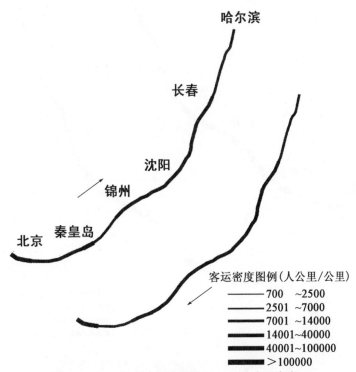

图3-1　2019年京哈高速公路(G1)日均客运密度

### 3.1.2 2019年京哈高速公路(G1)日均货运密度分布如表3-2和图3-2所示。

2019年京哈高速公路(G1)日均货运密度　　　　表3-2

| 路　段 | 路段起止点 | 货运密度<br>(吨公里/公里) | 路段起止点 | 货运密度<br>(吨公里/公里) |
|---|---|---|---|---|
| 北京段 | 六环—香河 | 49485 | 香河—六环 | 52947 |
| 河北段 | 香河—丰润 | 37562 | 丰润—香河 | 36465 |
|  | 丰润—秦皇岛 | 90016 | 秦皇岛—丰润 | 65622 |
|  | 秦皇岛—万家主线(冀辽界) | 103773 | 万家主线(冀辽界)—秦皇岛 | 100679 |
| 辽宁段 | 万家主线(辽冀界)—葫芦岛 | 172234 | 葫芦岛—万家主线(辽冀界) | 202979 |
|  | 葫芦岛—锦州 | 201573 | 锦州—葫芦岛 | 228596 |
|  | 锦州—沈阳 | 137321 | 沈阳—锦州 | 118513 |
|  | 沈阳—毛家店(辽吉界) | 71069 | 毛家店(辽吉界)—沈阳 | 52267 |
| 吉林段 | 五里坡(吉辽界)—长春 | 75908 | 长春—五里坡(吉辽界) | 54699 |
|  | 长春—拉林河(吉黑界) | 29724 | 拉林河(吉黑界)—长春 | 23142 |
| 黑龙江段 | 拉林河(黑吉界)—哈尔滨 | 18810 | 哈尔滨—拉林河(黑吉界) | 23323 |

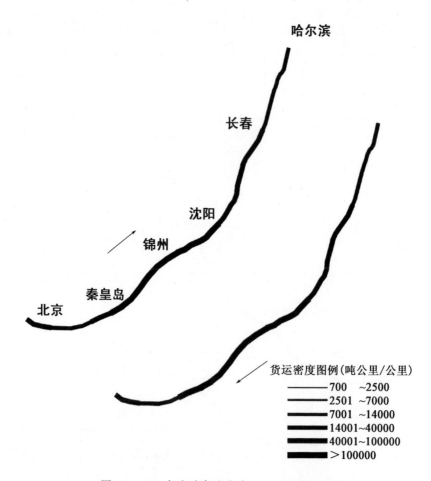

图3-2　2019年京哈高速公路(G1)日均货运密度

## 3.2 京沪高速公路(G2)日均运输密度

**3.2.1** 2019年京沪高速公路(G2)日均客运密度分布如表3-3和图3-3所示。

2019年京沪高速公路(G2)日均客运密度　　　　表3-3

| 路　　段 | 路段起止点 | 客运密度(人公里/公里) | 路段起止点 | 客运密度(人公里/公里) |
|---|---|---|---|---|
| 北京段 | 大羊坊—廊坊 | 67264 | 廊坊—大羊坊 | 72301 |
| 河北段 | 廊坊—泗村店 | 14541 | 泗村店—廊坊 | 14478 |
| 天津段 | 泗村店—汉沽 | 22545 | 汉沽—泗村店 | 21739 |
| 天津段 | 汉沽—独流 | 25238 | 独流—汉沽 | 23969 |
| 天津段 | 独流—九宣闸(津冀界) | 11690 | 九宣闸(津冀界)—独流 | 9708 |
| 河北段 | 青县主线(冀津界)—沧州 | 15328 | 沧州—青县主线(冀津界) | 14695 |
| 河北段 | 沧州—吴桥(冀鲁界) | 9940 | 吴桥(冀鲁界)—沧州 | 9142 |
| 山东段 | 京福鲁冀(德州)—齐河 | 22965 | 齐河—京福鲁冀(德州) | 22568 |
| 山东段 | 齐河—济南 | 42106 | 济南—齐河 | 41715 |
| 山东段 | 济南—泰安 | 43599 | 泰安—济南 | 43194 |
| 山东段 | 泰安—京沪鲁苏 | 19182 | 京沪鲁苏—泰安 | 20697 |
| 江苏段 | 苏鲁省界—淮安 | 20284 | 淮安—苏鲁省界 | 21656 |
| 江苏段 | 淮安—江都 | 47379 | 江都—淮安 | 48337 |
| 江苏段 | 江都—江阴 | 31040 | 江阴—江都 | 31833 |
| 江苏段 | 江阴—无锡 | 40072 | 无锡—江阴 | 41920 |
| 江苏段 | 无锡—苏州北 | 147947 | 苏州北—无锡 | 144090 |
| 江苏段 | 苏州北—花桥主线(苏沪界) | 98439 | 花桥主线(苏沪界)—苏州北 | 99476 |
| 上海段 | 安亭主线(沪苏界)—江桥 | 118922 | 江桥—安亭主线(沪苏界) | 124570 |

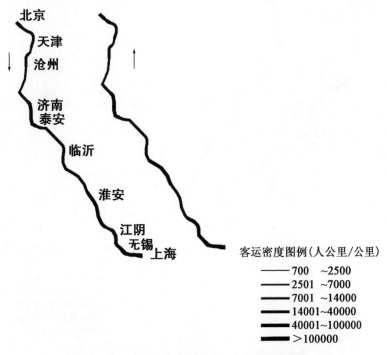

图3-3　2019年京沪高速公路(G2)日均客运密度

**3.2.2** 2019年京沪高速公路(G2)日均货运密度分布如表3-4和图3-4所示。

2019年京沪高速公路(G2)日均货运密度　　　　　　　表3-4

| 路　段 | 路段起止点 | 货运密度<br>(吨公里/公里) | 路段起止点 | 货运密度<br>(吨公里/公里) |
|---|---|---|---|---|
| 北京段 | 大羊坊—廊坊 | 59210 | 廊坊—大羊坊 | 72035 |
| 河北段 | 廊坊—泗村店 | 31223 | 泗村店—廊坊 | 32673 |
| 天津段 | 泗村店—汉沽 | 64323 | 汉沽—泗村店 | 62215 |
| 天津段 | 汉沽—独流 | 85208 | 独流—汉沽 | 78342 |
| 天津段 | 独流—九宣闸(津冀界) | 23989 | 九宣闸(津冀界)—独流 | 23419 |
| 河北段 | 青县主线(冀津界)—沧州 | 77542 | 沧州—青县主线(冀津界) | 79227 |
| 河北段 | 沧州—吴桥(冀鲁界) | 35868 | 吴桥(冀鲁界)—沧州 | 34020 |
| 山东段 | 京福鲁冀(德州)—齐河 | 77421 | 齐河—京福鲁冀(德州) | 58415 |
| 山东段 | 齐河—济南 | 182131 | 济南—齐河 | 127490 |
| 山东段 | 济南—泰安 | 108605 | 泰安—济南 | 80072 |
| 山东段 | 泰安—京沪鲁苏 | 31349 | 京沪鲁苏—泰安 | 27436 |
| 江苏段 | 苏鲁省界—淮安 | 23605 | 淮安—苏鲁省界 | 54824 |
| 江苏段 | 淮安—江都 | 34717 | 江都—淮安 | 74114 |
| 江苏段 | 江都—江阴 | 34685 | 江阴—江都 | 31494 |
| 江苏段 | 江阴—无锡 | 18140 | 无锡—江阴 | 24846 |
| 江苏段 | 无锡—苏州北 | 192567 | 苏州北—无锡 | 202455 |
| 江苏段 | 苏州北—花桥主线(苏沪界) | 94924 | 花桥主线(苏沪界)—苏州北 | 94316 |
| 上海段 | 安亭主线(沪苏界)—江桥 | 68815 | 江桥—安亭主线(沪苏界) | 67289 |

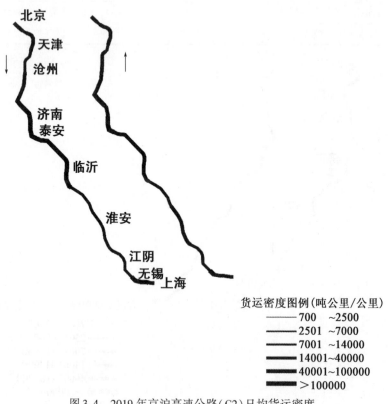

图3-4　2019年京沪高速公路(G2)日均货运密度

## 3.3 京港澳高速公路(G4)日均运输密度

**3.3.1** 2019 年京港澳高速公路(G4)日均客运密度分布如表 3-5 和图 3-5 所示。

2019 年京港澳高速公路(G4)日均客运密度　　　　　表 3-5

| 路　段 | 路段起止点 | 客运密度<br>(人公里/公里) | 路段起止点 | 客运密度<br>(人公里/公里) |
|---|---|---|---|---|
| 北京段 | 六环—琉璃河(京冀界) | 109073 | 琉璃河南(京冀界)—六环 | 87839 |
| 河北段 | 涿州北(冀京界)—保定 | 16552 | 保定—涿州北(冀京界) | 15507 |
|  | 保定—石家庄 | 18623 | 石家庄—保定 | 18153 |
|  | 石家庄—栾城 | 22378 | 栾城—石家庄 | 25800 |
|  | 栾城—临漳(冀豫界) | 13889 | 临漳(冀豫界)—栾城 | 13624 |
| 河南段 | 京港澳豫冀界—鹤壁 | 33127 | 鹤壁—京港澳豫冀界 | 31731 |
|  | 鹤壁—新乡 | 60064 | 新乡—鹤壁 | 59821 |
|  | 新乡—郑州 | 82018 | 郑州—新乡 | 77044 |
|  | 郑州—许昌 | 100727 | 许昌—郑州 | 95712 |
|  | 许昌—漯河 | 54773 | 漯河—许昌 | 51857 |
|  | 漯河—驻马店 | 40674 | 驻马店—漯河 | 38551 |
|  | 驻马店—京港澳豫鄂界 | 17657 | 京港澳豫鄂界—驻马店 | 15945 |
| 湖北段 | 豫鄂界—武汉北 | 18353 | 武汉北—豫鄂界 | 17760 |
|  | 武汉北—鄂南(鄂湘界) | 29113 | 鄂南(鄂湘界)—武汉北 | 28272 |
| 湖南段 | 羊楼司(湘鄂界)—岳阳 | 18468 | 岳阳—羊楼司(湘鄂界) | 17446 |
|  | 岳阳—长沙 | 38170 | 长沙—岳阳 | 39415 |
|  | 长沙—湘潭 | 68323 | 湘潭—长沙 | 69722 |
|  | 湘潭—衡阳 | 40564 | 衡阳—湘潭 | 43244 |
|  | 衡阳—郴州 | 26311 | 郴州—衡阳 | 28255 |
|  | 郴州—宜章 | 26436 | 宜章—郴州 | 28007 |
|  | 宜章—小塘(湘粤界) | 19990 | 小塘(湘粤界)—宜章 | 24257 |
| 广东段 | 粤北(粤湘界)—广州 | 24841 | 广州—粤北(粤湘界) | 23381 |
|  | 广州—太平 | 159283 | 太平—广州 | 155868 |
|  | 太平—深圳皇岗 | 139879 | 深圳皇岗—太平 | 127859 |

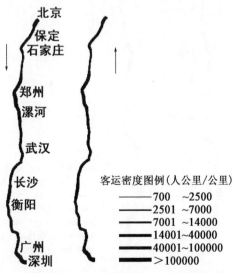

图 3-5　2019 年京港澳高速公路(G4)日均客运密度

### 3.3.2 2019年京港澳高速公路(G4)日均货运密度分布如表 3-6 和图 3-6 所示。

2019年京港澳高速公路(G4)日均货运密度　　　　　表 3-6

| 路　　段 | 路段起止点 | 货运密度<br>(吨公里/公里) | 路段起止点 | 货运密度<br>(吨公里/公里) |
|---|---|---|---|---|
| 北京段 | 六环—琉璃河南(京冀界) | 59833 | 琉璃河南(京冀界)—六环 | 43809 |
| 河北段 | 涿州北(冀京界)—保定 | 25286 | 保定—涿州北(冀京界) | 26188 |
|  | 保定—石家庄 | 39007 | 石家庄—保定 | 54012 |
|  | 石家庄—栾城 | 15272 | 栾城—石家庄 | 17410 |
|  | 栾城—临漳(冀豫界) | 43548 | 临漳(冀豫界)—栾城 | 30662 |
| 河南段 | 京港澳豫冀界—鹤壁 | 149886 | 鹤壁—京港澳豫冀界 | 89830 |
|  | 鹤壁—新乡 | 151554 | 新乡—鹤壁 | 98871 |
|  | 新乡—郑州 | 250462 | 郑州—新乡 | 127710 |
|  | 郑州—许昌 | 139242 | 许昌—郑州 | 124180 |
|  | 许昌—漯河 | 136019 | 漯河—许昌 | 111292 |
|  | 漯河—驻马店 | 148410 | 驻马店—漯河 | 122584 |
|  | 驻马店—京港澳豫鄂界 | 127888 | 京港澳豫鄂界—驻马店 | 113421 |
| 湖北段 | 豫鄂界—武汉北 | 74496 | 武汉北—豫鄂界 | 79214 |
|  | 武汉北—鄂南(鄂湘界) | 108395 | 鄂南(鄂湘界)—武汉北 | 104934 |
| 湖南段 | 羊楼司(湘鄂界)—岳阳 | 120597 | 岳阳—羊楼司(湘鄂界) | 101662 |
|  | 岳阳—长沙 | 178383 | 长沙—岳阳 | 146088 |
|  | 长沙—湘潭 | 174627 | 湘潭—长沙 | 166868 |
|  | 湘潭—衡阳 | 160900 | 衡阳—湘潭 | 161067 |
|  | 衡阳—郴州 | 117661 | 郴州—衡阳 | 109119 |
|  | 郴州—宜章 | 119695 | 宜章—郴州 | 113778 |
|  | 宜章—小塘(湘粤界) | 120277 | 小塘(湘粤界)—宜章 | 112199 |
| 广东段 | 粤北(粤湘界)—广州 | 54851 | 广州—粤北(粤湘界) | 53434 |
|  | 广州—太平 | 60658 | 太平—广州 | 52134 |
|  | 太平—深圳皇岗 | 19220 | 深圳皇岗—太平 | 15288 |

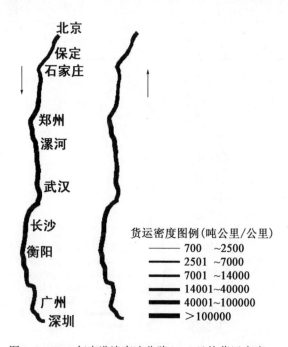

图 3-6　2019年京港澳高速公路(G4)日均货运密度

## 3.4 京昆高速公路(G5)日均运输密度

**3.4.1** 2019年京昆高速公路(G5)日均客运密度分布如表3-7和图3-7所示。

2019年京昆高速公路(G5)日均客运密度　　　　　　　表3-7

| 路段 | 路段起止点 | 客运密度(人公里/公里) | 路段起止点 | 客运密度(人公里/公里) |
|---|---|---|---|---|
| 北京段 | 六环—琉璃河南(京冀界) | 109073 | 琉璃河南(京冀界)—六环 | 87839 |
| 河北段 | 涿州—满城 | 8741 | 满城—涿州 | 9035 |
|  | 满城—石家庄 | 7854 | 石家庄—满城 | 8917 |
|  | 石家庄—井陉西(冀晋界) | 4878 | 井陉西(冀晋界)—石家庄 | 5528 |
| 山西段 | 旧关(晋冀界)—阳泉 | 6463 | 阳泉—旧关(晋冀界) | 7010 |
|  | 阳泉—太原 | 21609 | 太原—阳泉 | 23846 |
|  | 太原—罗城 | 17381 | 罗城—太原 | 15245 |
|  | 罗城—交城 | 47321 | 交城—罗城 | 32882 |
|  | 交城—侯马 | 20499 | 侯马—交城 | 20107 |
|  | 侯马—龙门大桥(晋陕界) | 10622 | 龙门大桥(晋陕界)—侯马 | 10566 |
| 陕西段 | 禹门口(陕晋界)—西安 | 26815 | 西安—禹门口(陕晋界) | 27645 |
|  | 西安—汉中 | 15773 | 汉中—西安 | 15905 |
|  | 汉中—棋盘关(陕川界) | 6518 | 棋盘关(陕川界)—汉中 | 6458 |
| 四川段 | 棋盘关—广元 | 6691 | 广元—棋盘关 | 6830 |
|  | 广元—绵阳 | 11737 | 绵阳—广元 | 11704 |
|  | 绵阳—德阳 | 34831 | 德阳—绵阳 | 36089 |
|  | 德阳—成都 | 66024 | 成都—德阳 | 70660 |
|  | 成都—青龙 | 117492 | 青龙—成都 | 107633 |
|  | 青龙—雅安东 | 36976 | 雅安东—青龙 | 38030 |
|  | 雅安东—西昌 | 23627 | 西昌—雅安东 | 23304 |
|  | 西昌—攀枝花 | 11911 | 攀枝花—西昌 | 12377 |

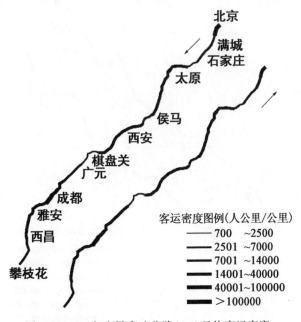

图3-7　2019年京昆高速公路(G5)日均客运密度

### 3.4.2 2019年京昆高速公路（G5）日均货运密度分布如表 3-8 和图 3-8 所示。

2019 年京昆高速公路（G5）日均货运密度　　　　　　　　　　　表 3-8

| 路　段 | 路段起止点 | 货运密度<br>（吨公里/公里） | 路段起止点 | 货运密度<br>（吨公里/公里） |
|---|---|---|---|---|
| 北京段 | 六环—琉璃河南（京冀界） | 59833 | 琉璃河南（京冀界）—六环 | 43809 |
| 河北段 | 涿州—满城 | 21088 | 满城—涿州 | 42710 |
|  | 满城—石家庄 | 18907 | 石家庄—满城 | 19187 |
|  | 石家庄—井陉西（冀晋界） | 33293 | 井陉西（冀晋界）—石家庄 | 47373 |
| 山西段 | 旧关（晋冀界）—阳泉 | 42583 | 阳泉—旧关（晋冀界） | 59169 |
|  | 阳泉—太原 | 67817 | 太原—阳泉 | 92578 |
|  | 太原—罗城 | 71765 | 罗城—太原 | 42355 |
|  | 罗城—交城 | 106339 | 交城—罗城 | 61105 |
|  | 交城—侯马 | 72579 | 侯马—交城 | 34369 |
|  | 侯马—龙门大桥（晋陕界） | 83246 | 龙门大桥（晋陕界）—侯马 | 41935 |
| 陕西段 | 禹门口（陕晋界）—西安 | 105392 | 西安—禹门口（陕晋界） | 51783 |
|  | 西安—汉中 | 87004 | 汉中—西安 | 108415 |
|  | 汉中—棋盘关（陕川界） | 69883 | 棋盘关（陕川界）—汉中 | 78302 |
| 四川段 | 棋盘关—广元 | 70056 | 广元—棋盘关 | 50305 |
|  | 广元—绵阳 | 90260 | 绵阳—广元 | 51622 |
|  | 绵阳—德阳 | 71245 | 德阳—绵阳 | 38334 |
|  | 德阳—成都 | 40995 | 成都—德阳 | 23748 |
|  | 成都—青龙 | 35044 | 青龙—成都 | 42998 |
|  | 青龙—雅安东 | 8420 | 雅安东—青龙 | 7980 |
|  | 雅安东—西昌 | 20952 | 西昌—雅安东 | 19474 |
|  | 西昌—攀枝花 | 16347 | 攀枝花—西昌 | 19810 |

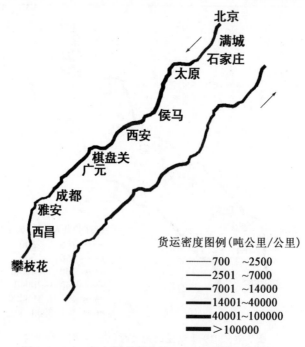

图 3-8　2019 年京昆高速公路（G5）日均货运密度

## 3.5 京藏高速公路(G6)日均运输密度

**3.5.1** 2019年京藏高速公路(G6)日均客运密度分布如表3-9和图3-9所示。

2019年京藏高速公路(G6)日均客运密度　　表3-9

| 路　段 | 路段起止点 | 客运密度<br>(人公里/公里) | 路段起止点 | 客运密度<br>(人公里/公里) |
|---|---|---|---|---|
| 北京段 | 六环—居庸关 | 98574 | 居庸关—六环 | 115063 |
|  | 居庸关—市界 | 57727 | 市界—居庸关 | 62252 |
| 河北段 | 东花园—宣化主线 | 9957 | 宣化主线—东花园 | 4526 |
|  | 宣化主线—东洋河 | 4578 | 东洋河—宣化主线 | 3539 |
| 内蒙古段 | 蒙冀界—乌兰察布 | 7835 | 乌兰察布—蒙冀界 | 8133 |
|  | 乌兰察布—呼和浩特 | 21471 | 呼和浩特—乌兰察布 | 24423 |
|  | 呼和浩特—包头 | 32820 | 包头—呼和浩特 | 32888 |
|  | 包头—临河 | 11290 | 临河—包头 | 10742 |
|  | 临河—磴口 | 6987 | 磴口—临河 | 6747 |
|  | 磴口—蒙宁界 | 6431 | 蒙宁界—磴口 | 5788 |
| 宁夏段 | 惠农主线(宁蒙界)—姚伏 | 8815 | 姚伏—惠农主线(宁蒙界) | 2880 |
|  | 姚伏—银川 | 23762 | 银川—姚伏 | 15108 |
|  | 银川—吴忠 | 27174 | 吴忠—银川 | 27674 |
|  | 吴忠—中宁 | 9712 | 中宁—吴忠 | 16278 |
|  | 中宁—桃山 | 7488 | 桃山—中宁 | 7119 |
|  | 桃山—兴仁主线(宁甘界) | 4542 | 兴仁主线(宁甘界)—桃山 | 4065 |
| 甘肃段 | 刘家寨主线(甘宁界)—白银 | 10609 | 白银—刘家寨主线(甘宁界) | 9507 |
|  | 白银—树屏 | 25425 | 树屏—白银 | 23756 |
|  | 树屏—河口 | 27528 | 河口—树屏 | 27117 |
|  | 河口—海石湾主线(甘青界) | 16009 | 海石湾主线(甘青界)—河口 | 15581 |
| 青海段 | 马场垣主线(青甘界)—平安 | 41062 | 平安—马场垣主线(青甘界) | 42727 |
|  | 平安—西宁 | 33927 | 西宁—平安 | 36832 |

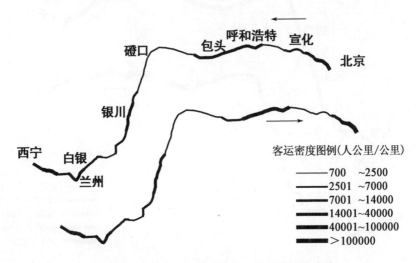

图3-9　2019年京藏高速公路(G6)日均客运密度

**3.5.2　2019 年京藏高速公路（G6）日均货运密度分布如表 3-10 和图 3-10 所示。**

2019 年京藏高速公路（G6）日均货运密度　　　　　　　表 3-10

| 路　段 | 路段起止点 | 货运密度（吨公里/公里） | 路段起止点 | 货运密度（吨公里/公里） |
|---|---|---|---|---|
| 北京段 | 六环—居庸关 | 88188 | 居庸关—六环 | 22657 |
|  | 居庸关—市界 | 76773 | 市界—居庸关 | 12260 |
| 河北段 | 东花园—宣化主线 | 28902 | 宣化主线—东花园 | 20695 |
|  | 宣化主线—东洋河 | 9752 | 东洋河—宣化主线 | 11056 |
| 内蒙古段 | 蒙冀界—乌兰察布 | 67011 | 乌兰察布—蒙冀界 | 56294 |
|  | 乌兰察布—呼和浩特 | 94901 | 呼和浩特—乌兰察布 | 193863 |
|  | 呼和浩特—包头 | 83367 | 包头—呼和浩特 | 139757 |
|  | 包头—临河 | 47075 | 临河—包头 | 76621 |
|  | 临河—磴口 | 27491 | 磴口—临河 | 36053 |
|  | 磴口—蒙宁界 | 43350 | 蒙宁界—磴口 | 38961 |
| 宁夏段 | 惠农主线（宁蒙界）—姚伏 | 17946 | 姚伏—惠农主线（宁蒙界） | 2507 |
|  | 姚伏—银川 | 20497 | 银川—姚伏 | 7591 |
|  | 银川—吴忠 | 9180 | 吴忠—银川 | 7582 |
|  | 吴忠—中宁 | 3197 | 中宁—吴忠 | 4695 |
|  | 中宁—桃山 | 17225 | 桃山—中宁 | 13566 |
|  | 桃山—兴仁主线（宁甘界） | 9054 | 兴仁主线（宁甘界）—桃山 | 6045 |
| 甘肃段 | 刘家寨主线（甘宁界）—白银 | 25073 | 白银—刘家寨主线（甘宁界） | 14141 |
|  | 白银—树屏 | 47348 | 树屏—白银 | 26903 |
|  | 树屏—河口 | 88590 | 河口—树屏 | 76915 |
|  | 河口—海石湾主线（甘青界） | 58172 | 海石湾主线（甘青界）—河口 | 44539 |
| 青海段 | 马场垣主线（青甘界）—平安 | 114721 | 平安—马场垣主线（青甘界） | 84721 |
|  | 平安—西宁 | 34619 | 西宁—平安 | 26376 |

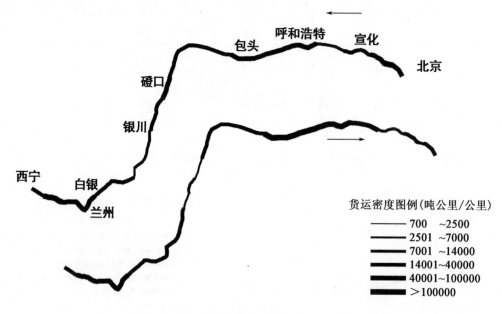

图 3-10　2019 年京藏高速公路（G6）日均货运密度

## 3.6 沈海高速公路(G15)日均运输密度

### 3.6.1 2019年沈海高速公路(G15)日均客运密度分布如表3-11和图3-11所示。

2019年沈海高速公路(G15)日均客运密度　　　　　表3-11

| 路段 | 路段起止点 | 客运密度（人公里/公里） | 路段起止点 | 客运密度（人公里/公里） |
|---|---|---|---|---|
| 辽宁段 | 沈阳—鞍山 | 65543 | 鞍山—沈阳 | 56738 |
| | 鞍山—营口 | 56201 | 营口—鞍山 | 46735 |
| | 营口—鲅鱼圈 | 64761 | 鲅鱼圈—营口 | 52408 |
| | 鲅鱼圈—大连 | 106515 | 大连—鲅鱼圈 | 107745 |
| 山东段 | 烟台—栖霞 | 34844 | 栖霞—烟台 | 33941 |
| | 栖霞—青岛 | 14136 | 青岛—栖霞 | 13812 |
| | 青岛—沈海鲁苏 | 20906 | 沈海鲁苏—青岛 | 23897 |
| 江苏段 | 沈海苏鲁—南通 | 31390 | 南通—沈海苏鲁 | 31446 |
| | 南通—常熟 | 104686 | 常熟—南通 | 106779 |
| | 常熟—太仓主线(苏沪界) | 86559 | 太仓主线(苏沪界)—常熟 | 84966 |
| 上海段 | 朱桥(沪苏界)—嘉浏 | 93478 | 嘉浏—朱桥(沪苏界) | 96588 |
| | 嘉浏—新桥 | 63952 | 新桥—嘉浏 | 66947 |
| | 新桥—嘉金莘奉金立交 | 26101 | 嘉金莘奉金立交—新桥 | 25527 |
| | 嘉金莘奉金立交—金山卫 | 28537 | 金山卫—嘉金莘奉金立交 | 30109 |
| 浙江段 | 浙沪主线—宁波北 | 35635 | 宁波北—浙沪主线 | 34929 |
| | 宁波姜山—宁海 | 38042 | 宁海—宁波姜山 | 37635 |
| | 宁海—吴岙 | 22175 | 吴岙—宁海 | 21908 |
| | 吴岙—台州 | 35624 | 台州—吴岙 | 35626 |
| | 台州—温州 | 33859 | 温州—台州 | 32890 |
| | 温州—平阳 | 58604 | 平阳—温州 | 56770 |
| | 平阳—分水关(浙闽界) | 25336 | 分水关(浙闽界)—平阳 | 23564 |
| 福建段 | 闽浙—福州 | 19878 | 福州—闽浙 | 18309 |
| | 福州—莆田 | 37235 | 莆田—福州 | 36876 |
| | 莆田—泉州 | 46255 | 泉州—莆田 | 45752 |
| | 泉州—厦门 | 73136 | 厦门—泉州 | 73076 |
| | 厦门—漳州 | 59857 | 漳州—厦门 | 58931 |
| | 漳州—闽粤界 | 17726 | 闽粤界—漳州 | 16169 |
| 广东段 | 汾水关—汕头 | 25066 | 汕头—汾水关 | 26010 |
| | 汕头—陆丰 | 18666 | 陆丰—汕头 | 22542 |
| | 陆丰—深圳 | 36869 | 深圳—陆丰 | 42902 |
| | 深圳—广州 | 162101 | 广州—深圳 | 154062 |
| | 广州—阳江 | 94885 | 阳江—广州 | 90063 |
| | 阳江—湛江 | 53610 | 湛江—阳江 | 47974 |
| | 湛江—徐闻 | 17313 | 徐闻—湛江 | 19335 |

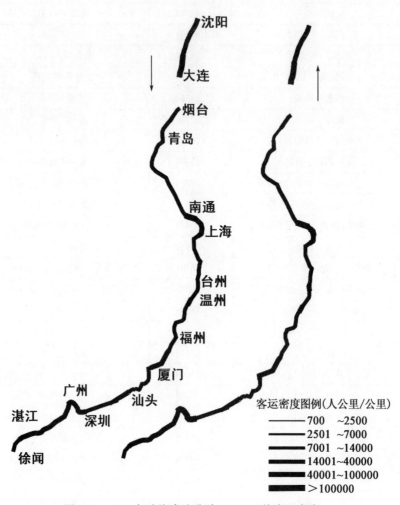

图 3-11　2019 年沈海高速公路（G15）日均客运密度

### 3.6.2 2019年沈海高速公路(G15)日均货运密度分布如表3-12和图3-12所示。

2019年沈海高速公路(G15)日均货运密度　　　　　　　　　　　表3-12

| 路段 | 路段起止点 | 货运密度（吨公里/公里） | 路段起止点 | 货运密度（吨公里/公里） |
|---|---|---|---|---|
| 辽宁段 | 沈阳—鞍山 | 32074 | 鞍山—沈阳 | 33152 |
| | 鞍山—营口 | 46900 | 营口—鞍山 | 46118 |
| | 营口—鲅鱼圈 | 82328 | 鲅鱼圈—营口 | 68939 |
| | 鲅鱼圈—大连 | 111869 | 大连—鲅鱼圈 | 86748 |
| 山东段 | 烟台—栖霞 | 13148 | 栖霞—烟台 | 12504 |
| | 栖霞—青岛 | 14718 | 青岛—栖霞 | 13276 |
| | 青岛—沈海鲁苏 | 21620 | 沈海鲁苏—青岛 | 23624 |
| 江苏段 | 沈海苏鲁—南通 | 28486 | 南通—沈海苏鲁 | 77914 |
| | 南通——常熟 | 242705 | 常熟—南通 | 129891 |
| | 常熟—太仓主线 | 146975 | 太仓主线—常熟 | 96568 |
| 上海段 | 朱桥(沪苏界)—嘉浏 | 134358 | 嘉浏—朱桥(沪苏界) | 126026 |
| | 嘉浏—新桥 | 134855 | 新桥—嘉浏 | 134087 |
| | 新桥—嘉金莘奉金立交 | 33548 | 嘉金莘奉金立交—新桥 | 33560 |
| | 嘉金莘奉金立交—金山卫 | 66025 | 金山卫—嘉金莘奉金立交 | 61876 |
| 浙江段 | 浙沪主线—宁波北 | 89215 | 宁波北—浙沪主线 | 66279 |
| | 宁波姜山—宁海 | 101101 | 宁海—宁波姜山 | 74616 |
| | 宁海—吴岙 | 96299 | 吴岙—宁海 | 66414 |
| | 吴岙—台州 | 118022 | 台州—吴岙 | 86727 |
| | 台州—温州 | 87467 | 温州—台州 | 68347 |
| | 温州—平阳 | 81671 | 平阳—温州 | 68112 |
| | 平阳—分水关(浙闽界) | 80418 | 分水关(浙闽界)—平阳 | 78534 |
| 福建段 | 闽浙—福州 | 63065 | 福州—闽浙 | 64356 |
| | 福州—莆田 | 64116 | 莆田—福州 | 67600 |
| | 莆田—泉州 | 73451 | 泉州—莆田 | 72781 |
| | 泉州—厦门 | 75612 | 厦门—泉州 | 76073 |
| | 厦门—漳州 | 55471 | 漳州—厦门 | 58627 |
| | 漳州—闽粤界 | 23256 | 闽粤界—漳州 | 16891 |
| 广东段 | 汾水关—汕头 | 42001 | 汕头—汾水关 | 29365 |
| | 汕头—陆丰 | 22567 | 陆丰—汕头 | 20193 |
| | 陆丰—深圳 | 32139 | 深圳—陆丰 | 34276 |
| | 深圳—广州 | 39065 | 广州—深圳 | 31252 |
| | 广州—阳江 | 84021 | 阳江—广州 | 76562 |
| | 阳江—湛江 | 67161 | 湛江—阳江 | 61162 |
| | 湛江—徐闻 | 17763 | 徐闻—湛江 | 38172 |

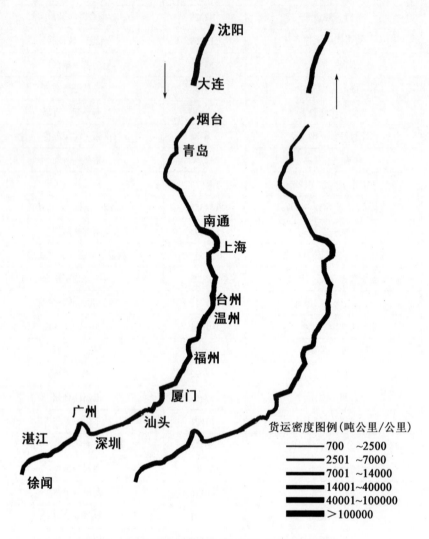

图 3-12　2019 年沈海高速公路（G15）日均货运密度

## 3.7 青银高速公路（G20）日均运输密度

**3.7.1** 2019 年青银高速公路（G20）日均客运密度分布如表 3-13 和图 3-13 所示。

2019 年青银高速公路（G20）日均客运密度  表 3-13

| 路　段 | 路段起止点 | 客运密度（人公里/公里） | 路段起止点 | 客运密度（人公里/公里） |
|---|---|---|---|---|
| 山东段 | 青岛—胶州 | 20056 | 胶州—青岛 | 21202 |
|  | 胶州—潍坊 | 15971 | 潍坊—胶州 | 15191 |
|  | 潍坊—济南 | 20044 | 济南—潍坊 | 18662 |
|  | 济南—齐河 | 23493 | 齐河—济南 | 22246 |
|  | 齐河—青银鲁冀 | 12671 | 青银鲁冀—齐河 | 12293 |
| 河北段 | 清河（冀鲁界）—栾城 | 7328 | 栾城—清河（冀鲁界） | 7696 |
|  | 栾城—石家庄 | 5730 | 石家庄—栾城 | 6069 |
|  | 石家庄—井陉西（冀晋界） | 10348 | 井陉西（冀晋界）—石家庄 | 12352 |
| 山西段 | 旧关（晋冀界）—阳泉 | 6463 | 阳泉—旧关（晋冀界） | 7010 |
|  | 阳泉—太原 | 21609 | 太原—阳泉 | 23846 |
|  | 太原—罗城 | 17381 | 罗城—太原 | 15245 |
|  | 罗城—交城 | 47321 | 交城—罗城 | 32882 |
|  | 交城—吕梁 | 17860 | 吕梁—交城 | 17275 |
|  | 吕梁—柳林 | 12717 | 柳林—吕梁 | 11400 |
| 陕西段 | 吴堡主线（陕晋界）—靖边 | 2180 | 靖边—吴堡主线（陕晋界） | 2316 |
|  | 靖边—王圈梁（陕宁界） | 6590 | 王圈梁（陕宁界）—靖边 | 6823 |
| 宁夏段 | 盐池主线（宁陕界）—临河 | 12345 | 临河—盐池主线（宁陕界） | 12248 |
|  | 临河—银川 | 67870 | 银川—临河 | 63156 |

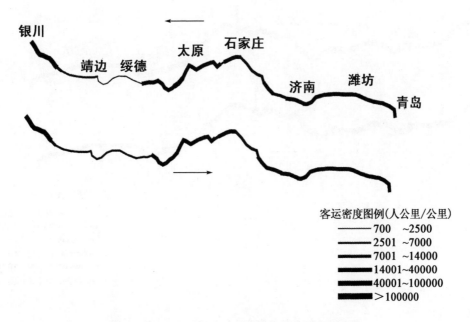

图 3-13　2019 年青银高速公路（G20）日均客运密度

### 3.7.2 2019 年青银高速公路(G20)日均货运密度分布如表 3-14 和图 3-14 所示。

2019 年青银高速公路(G20)日均货运密度  表 3-14

| 路 段 | 路段起止点 | 货运密度<br>(吨公里/公里) | 路段起止点 | 货运密度<br>(吨公里/公里) |
|---|---|---|---|---|
| 山东段 | 青岛—胶州 | 14986 | 胶州—青岛 | 11597 |
| | 胶州—潍坊 | 15966 | 潍坊—胶州 | 10597 |
| | 潍坊—济南 | 30376 | 济南—潍坊 | 30366 |
| | 济南—齐河 | 140227 | 齐河—济南 | 114504 |
| | 齐河—青银鲁冀 | 63059 | 青银鲁冀—齐河 | 144496 |
| 河北段 | 清河(冀鲁界)—栾城 | 17981 | 栾城—清河(冀鲁界) | 33826 |
| | 栾城—石家庄 | 31434 | 石家庄—栾城 | 82932 |
| | 石家庄—井陉西(冀晋界) | 24906 | 井陉西(冀晋界)—石家庄 | 39781 |
| 山西段 | 旧关(晋冀界)—阳泉 | 42583 | 阳泉—旧关(晋冀界) | 59169 |
| | 阳泉—太原 | 67817 | 太原—阳泉 | 92578 |
| | 太原—罗城 | 71765 | 罗城—太原 | 42355 |
| | 罗城—交城 | 106339 | 交城—罗城 | 61105 |
| | 交城—吕梁 | 65104 | 吕梁—交城 | 147709 |
| | 吕梁—柳林 | 104455 | 柳林—吕梁 | 132380 |
| 陕西段 | 吴堡主线(陕晋界)—靖边 | 67097 | 靖边—吴堡主线(陕晋界) | 70912 |
| | 靖边—王圈梁(陕宁界) | 70236 | 王圈梁(陕宁界)—靖边 | 65654 |
| 宁夏段 | 盐池主线(宁陕界)—临河 | 10335 | 临河—盐池主线(宁陕界) | 18832 |
| | 临河—银川 | 29822 | 银川—临河 | 24943 |

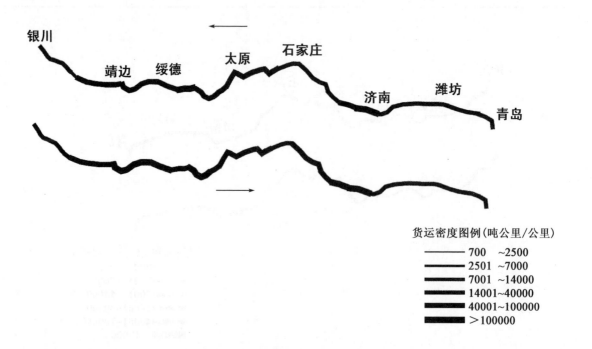

图 3-14  2019 年青银高速公路(G20)日均货运密度

## 3.8 连霍高速公路(G30)日均运输密度

**3.8.1** 2019年连霍高速公路(G30)日均客运密度分布如表3-15和图3-15所示。

2019年连霍高速公路(G30)日均客运密度　　　　　表3-15

| 路　段 | 路段起止点 | 客运密度<br>(人公里/公里) | 路段起止点 | 客运密度<br>(人公里/公里) |
|---|---|---|---|---|
| 江苏段 | 连云港—徐州 | 17469 | 徐州—连云港 | 16942 |
|  | 徐州—苏皖省界 | 21592 | 苏皖省界—徐州 | 22763 |
| 安徽段 | 皖苏—皖豫 | 24780 | 皖豫—皖苏 | 24893 |
| 河南段 | 连霍豫皖界—商丘 | 29083 | 商丘—连霍豫皖界 | 30278 |
|  | 商丘—开封 | 30092 | 开封—商丘 | 35969 |
|  | 开封—郑州 | 83673 | 郑州—开封 | 87986 |
|  | 郑州—洛阳 | 49137 | 洛阳—郑州 | 48393 |
|  | 洛阳—三门峡 | 29021 | 三门峡—洛阳 | 27550 |
|  | 三门峡—连霍豫陕界 | 18818 | 连霍豫陕界—三门峡 | 18344 |
| 陕西段 | 潼关(陕豫界)—西安 | 42021 | 西安—潼关(陕豫界) | 43733 |
|  | 西安—咸阳 | 67846 | 咸阳—西安 | 73080 |
|  | 咸阳—杨凌 | 46837 | 杨凌—咸阳 | 50316 |
|  | 杨凌—宝鸡 | 28532 | 宝鸡—杨凌 | 28305 |
|  | 宝鸡—陈仓(陕甘界) | 3181 | 陈仓(陕甘界)—宝鸡 | 4155 |
| 甘肃段 | 陈仓(甘陕界)—天水 | 4040 | 天水—陈仓(甘陕界) | 4515 |
|  | 天水—定西 | 8939 | 定西—天水 | 9916 |
|  | 定西—兰州 | 35005 | 兰州—定西 | 34985 |
|  | 兰州—龙泉寺 | 27501 | 龙泉寺—兰州 | 24659 |
|  | 龙泉寺—华藏寺 | 12048 | 华藏寺—龙泉寺 | 11761 |
|  | 华藏寺—双塔 | 10908 | 双塔—华藏寺 | 10765 |
|  | 双塔—武威 | 14980 | 武威—双塔 | 14514 |
|  | 武威—张掖 | 6913 | 张掖—武威 | 6701 |
|  | 张掖—清水主线 | 7699 | 清水主线—张掖 | 7708 |
|  | 清水主线—嘉峪关 | 8334 | 嘉峪关—清水主线 | 8421 |
|  | 嘉峪关—瓜州站 | 7986 | 瓜州站—嘉峪关 | 8238 |
|  | 瓜州站—柳园北主线(甘疆界) | 3159 | 柳园北主线(甘疆界)—瓜州站 | 2476 |

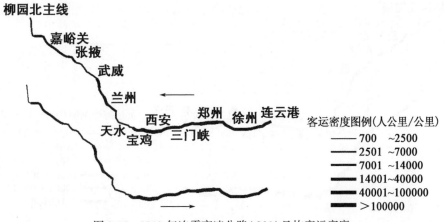

图3-15　2019年连霍高速公路(G30)日均客运密度

### 3.8.2 2019年连霍高速公路（G30）日均货运密度分布如表3-16和图3-16所示。

2019年连霍高速公路（G30）日均货运密度　　　　　　表3-16

| 路　段 | 路段起止点 | 货运密度<br>（吨公里/公里） | 路段起止点 | 货运密度<br>（吨公里/公里） |
|---|---|---|---|---|
| 江苏段 | 连云港—徐州 | 41635 | 徐州—连云港 | 39590 |
|  | 徐州—苏皖省界 | 87358 | 苏皖省界—徐州 | 240920 |
| 安徽段 | 皖苏—皖豫 | 50006 | 皖豫—皖苏 | 42892 |
| 河南段 | 连霍豫皖界—商丘 | 35038 | 商丘—连霍豫皖界 | 30695 |
|  | 商丘—开封 | 46302 | 开封—商丘 | 65717 |
|  | 开封—郑州 | 112379 | 郑州—开封 | 122754 |
|  | 郑州—洛阳 | 97346 | 洛阳—郑州 | 98850 |
|  | 洛阳—三门峡 | 163970 | 三门峡—洛阳 | 123977 |
|  | 三门峡—连霍豫陕界 | 166791 | 连霍豫陕界—三门峡 | 110501 |
| 陕西段 | 潼关（陕豫界）—西安 | 181326 | 西安—潼关（陕豫界） | 148956 |
|  | 西安—咸阳 | 46585 | 咸阳—西安 | 62375 |
|  | 咸阳—杨凌 | 52963 | 杨凌—咸阳 | 75090 |
|  | 杨凌—宝鸡 | 49577 | 宝鸡—杨凌 | 49434 |
|  | 宝鸡—陈仓（陕甘界） | 13059 | 陈仓（陕甘界）—宝鸡 | 22887 |
| 甘肃段 | 陈仓（甘陕界）—天水 | 19929 | 天水—陈仓（甘陕界） | 12963 |
|  | 天水—定西 | 4480 | 定西—天水 | 9895 |
|  | 定西—兰州 | 52115 | 兰州—定西 | 53934 |
|  | 兰州—龙泉寺 | 45814 | 龙泉寺—兰州 | 48448 |
|  | 龙泉寺—华藏寺 | 11852 | 华藏寺—龙泉寺 | 18760 |
|  | 华藏寺—双塔 | 10839 | 双塔—华藏寺 | 18255 |
|  | 双塔—武威 | 18624 | 武威—双塔 | 31248 |
|  | 武威—张掖 | 36454 | 张掖—武威 | 42360 |
|  | 张掖—清水主线 | 32273 | 清水主线—张掖 | 35493 |
|  | 清水主线—嘉峪关 | 46962 | 嘉峪关—清水主线 | 48555 |
|  | 嘉峪关—瓜州站 | 19929 | 瓜州站—嘉峪关 | 22110 |
|  | 瓜洲站—柳园北主线（甘疆界） | 11865 | 柳园北主线（甘疆界）—瓜州站 | 14280 |

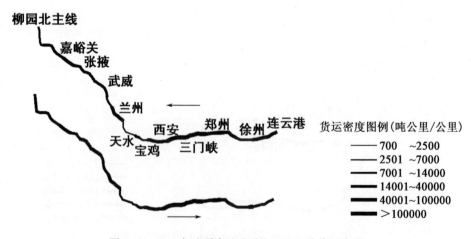

图3-16　2019年连霍高速公路（G30）日均货运密度

## 3.9 宁洛高速公路(G36)日均运输密度

**3.9.1** 2019年宁洛高速公路(G36)日均客运密度分布如表3-17和图3-17所示。

2019年宁洛高速公路(G36)日均客运密度　　　　　　表3-17

| 路　段 | 路段起止点 | 客运密度<br>(人公里/公里) | 路段起止点 | 客运密度<br>(人公里/公里) |
|---|---|---|---|---|
| 安徽段 | 曹庄(皖苏界)—滁州 | 77272 | 滁州—曹庄(皖苏界) | 77806 |
|  | 滁州—蚌埠 | 58660 | 蚌埠—滁州 | 62169 |
|  | 蚌埠—界首(皖豫界) | 34878 | 界首(皖豫界)—蚌埠 | 32732 |
| 河南段 | 宁洛豫皖界—漯河 | 28461 | 漯河—宁洛豫皖界 | 29437 |
|  | 漯河—平顶山 | 20549 | 平顶山—漯河 | 21183 |
|  | 平顶山—洛阳 | 18722 | 洛阳—平顶山 | 19225 |

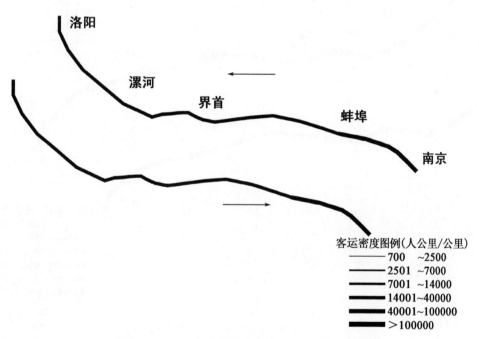

图3-17　2019年宁洛高速公路(G36)日均客运密度

### 3.9.2 2019年宁洛高速公路(G36)日均货运密度分布如表3-18和图3-18所示。

2019年宁洛高速公路(G36)日均货运密度  表3-18

| 路段 | 路段起止点 | 货运密度(吨公里/公里) | 路段起止点 | 货运密度(吨公里/公里) |
|---|---|---|---|---|
| 安徽段 | 曹庄(皖苏界)—滁州 | 84672 | 滁州—曹庄(皖苏界) | 84526 |
| | 滁州—蚌埠 | 62301 | 蚌埠—滁州 | 58840 |
| | 蚌埠—界首(皖豫界) | 47315 | 界首(皖豫界)—蚌埠 | 44020 |
| 河南段 | 宁洛豫皖界—漯河 | 41696 | 漯河—宁洛豫皖界 | 68797 |
| | 漯河—平顶山 | 31393 | 平顶山—漯河 | 112589 |
| | 平顶山—洛阳 | 33764 | 洛阳—平顶山 | 78324 |

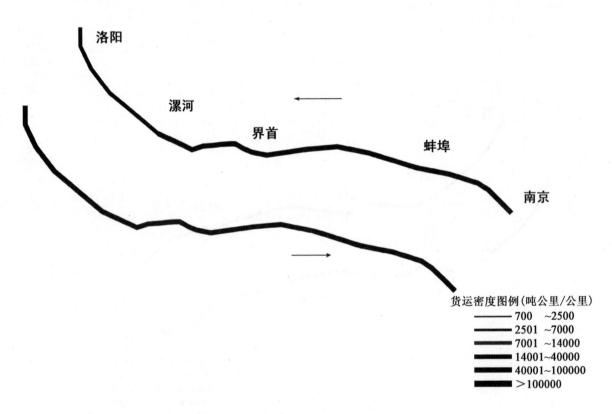

图3-18 2019年宁洛高速公路(G36)日均货运密度

## 3.10 沪陕高速公路(G40)日均运输密度

**3.10.1** 2019 年沪陕高速公路(G40)日均客运密度分布如表 3-19 和图 3-19 所示。

2019 年沪陕高速公路(G40)日均客运密度　　　　表 3-19

| 路　段 | 路段起止点 | 客运密度<br>(人公里/公里) | 路段起止点 | 客运密度<br>(人公里/公里) |
|---|---|---|---|---|
| 江苏段 | 南通—广陵 | 36985 | 广陵—南通 | 36962 |
| | 广陵—南京 | 44597 | 南京—广陵 | 44783 |
| | 南京—皖苏界 | 38974 | 皖苏界—南京 | 40951 |
| 安徽段 | 吴庄(皖苏界)—合肥 | 35292 | 合肥—吴庄(皖苏界) | 35407 |
| | 合肥—叶集(皖豫界) | 49627 | 叶集(皖豫界)—合肥 | 47643 |
| 河南段 | 沪陕豫皖界—南阳 | 16520 | 南阳—沪陕豫皖界 | 15675 |
| | 南阳—沪陕豫陕界 | 14208 | 沪陕豫陕界—南阳 | 12974 |
| 陕西段 | 界牌(陕豫界)—商洛 | 6328 | 商洛—界牌(陕豫界) | 6399 |
| | 商洛—西安 | 17440 | 西安—商洛 | 16813 |

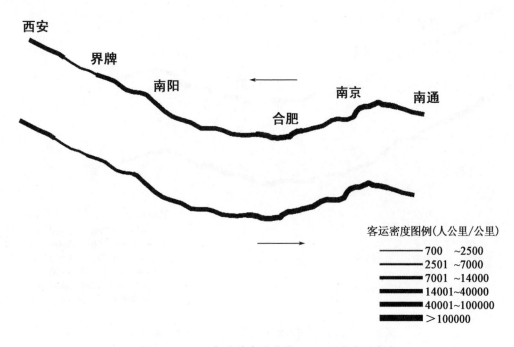

图 3-19　2019 年沪陕高速公路(G40)日均客运密度

### 3.10.2 2019 年沪陕高速公路（G40）日均货运密度分布如表 3-20 和图 3-20 所示。

2019 年沪陕高速公路（G40）日均货运密度  表 3-20

| 路 段 | 路段起止点 | 货运密度<br>（吨公里/公里） | 路段起止点 | 货运密度<br>（吨公里/公里） |
|---|---|---|---|---|
| 江苏段 | 南通—广陵 | 30492 | 广陵—南通 | 34743 |
|  | 广陵—南京 | 32471 | 南京—广陵 | 35223 |
|  | 南京—皖苏界 | 66563 | 皖苏界—南京 | 86016 |
| 安徽段 | 吴庄（皖苏界）—合肥 | 35530 | 合肥—吴庄（皖苏界） | 44431 |
|  | 合肥—叶集（皖豫界） | 95244 | 叶集（皖豫界）—合肥 | 94452 |
| 河南段 | 沪陕豫皖界—南阳 | 29099 | 南阳—沪陕豫皖界 | 28929 |
|  | 南阳—沪陕豫陕界 | 27927 | 沪陕豫陕界—南阳 | 35211 |
| 陕西段 | 界牌（陕豫界）—商洛 | 108682 | 商洛—界牌（陕豫界） | 112479 |
|  | 商洛—西安 | 106082 | 西安—商洛 | 113331 |

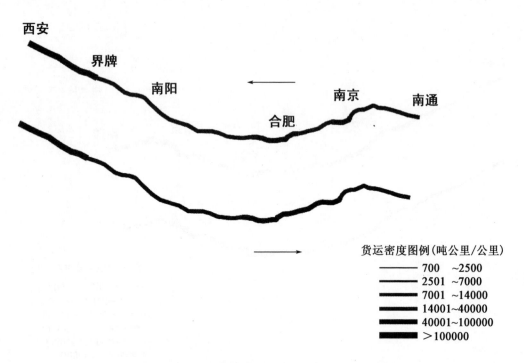

图 3-20  2019 年沪陕高速公路（G40）日均货运密度

## 3.11 沪蓉高速公路(G42)日均运输密度

### 3.11.1 2019年沪蓉高速公路(G42)日均客运密度分布如表3-21和图3-21所示。

2019年沪蓉高速公路(G42)日均客运密度　　　　表3-21

| 路　段 | 路段起止点 | 客运密度（人公里/公里） | 路段起止点 | 客运密度（人公里/公里） |
|---|---|---|---|---|
| 上海段 | 江桥—安亭主线(沪苏界) | 124570 | 安亭主线(沪苏界)—江桥 | 118922 |
| 江苏段 | 花桥主线(苏沪界)—苏州北 | 99476 | 苏州北—花桥主线(苏沪界) | 98439 |
| 江苏段 | 苏州北—无锡 | 144090 | 无锡—苏州北 | 147947 |
| 江苏段 | 无锡—南京 | 114197 | 南京—无锡 | 113751 |
| 江苏段 | 南京—苏皖界 | 38974 | 苏皖界—南京 | 40951 |
| 安徽段 | 吴庄(皖苏界)—合肥 | 44431 | 合肥—吴庄(皖苏界) | 35530 |
| 安徽段 | 合肥—六安 | 98406 | 六安—合肥 | 94201 |
| 安徽段 | 六安—长岭关(皖鄂界) | 25671 | 长岭关(皖鄂界)—六安 | 24503 |
| 湖北段 | 麻城—武汉 | 18668 | 武汉—麻城 | 18060 |
| 湖北段 | 武汉—荆门 | 20192 | 荆门—武汉 | 19324 |
| 湖北段 | 荆门—宜昌 | 16675 | 宜昌—荆门 | 15167 |
| 湖北段 | 宜昌—神农溪 | 12834 | 神农溪—宜昌 | 11337 |
| 重庆段 | 巫山—云阳 | 16215 | 云阳—巫山 | 14427 |
| 重庆段 | 云阳—垫江 | 17374 | 垫江—云阳 | 16353 |
| 重庆段 | 垫江—邻水 | 7296 | 邻水—垫江 | 3963 |
| 四川段 | 邻水—南充 | 14679 | 南充—邻水 | 13037 |
| 四川段 | 南充—遂宁 | 28701 | 遂宁—南充 | 27678 |
| 四川段 | 遂宁—成都 | 34924 | 成都—遂宁 | 33315 |

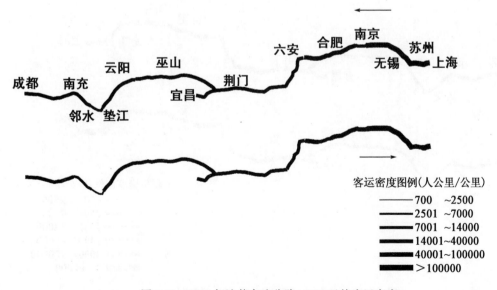

图3-21　2019年沪蓉高速公路(G42)日均客运密度

### 3.11.2 2019 年沪蓉高速公路（G42）日均货运密度分布如表 3-22 和图 3-22 所示。

2019 年沪蓉高速公路（G42）日均货运密度　　　　　　　表 3-22

| 路　　段 | 路段起止点 | 货运密度（吨公里/公里） | 路段起止点 | 货运密度（吨公里/公里） |
|---|---|---|---|---|
| 上海段 | 江桥—安亭主线（沪苏界） | 67289 | 安亭主线（沪苏界）—江桥 | 68815 |
| 江苏段 | 花桥主线（苏沪界）—苏州北 | 94316 | 苏州北—花桥主线（苏沪界） | 94924 |
| | 苏州北—无锡 | 202455 | 无锡—苏州北 | 192567 |
| | 无锡—南京 | 95202 | 南京—无锡 | 97580 |
| | 南京—苏皖界 | 66563 | 苏皖界—南京 | 86016 |
| 安徽段 | 吴庄（皖苏界）—合肥 | 35407 | 合肥—吴庄（皖苏界） | 35292 |
| | 合肥—六安 | 61465 | 六安—合肥 | 58930 |
| | 六安—长岭关（皖鄂界） | 83312 | 长岭关（皖鄂界）—六安 | 90902 |
| 湖北段 | 麻城—武汉 | 49969 | 武汉—麻城 | 53522 |
| | 武汉—荆门 | 17918 | 荆门—武汉 | 20579 |
| | 荆门—宜昌 | 31942 | 宜昌—荆门 | 24642 |
| | 宜昌—神农溪 | 15726 | 神农溪—宜昌 | 9956 |
| 重庆段 | 巫山—云阳 | 9453 | 云阳—巫山 | 9866 |
| | 云阳—邻水 | 10166 | 垫江—云阳 | 13523 |
| 四川段 | 邻水—南充 | 11996 | 南充—邻水 | 4895 |
| | 南充—遂宁 | 19866 | 遂宁—南充 | 23185 |
| | 遂宁—成都 | 12663 | 成都—遂宁 | 17349 |

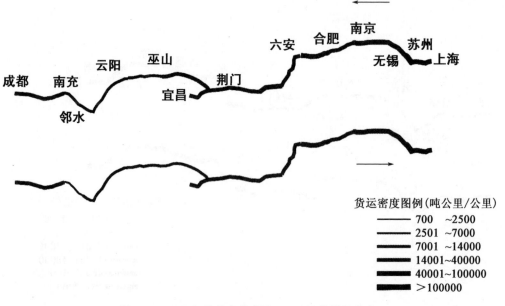

图 3-22　2019 年沪蓉高速公路（G42）日均货运密度

## 3.12 沪渝高速公路(G50)日均运输密度

**3.12.1** 2019年沪渝高速公路(G50)日均客运密度分布如表3-23和图3-23所示。

2019年沪渝高速公路(G50)日均客运密度　　　　表3-23

| 路　段 | 路段起止点 | 客运密度<br>(人公里/公里) | 路段起止点 | 客运密度<br>(人公里/公里) |
|---|---|---|---|---|
| 上海段 | 徐泾—嘉松 | 132377 | 嘉松—徐泾 | 130402 |
| | 嘉松—G50沪苏(苏沪界) | 63762 | G50沪苏(苏沪界)—嘉松 | 60924 |
| 江苏段 | 苏沪主线—苏浙省界 | 36890 | 苏浙省界—苏沪主线 | 33666 |
| 浙江段 | 浙苏主线—湖州 | 40099 | 湖州—浙苏主线 | 35756 |
| | 湖州—浙皖主线 | 38690 | 浙皖主线—湖州 | 36200 |
| 安徽段 | 广德(皖浙界)—宣城 | 41438 | 宣城—广德(皖浙界) | 41647 |
| | 宣城—芜湖 | 31733 | 芜湖—宣城 | 30533 |
| | 芜湖—安庆 | 30512 | 安庆—芜湖 | 29061 |
| | 安庆—怀宁 | 32561 | 怀宁—安庆 | 34260 |
| | 怀宁—宿松(皖鄂界) | 26795 | 宿松(皖鄂界)—怀宁 | 26323 |
| 湖北段 | 鄂皖界—黄梅 | 12234 | 黄梅—鄂皖界 | 12147 |
| | 黄梅—黄石 | 29532 | 黄石—黄梅 | 29518 |
| | 黄石—武汉 | 49858 | 武汉—黄石 | 49290 |
| | 武汉—荆州 | 34130 | 荆州—武汉 | 33220 |
| | 荆州—宜昌 | 19753 | 宜昌—荆州 | 18126 |
| | 宜昌—白羊塘(鄂渝界) | 13330 | 白羊塘(鄂渝界)—宜昌 | 12715 |
| 重庆段 | 冷水(渝鄂界)—垫江 | 10035 | 垫江—冷水(渝鄂界) | 8393 |
| | 垫江—长寿 | 30133 | 长寿—垫江 | 32031 |
| | 长寿—重庆 | 46335 | 重庆—长寿 | 47236 |

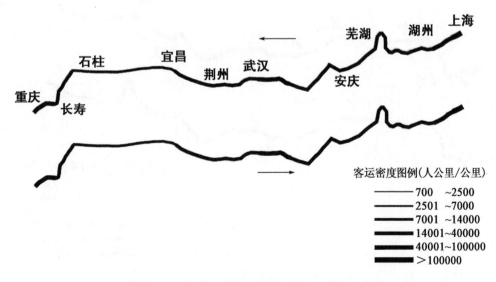

图3-23　2019年沪渝高速公路(G50)日均客运密度

**3.12.2** 2019年沪渝高速公路(G50)日均货运密度分布如表3-24和图3-24所示。

2019年沪渝高速公路(G50)日均货运密度　　　　表3-24

| 路　段 | 路段起止点 | 货运密度<br>(吨公里/公里) | 路段起止点 | 货运密度<br>(吨公里/公里) |
|---|---|---|---|---|
| 上海段 | 徐泾—嘉松 | 18982 | 嘉松—徐泾 | 26788 |
|  | 嘉松—G50沪苏(苏沪界) | 25542 | G50沪苏(苏沪界)—嘉松 | 28818 |
| 江苏段 | 苏沪主线—苏浙省界 | 8572 | 苏浙省界—苏沪主线 | 14985 |
| 浙江段 | 浙苏主线—湖州 | 27866 | 湖州—浙苏主线 | 33707 |
|  | 湖州—浙皖主线 | 31366 | 浙皖主线—湖州 | 44152 |
| 安徽段 | 广德(皖浙界)—宣城 | 47579 | 宣城—广德(皖浙界) | 46813 |
|  | 宣城—芜湖 | 49400 | 芜湖—宣城 | 57386 |
|  | 芜湖—安庆 | 57580 | 安庆—芜湖 | 49546 |
|  | 安庆—怀宁 | 56356 | 怀宁—安庆 | 53128 |
|  | 怀宁—宿松(皖鄂界) | 89260 | 宿松(皖鄂界)—怀宁 | 79922 |
| 湖北段 | 鄂皖界—黄梅 | 66085 | 黄梅—鄂皖界 | 57329 |
|  | 黄梅—黄石 | 46148 | 黄石—黄梅 | 51415 |
|  | 黄石—武汉 | 32763 | 武汉—黄石 | 39827 |
|  | 武汉—荆州 | 46190 | 荆州—武汉 | 39918 |
|  | 荆州—宜昌 | 31855 | 宜昌—荆州 | 24197 |
|  | 宜昌—白羊塘(鄂渝界) | 36526 | 白羊塘(鄂渝界)—宜昌 | 22088 |
| 重庆段 | 冷水(渝鄂界)—垫江 | 6148 | 垫江—冷水(渝鄂界) | 6631 |
|  | 垫江—长寿 | 13493 | 长寿—垫江 | 19633 |
|  | 长寿—重庆 | 45239 | 重庆—长寿 | 40675 |

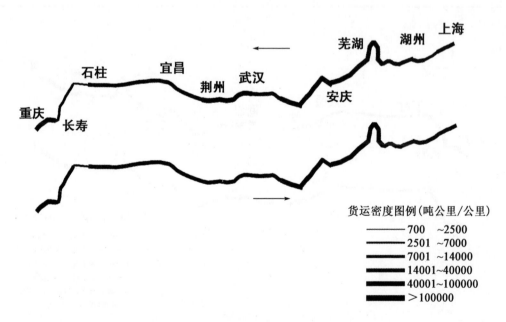

图3-24　2019年沪渝高速公路(G50)日均货运密度

## 3.13 沪昆高速公路(G60)日均运输密度

**3.13.1** 2019年沪昆高速公路(G60)日均客运密度分布如表3-25和图3-25所示。

2019年沪昆高速公路(G60)日均客运密度　　　　　表3-25

| 路　段 | 路段起止点 | 客运密度<br>(人公里/公里) | 路段起止点 | 客运密度<br>(人公里/公里) |
|---|---|---|---|---|
| 上海段 | 莘庄—新桥 | 207476 | 新桥—莘庄 | 197478 |
| | 新桥—大港 | 134801 | 大港—新桥 | 139221 |
| | 大港—枫泾(沪浙界) | 103921 | 枫泾(沪浙界)—大港 | 104915 |
| 浙江段 | 大云(浙沪界)—嘉兴 | 86695 | 嘉兴—大云(浙沪界) | 80676 |
| | 嘉兴—杭州 | 84368 | 杭州—嘉兴 | 80668 |
| | 杭州—金华 | 57305 | 金华—杭州 | 57176 |
| | 金华—龙游 | 35572 | 龙游—金华 | 35466 |
| | 龙游—浙赣界 | 38878 | 浙赣界—龙游 | 37668 |
| 江西段 | 浙赣界—上饶 | 42736 | 上饶—浙赣界 | 39105 |
| | 上饶—鹰潭 | 41613 | 鹰潭—上饶 | 39494 |
| | 鹰潭—南昌 | 27889 | 南昌—鹰潭 | 27604 |
| | 南昌—新余 | 26174 | 新余—南昌 | 25085 |
| | 新余—萍乡 | 30381 | 萍乡—新余 | 28943 |
| | 萍乡—赣湘界 | 31635 | 赣湘界—萍乡 | 29804 |
| 湖南段 | 赣湘界—株洲 | 29268 | 株洲—赣湘界 | 28212 |
| | 株洲—娄底 | 43767 | 娄底—株洲 | 39254 |
| | 娄底—邵阳 | 30876 | 邵阳—娄底 | 28190 |
| | 邵阳—怀化 | 32736 | 怀化—邵阳 | 30540 |
| | 怀化—新晃(湘黔界) | 9644 | 新晃(湘黔界)—怀化 | 8856 |
| 贵州段 | 大龙主线(黔湘界)—麻江 | 27964 | 麻江—大龙主线(黔湘界) | 27664 |
| | 麻江—贵阳 | 28855 | 贵阳—麻江 | 27641 |
| | 贵阳—镇宁 | 40781 | 镇宁—贵阳 | 40822 |
| | 镇宁—胜境关(黔滇界) | 13441 | 胜境关(黔滇界)—镇宁 | 13197 |
| 云南段 | 胜境关(滇黔界)—曲靖 | 16354 | 曲靖—胜境关(滇黔界) | 14961 |
| | 曲靖—嵩明 | 19929 | 嵩明—曲靖 | 19971 |
| | 嵩明—昆明 | 51098 | 昆明—嵩明 | 52073 |

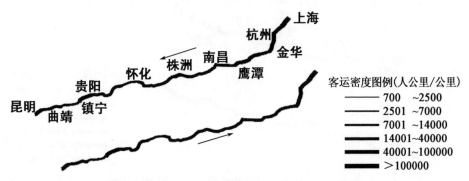

图3-25　2019年沪昆高速公路(G60)日均客运密度

### 3.13.2  2019 年沪昆高速公路（G60）日均货运密度分布如表 3-26 和图 3-26 所示。

2019 年沪昆高速公路（G60）日均货运密度　　　　　　　　表 3-26

| 路　段 | 路段起止点 | 货运密度（吨公里/公里） | 路段起止点 | 货运密度（吨公里/公里） |
|---|---|---|---|---|
| 上海段 | 莘庄—新桥 | 60412 | 新桥—莘庄 | 56748 |
|  | 新桥—大港 | 40301 | 大港—新桥 | 45960 |
|  | 大港—枫泾（沪浙界） | 118025 | 枫泾（沪浙界）—大港 | 117608 |
| 浙江段 | 大云（浙沪界）—嘉兴 | 123168 | 嘉兴—大云（浙沪界） | 102308 |
|  | 嘉兴—杭州 | 167981 | 杭州—嘉兴 | 113797 |
|  | 杭州—金华 | 109320 | 金华—杭州 | 84037 |
|  | 金华—龙游 | 74612 | 龙游—金华 | 95236 |
|  | 龙游—浙赣界 | 152729 | 浙赣界—龙游 | 164424 |
| 江西段 | 浙赣界—上饶 | 147392 | 上饶—浙赣界 | 149435 |
|  | 上饶—鹰潭 | 138267 | 鹰潭—上饶 | 145456 |
|  | 鹰潭—南昌 | 44985 | 南昌—鹰潭 | 53954 |
|  | 南昌—新余 | 35564 | 新余—南昌 | 33036 |
|  | 新余—萍乡 | 49896 | 萍乡—新余 | 42362 |
|  | 萍乡—赣湘界 | 62029 | 赣湘界—萍乡 | 48035 |
| 湖南段 | 赣湘界—株洲 | 70641 | 株洲—赣湘界 | 60170 |
|  | 株洲—娄底 | 46338 | 娄底—株洲 | 42306 |
|  | 娄底—邵阳 | 32359 | 邵阳—娄底 | 25960 |
|  | 邵阳—怀化 | 64857 | 怀化—邵阳 | 46105 |
|  | 怀化—新晃（湘黔界） | 22083 | 新晃（湘黔界）—怀化 | 17942 |
| 贵州段 | 大龙主线（黔湘界）—麻江 | 28199 | 麻江—大龙主线（黔湘界） | 26665 |
|  | 麻江—贵阳 | 33706 | 贵阳—麻江 | 34921 |
|  | 贵阳—镇宁 | 32057 | 镇宁—贵阳 | 35897 |
|  | 镇宁—胜境关（黔滇界） | 33567 | 胜境关（黔滇界）—镇宁 | 43086 |
| 云南段 | 胜境关（滇黔界）—曲靖 | 45879 | 曲靖—胜境关（滇黔界） | 51109 |
|  | 曲靖—嵩明 | 37071 | 嵩明—曲靖 | 40959 |
|  | 嵩明—昆明 | 38398 | 昆明—嵩明 | 35379 |

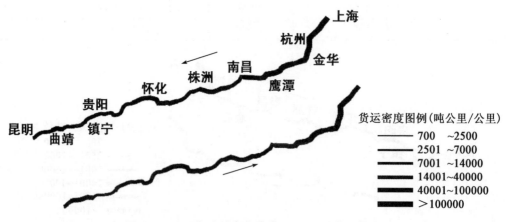

图 3-26　2019 年沪昆高速公路（G60）日均货运密度

## 3.14 包茂高速公路(G65)日均运输密度

**3.14.1** 2019年包茂高速公路(G65)日均客运密度分布如表3-27和图3-27所示。

2019年包茂高速公路(G65)日均客运密度　　　　　　表3-27

| 路　段 | 路段起止点 | 客运密度（人公里/公里） | 路段起止点 | 客运密度（人公里/公里） |
|---|---|---|---|---|
| 内蒙古段 | 包头—蒙陕界 | 5777 | 蒙陕界—包头 | 6385 |
| 陕西段 | 陕蒙界—榆林 | 5973 | 榆林—陕蒙界 | 6032 |
| | 榆林—靖边 | 9726 | 靖边—榆林 | 10005 |
| | 靖边—延安 | 10151 | 延安—靖边 | 10694 |
| | 延安—铜川 | 9859 | 铜川—延安 | 10342 |
| | 铜川—未央(西安) | 2351 | 未央(西安)—铜川 | 15847 |
| | 西安—安康 | 17131 | 安康—西安 | 17581 |
| | 安康—巴山(陕川界) | 7836 | 巴山(陕川界)—安康 | 8124 |
| 四川段 | 巴山(川陕界)—达州 | 8455 | 达州—巴山(川陕界) | 6845 |
| | 达州—邻水 | 12335 | 邻水—达州 | 18086 |
| | 邻水—川渝界 | 2158 | 川渝界—邻水 | 15080 |
| 重庆段 | 草坝场(渝川界)—重庆 | 18475 | 重庆—草坝场(渝川界) | 24854 |
| | 重庆—南川 | 45666 | 南川—重庆 | 47524 |
| | 南川—武隆 | 28093 | 武隆—南川 | 28810 |
| | 武隆—黔江 | 13902 | 黔江—武隆 | 14258 |
| | 黔江—濯水 | 11267 | 濯水—黔江 | 11627 |
| | 濯水—洪安(渝湘界) | 10122 | 洪安(渝湘界)—濯水 | 10298 |
| 湖南段 | 吉首—凤凰 | 31775 | 凤凰—吉首 | 30944 |
| | 凤凰—怀化西 | 28682 | 怀化西—凤凰 | 27975 |
| | 怀化西—会同 | 14073 | 会同—怀化西 | 13237 |
| | 会同—通道 | 5892 | 通道—会同 | 5109 |
| 广西段 | 桂林—梧州 | 16104 | 梧州—桂林 | 15408 |
| | 梧州—岑溪 | 10516 | 岑溪—梧州 | 10470 |

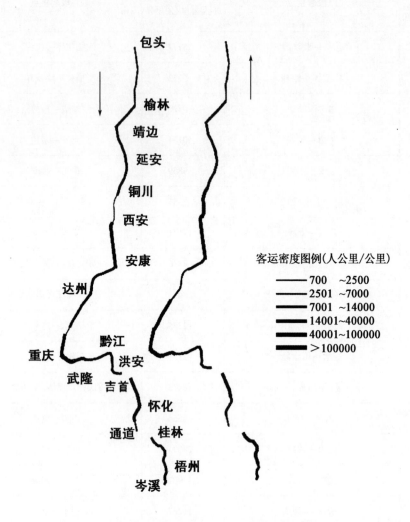

图 3-27　2019 年包茂高速公路（G65）日均客运密度

## 3.14.2 2019年包茂高速公路(G65)日均货运密度分布如表3-28和图3-28所示。

2019年包茂高速公路(G65)日均货运密度　　　　表3-28

| 路　段 | 路段起止点 | 货运密度<br>(吨公里/公里) | 路段起止点 | 货运密度<br>(吨公里/公里) |
|---|---|---|---|---|
| 内蒙古段 | 包头—蒙陕界 | 13184 | 蒙陕界—包头 | 29353 |
| 陕西段 | 陕蒙界—榆林 | 21087 | 榆林—陕蒙界 | 10263 |
| | 榆林—靖边 | 112092 | 靖边—榆林 | 43437 |
| | 靖边—延安 | 83700 | 延安—靖边 | 29992 |
| | 延安—铜川 | 21096 | 铜川—延安 | 19684 |
| | 铜川—未央(西安) | 6563 | 未央(西安)—铜川 | 18831 |
| | 西安—安康 | 42798 | 安康—西安 | 67396 |
| | 安康—巴山(陕川界) | 38272 | 巴山(陕川界)—安康 | 69139 |
| 四川段 | 巴山(川陕界)—达州 | 11735 | 达州—巴山(川陕界) | 17049 |
| | 达州—邻水 | 11610 | 邻水—达州 | 9850 |
| | 邻水—川渝界 | 552 | 川渝界—邻水 | 573 |
| 重庆段 | 草坝场(渝川界)—重庆 | 11863 | 重庆—草坝场(渝川界) | 6060 |
| | 重庆—南川 | 35731 | 南川—重庆 | 60712 |
| | 南川—武隆 | 30550 | 武隆—南川 | 36955 |
| | 武隆—黔江 | 31365 | 黔江—武隆 | 35425 |
| | 黔江—濯水 | 28183 | 濯水—黔江 | 34164 |
| | 濯水—洪安(渝湘界) | 26551 | 洪安(渝湘界)—濯水 | 34243 |
| 湖南段 | 吉首—凤凰 | 63053 | 凤凰—吉首 | 73788 |
| | 凤凰—怀化西 | 31203 | 怀化西—凤凰 | 48868 |
| | 怀化西—会同 | 12312 | 会同—怀化西 | 18290 |
| | 会同—通道 | 5937 | 通道—会同 | 8718 |
| 广西段 | 桂林—梧州 | 12905 | 梧州—桂林 | 15746 |
| | 梧州—岑溪 | 9282 | 岑溪—梧州 | 13990 |

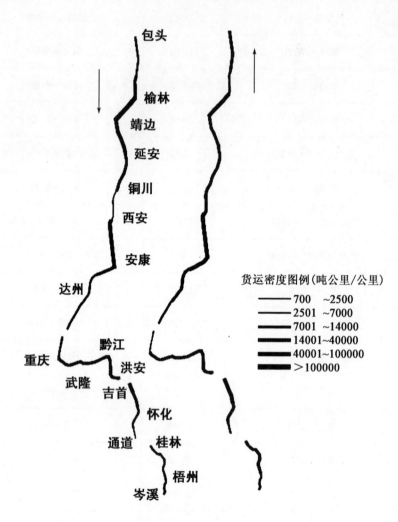

图 3-28　2019 年包茂高速公路(G65)日均货运密度

## 3.15 兰海高速公路(G75)日均运输密度

### 3.15.1 2019 年兰海高速公路(G75)日均客运密度分布如表 3-29 和图 3-29 所示。

2019 年兰海高速公路(G75)日均客运密度　　　　　表 3-29

| 路　段 | 路段起止点 | 客运密度<br>(人公里/公里) | 路段起止点 | 客运密度<br>(人公里/公里) |
|---|---|---|---|---|
| 甘肃段 | 兰州—康家崖 | 29857 | 康家崖—兰州 | 26651 |
|  | 康家崖—临洮 | 18727 | 临洮—康家崖 | 17417 |
| 四川段 | 川甘界—广元 | 5534 | 广元—川甘界 | 5965 |
|  | 广元—南充 | 12031 | 南充—广元 | 12972 |
|  | 南充—南渝四川站 | 6949 | 南渝四川站—南充 | 12236 |
| 重庆段 | 兴山(渝川界)—合川 | 11960 | 合川—兴山(渝川界) | 17127 |
|  | 合川—重庆 | 42708 | 重庆—合川 | 47677 |
|  | 重庆—綦江 | 49258 | 綦江—重庆 | 49258 |
|  | 綦江—崇溪河(渝黔界) | 18773 | 崇溪河(渝黔界)—綦江 | 18590 |
| 贵州段 | 松坎主线(黔渝界)—遵义 | 20194 | 遵义—松坎主线(黔渝界) | 20379 |
|  | 遵义—贵阳 | 39636 | 贵阳—遵义 | 38647 |
|  | 贵阳—都匀 | 25176 | 都匀—贵阳 | 26725 |
|  | 都匀—新寨(黔桂界) | 18194 | 新寨(黔桂界)—都匀 | 18263 |
| 广西段 | 六寨(桂黔界)—都安 | 8803 | 都安—六寨(桂黔界) | 8421 |
|  | 都安—南宁 | 24191 | 南宁—都安 | 24036 |
|  | 南宁—钦州 | 29519 | 钦州—南宁 | 29029 |
|  | 钦州—桂海(桂粤界) | 27498 | 桂海(桂粤界)—钦州 | 27034 |
| 广东段 | 粤西(粤桂界)—湛江 | 5262 | 湛江—粤西(粤桂界) | 17123 |

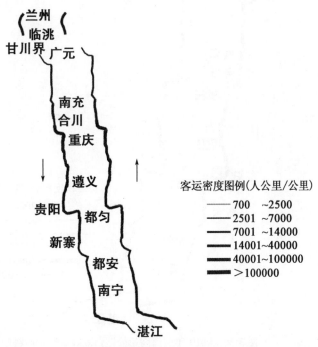

图 3-29　2019 年兰海高速公路(G75)日均客运密度

**3.15.2　2019 年兰海高速公路（G75）日均货运密度分布如表 3-30 和图 3-30 所示。**

2019 年兰海高速公路（G75）日均货运密度　　　　　　表 3-30

| 路　　段 | 路段起止点 | 货运密度（吨公里/公里） | 路段起止点 | 货运密度（吨公里/公里） |
|---|---|---|---|---|
| 甘肃段 | 兰州—康家崖 | 11494 | 康家崖—兰州 | 7836 |
|  | 康家崖—临洮 | 5532 | 临洮—康家崖 | 5106 |
| 四川段 | 甘川界—广元 | 12479 | 广元—甘川界 | 12195 |
|  | 广元—南充 | 16477 | 南充—广元 | 9235 |
|  | 南充—南渝四川站 | 1789 | 南渝四川站—南充 | 1612 |
| 重庆段 | 兴山（渝川界）—合川 | 2195 | 合川—兴山（渝川界） | 2263 |
|  | 合川—重庆 | 26829 | 重庆—合川 | 17003 |
|  | 重庆—綦江 | 22088 | 綦江—重庆 | 36496 |
|  | 綦江—崇溪河（渝黔界） | 17512 | 崇溪河（渝黔界）—綦江 | 27008 |
| 贵州段 | 松坎主线（黔渝界）—遵义 | 17746 | 遵义—松坎主线（黔渝界） | 17129 |
|  | 遵义—贵阳 | 18504 | 贵阳—遵义 | 16401 |
|  | 贵阳—都匀 | 31439 | 都匀—贵阳 | 29779 |
|  | 都匀—新寨（黔桂界） | 30666 | 新寨（黔桂界）—都匀 | 33182 |
| 广西段 | 六寨（桂黔界）—都安 | 11704 | 都安—六寨（桂黔界） | 15089 |
|  | 都安—南宁 | 16584 | 南宁—都安 | 16687 |
|  | 南宁—钦州 | 49173 | 钦州—南宁 | 67442 |
|  | 钦州—桂海（桂粤界） | 36950 | 桂海（桂粤界）—钦州 | 31209 |
| 广东段 | 粤西（粤桂界）—湛江 | 1386 | 湛江—粤西（粤桂界） | 30822 |

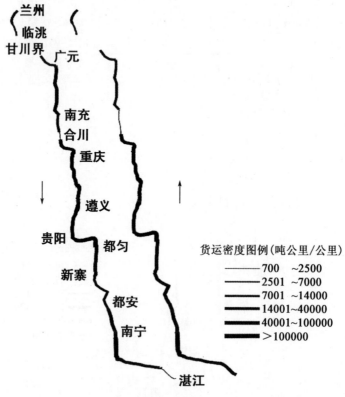

图 3-30　2019 年兰海高速公路（G65）日均货运密度

# 第4章 部分省(直辖市)高速公路日均运输密度

## 4.1 天津市高速公路日均运输密度

**4.1.1** 2019年天津市高速公路日均客运密度分布如表4-1和图4-1所示。

2019年天津市高速公路日均客运密度　　　　表4-1

| 路段起止点 | 客运密度<br>(人公里/公里) | 路段起止点 | 客运密度<br>(人公里/公里) |
| --- | --- | --- | --- |
| 高村—徐庄 | 38928 | 徐庄—高村 | 38424 |
| 徐庄—汉沽 | 20008 | 汉沽—徐庄 | 19292 |
| 汉沽—独流 | 25238 | 独流—汉沽 | 23969 |
| 独流—九宣闸 | 11690 | 九宣闸—独流 | 9708 |
| 徐庄—东堤头 | 19778 | 东堤头—徐庄 | 19634 |
| 东堤头—北塘 | 17628 | 北塘—东堤头 | 19499 |
| 莲花岭—宝坻北 | 18201 | 宝坻北—莲花岭 | 19211 |
| 宝坻北—津蓟天津 | 37292 | 津蓟天津—宝坻北 | 37255 |
| 汉沽—芦台 | 11590 | 芦台—汉沽 | 11450 |
| 宁河—塘沽西 | 12664 | 塘沽西—宁河 | 13436 |
| 塘沽西—陈官屯 | 17013 | 陈官屯—塘沽西 | 17198 |
| 津静—九宣闸 | 8903 | 九宣闸—津静 | 9094 |
| 杨柳青—津晋高速塘沽 | 16450 | 津晋高速塘沽—杨柳青 | 16707 |
| 津港天津—大港 | 37904 | 大港—津港天津 | 36853 |
| 荣乌天津—霍庄子 | 25271 | 霍庄子—荣乌天津 | 22010 |
| 泗村店—天津机场 | 25302 | 天津机场—泗村店 | 26088 |
| 天津机场—塘沽 | 42666 | 塘沽—天津机场 | 47526 |
| 大羊坊—泗村店 | 34030 | 泗村店—大羊坊 | 37589 |
| 京沈互通新安镇—七里海 | 2741 | 七里海—京沈互通新安镇 | 3002 |
| 北辰东—芦台西 | 14582 | 芦台西—北辰东 | 12974 |

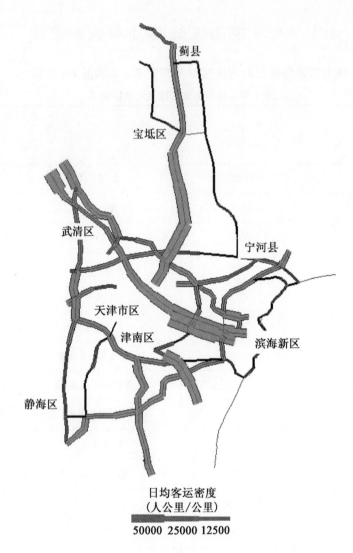

图 4-1  2019 年天津市高速公路日均客运密度
注:未含津滨高速公路和海滨高速公路。

**4.1.2　2019 年天津市高速公路日均货运密度分布如表 4-2 和图 4-2 所示。**

2019 年天津市高速公路日均货运密度　　　　　　　　表 4-2

| 路段起止点 | 货运密度<br>（吨公里/公里） | 路段起止点 | 货运密度<br>（吨公里/公里） |
| --- | --- | --- | --- |
| 高村—徐庄 | 21241 | 徐庄—高村 | 40478 |
| 徐庄—汊沽 | 49518 | 汊沽—徐庄 | 50581 |
| 汊沽—独流 | 85208 | 独流—汊沽 | 78342 |
| 独流—九宣闸 | 23989 | 九宣闸—独流 | 23419 |
| 徐庄—东堤头 | 14675 | 东堤头—徐庄 | 31140 |
| 东堤头—北塘 | 27121 | 北塘—东堤头 | 44545 |
| 莲花岭—宝坻北 | 8611 | 宝坻北—莲花岭 | 4743 |
| 宝坻北—津蓟天津 | 22260 | 津蓟天津—宝坻北 | 15286 |
| 汊沽—芦台 | 78858 | 芦台—汊沽 | 113428 |
| 宁河—塘沽西 | 161418 | 塘沽西—宁河 | 90751 |
| 塘沽西—陈官屯 | 125251 | 陈官屯—塘沽西 | 111979 |
| 津静—九宣闸 | 20759 | 九宣闸—津静 | 15856 |
| 杨柳青—津晋高速塘沽 | 50892 | 津晋高速塘沽—杨柳青 | 61694 |
| 津港天津—大港 | 14441 | 大港—津港天津 | 16876 |
| 荣乌天津—霍庄子 | 55492 | 霍庄子—荣乌天津 | 62290 |
| 泗村店—天津机场 | 37395 | 天津机场—泗村店 | 68910 |
| 天津机场—塘沽 | 38715 | 塘沽—天津机场 | 81932 |
| 大羊坊—泗村店 | 35272 | 泗村店—大羊坊 | 62021 |
| 京沈互通新安镇—七里海 | 11254 | 七里海—京沈互通新安镇 | 7772 |
| 北辰东—芦台西 | 7595 | 芦台西—北辰东 | 20676 |

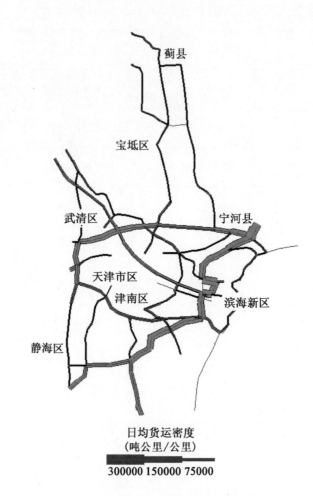

图 4-2　2019 年天津市高速公路日均货运密度
注：未含津滨高速公路和海滨高速公路。

## 4.2 河北省高速公路日均运输密度

### 4.2.1 2019年河北省高速公路日均客运密度分布如表4-3和图4-3所示。

2019年河北省高速公路日均客运密度　　　　表4-3

| 路段起止点 | 客运密度（人公里/公里） | 路段起止点 | 客运密度（人公里/公里） |
| --- | --- | --- | --- |
| 宣化主线—东洋河 | 4578 | 东洋河—宣化主线 | 3539 |
| 东花园—宣化主线 | 9957 | 宣化主线—东花园 | 4526 |
| 沙城西—万全 | 7414 | 万全—沙城西 | 5016 |
| 张家口北—九连城 | 3953 | 九连城—张家口北 | 4962 |
| 化稍营—蔚县 | 2544 | 蔚县—化稍营 | 2607 |
| 冀晋主线—宣化主线 | 3457 | 宣化主线—冀晋主线 | 4171 |
| 屈家庄—崇礼北 | 3988 | 崇礼北—屈家庄 | 3208 |
| 迁安—香河 | 25057 | 香河—迁安 | 25186 |
| 秦皇岛—迁安 | 24041 | 迁安—秦皇岛 | 26059 |
| 万家主线—秦皇岛 | 16872 | 秦皇岛—万家主线 | 12789 |
| 秦皇岛—京唐港 | 5946 | 京唐港—秦皇岛 | 6565 |
| 京唐港—涧河 | 7472 | 涧河—京唐港 | 7337 |
| 京唐港—唐山 | 11486 | 唐山—京唐港 | 11410 |
| 唐津—唐山 | 10584 | 唐山—唐津 | 12027 |
| 唐山—丰南西 | 11186 | 丰南西—唐山 | 12584 |
| 唐山西—承唐主线 | 7692 | 承唐主线—唐山西 | 7481 |
| 唐山西—曹妃甸 | 8291 | 曹妃甸—唐山西 | 8884 |
| 涿州北—保定 | 23593 | 保定—涿州北 | 22126 |
| 保定—冀津主线 | 11349 | 冀津主线—保定 | 11395 |
| 保定—石家庄北 | 19558 | 石家庄北—保定 | 18986 |
| 石家庄北—井陉西 | 5020 | 井陉西—石家庄北 | 5773 |
| 廊坊西—涞水 | 11388 | 涞水—廊坊西 | 11387 |
| 涞水—满城 | 8919 | 满城—涞水 | 9690 |
| 满城—石家庄 | 8042 | 石家庄—满城 | 9146 |
| 衡水北—石家庄北 | 12553 | 石家庄北—衡水北 | 13184 |
| 石家庄北—栾城 | 24070 | 栾城—石家庄北 | 21313 |
| 栾城—临漳 | 15833 | 临漳—栾城 | 15408 |
| 邯郸西—冀鲁主线 | 6150 | 冀鲁主线—邯郸西 | 5656 |
| 邢台南—冀鲁界 | 3618 | 冀鲁界—邢台南 | 3268 |
| 衡水北—景州主线 | 6691 | 景州主线—衡水北 | 6728 |
| 鹿泉—栾城 | 7763 | 栾城—鹿泉 | 7365 |
| 栾城—清河主线 | 7286 | 清河主线—栾城 | 6934 |
| 河城街—衡水北 | 6963 | 衡水北—河城街 | 7334 |
| 沧州西—河城街 | 9855 | 河城街—沧州西 | 9791 |

续上表

| 路段起止点 | 客运密度（人公里/公里） | 路段起止点 | 客运密度（人公里/公里） |
| --- | --- | --- | --- |
| 黄骅港—沧州西 | 5460 | 沧州西—黄骅港 | 5239 |
| 黄骅北线—海兴 | 9180 | 海兴—黄骅北线 | 8613 |
| 青县主线—沧州南 | 15328 | 沧州南—青县主线 | 14695 |
| 沧州南—吴桥主线 | 9940 | 吴桥主线—沧州南 | 9142 |
| 京冀主线—霸州 | 17801 | 霸州—京冀主线 | 18181 |
| 霸州—高阳 | 16561 | 高阳—霸州 | 15700 |
| 高阳—衡水 | 19723 | 衡水—高阳 | 18789 |
| 衡水—威县 | 12139 | 威县—衡水 | 11531 |
| 威县—大名 | 9648 | 大名—威县 | 9035 |
| 保定—沧州 | 11849 | 沧州—保定 | 11361 |
| 邯郸—涉县 | 3186 | 涉县—邯郸 | 3489 |
| 保定西—晋冀主线 | 4282 | 晋冀主线—保定西 | 4209 |
| 黄骅岐口—海港主线 | 1973 | 海港主线—黄骅岐口 | 1738 |
| 永清—沧州开发区 | 8610 | 沧州开发区—永清 | 8757 |
| 石家庄—西柏坡 | 7059 | 西柏坡—石家庄 | 7461 |
| 承唐主线—承德 | 1412 | 承德—承唐主线 | 1351 |
| 金山岭—红石砬 | 7736 | 红石砬—金山岭 | 7502 |
| 红石砬—双峰寺 | 6992 | 双峰寺—红石砬 | 6604 |
| 双峰寺—七家 | 4846 | 七家—双峰寺 | 4361 |
| 七家—冀蒙界收费站 | 2548 | 冀蒙界收费站—七家 | 2313 |
| 七家—围场北 | 1779 | 围场北—七家 | 1578 |
| 双峰寺—冀辽主线 | 2251 | 冀辽主线—双峰寺 | 2170 |
| 承德—坂城 | 3551 | 坂城—承德 | 3271 |
| 榛子镇—迁西 | 5014 | 迁西—榛子镇 | 4947 |
| 迁安—白羊裕 | 3621 | 白羊裕—迁安 | 3534 |
| 坂城—北戴河 | 4063 | 北戴河—坂城 | 3861 |
| 定州南—正定 | 14842 | 正定—定州南 | 13401 |
| 藁城北—赵县 | 4226 | 赵县—藁城北 | 4012 |
| 路罗—坂上 | 3743 | 坂上—路罗 | 3656 |
| 坂上—邢台南 | 2352 | 邢台南—坂上 | 2290 |
| 坂上—内丘南 | 2718 | 内丘南—坂上 | 2614 |
| 内丘南—新河南 | 4728 | 新河南—内丘南 | 4570 |
| 逐鹿北—涞水东 | 2538 | 涞水东—逐鹿北 | 2795 |
| 冀南新区—铺上 | 4829 | 铺上—冀南新区 | 4334 |
| 铺上—大名冀鲁界 | 1298 | 大名冀鲁界—铺上 | 583 |
| 遵化南—清东陵 | 3137 | 清东陵—遵化南 | 3098 |
| 蔚县南—涞水 | 2526 | 涞水—蔚县南 | 2472 |

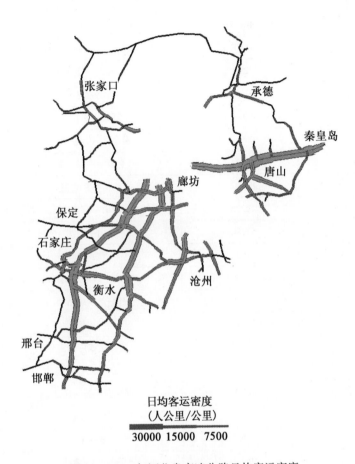

图 4-3　2019 年河北省高速公路日均客运密度
注：未含京津塘高速公路河北段。

### 4.2.2 2019年河北省高速公路日均货运密度分布如表4-4和图4-4所示。

2019年河北省高速公路日均货运密度　　　　　　　　　　　　　表4-4

| 路段起止点 | 货运密度（吨公里/公里） | 路段起止点 | 货运密度（吨公里/公里） |
|---|---|---|---|
| 宣化主线—东洋河 | 9752 | 东洋河—宣化主线 | 11056 |
| 东花园—宣化主线 | 28902 | 宣化主线—东花园 | 20695 |
| 沙城西—万全 | 36640 | 万全—沙城西 | 48988 |
| 张家口北—九连城 | 4467 | 九连城—张家口北 | 12333 |
| 化稍营—蔚县 | 16712 | 蔚县—化稍营 | 8434 |
| 冀晋主线—宣化主线 | 8101 | 宣化主线—冀晋主线 | 13410 |
| 崇家庄—崇礼北 | 2890 | 崇礼北—崇家庄 | 7560 |
| 迁安—香河 | 53172 | 香河—迁安 | 58903 |
| 秦皇岛—迁安 | 68660 | 迁安—秦皇岛 | 96872 |
| 万家主线—秦皇岛 | 100679 | 秦皇岛—万家主线 | 103773 |
| 秦皇岛—京唐港 | 72824 | 京唐港—秦皇岛 | 87984 |
| 京唐港—涧河 | 89182 | 涧河—京唐港 | 87488 |
| 京唐港—唐山 | 12206 | 唐山—京唐港 | 11862 |
| 唐津—唐山 | 57786 | 唐山—唐津 | 68464 |
| 唐山—丰南西 | 131935 | 丰南西—唐山 | 94294 |
| 唐山西—承唐主线 | 18360 | 承唐主线—唐山西 | 40728 |
| 唐山西—曹妃甸 | 20471 | 曹妃甸—唐山西 | 20866 |
| 涿州北—保定 | 38148 | 保定—涿州北 | 35873 |
| 保定—冀津主线 | 46122 | 冀津主线—保定 | 30744 |
| 保定—石家庄北 | 38063 | 石家庄北—保定 | 55057 |
| 石家庄北—井陉西 | 31568 | 井陉西—石家庄北 | 50008 |
| 廊坊西—涞水 | 42167 | 涞水—廊坊西 | 89876 |
| 涞水—满城 | 15297 | 满城—涞水 | 21524 |
| 满城—石家庄 | 19684 | 石家庄—满城 | 19805 |
| 衡水北—石家庄北 | 16928 | 石家庄北—衡水北 | 23276 |
| 石家庄北—栾城 | 19983 | 栾城—石家庄北 | 16755 |
| 栾城—临漳 | 54037 | 临漳—栾城 | 36263 |
| 邯郸西—冀鲁主线 | 58766 | 冀鲁主线—邯郸西 | 46887 |
| 邢台南—冀鲁界 | 38212 | 冀鲁界—邢台南 | 17398 |
| 衡水北—景州主线 | 30941 | 景州主线—衡水北 | 23047 |
| 鹿泉—栾城 | 76677 | 栾城—鹿泉 | 29944 |
| 栾城—清河主线 | 32710 | 清河主线—栾城 | 17608 |
| 河城街—衡水北 | 22070 | 衡水北—河城街 | 27881 |
| 沧州西—河城街 | 31545 | 河城街—沧州西 | 43444 |
| 黄骅港—沧州西 | 25241 | 沧州西—黄骅港 | 29604 |

续上表

| 路段起止点 | 货运密度（吨公里/公里） | 路段起止点 | 货运密度（吨公里/公里） |
| --- | --- | --- | --- |
| 黄骅北线—海兴 | 62552 | 海兴—黄骅北线 | 65227 |
| 青县主线—沧州南 | 77542 | 沧州南—青县主线 | 79227 |
| 沧州南—吴桥主线 | 35868 | 吴桥主线—沧州南 | 34020 |
| 京冀主线—霸州 | 39154 | 霸州—京冀主线 | 53680 |
| 霸州—高阳 | 36749 | 高阳—霸州 | 49488 |
| 高阳—衡水 | 53452 | 衡水—高阳 | 55110 |
| 衡水—威县 | 46492 | 威县—衡水 | 51308 |
| 威县—大名 | 52690 | 大名—威县 | 48984 |
| 保定—沧州 | 49045 | 沧州—保定 | 31031 |
| 邯郸—涉县 | 52676 | 涉县—邯郸 | 92726 |
| 保定西—晋冀主线 | 8953 | 晋冀主线—保定西 | 57889 |
| 黄骅岐口—海港主线 | 69450 | 海港主线—黄骅岐口 | 38321 |
| 永清—沧州开发区 | 33781 | 沧州开发区—永清 | 31998 |
| 石家庄—西柏坡 | 16008 | 西柏坡—石家庄 | 48412 |
| 承唐主线—承德 | 4273 | 承德—承唐主线 | 7961 |
| 金山岭—红石砬 | 6025 | 红石砬—金山岭 | 16382 |
| 红石砬—双峰寺 | 8660 | 双峰寺—红石砬 | 11589 |
| 双峰寺—七家 | 3501 | 七家—双峰寺 | 5241 |
| 七家—冀蒙界收费站 | 2851 | 冀蒙界收费站—七家 | 3946 |
| 七家—围场北 | 933 | 围场北—七家 | 1824 |
| 双峰寺—冀辽主线 | 12811 | 冀辽主线—双峰寺 | 7077 |
| 承德—坂城 | 8843 | 坂城—承德 | 5115 |
| 榛子镇—迁西 | 4717 | 迁西—榛子镇 | 5282 |
| 迁安—白羊峪 | 4597 | 白羊峪—迁安 | 4862 |
| 坂城—北戴河 | 4750 | 北戴河—坂城 | 3017 |
| 定州南—正定 | 22338 | 正定—定州南 | 31912 |
| 藁城北—赵县 | 15421 | 赵县—藁城北 | 11560 |
| 路罗—坂上 | 61247 | 坂上—路罗 | 25267 |
| 坂上—邢台南 | 78365 | 邢台南—坂上 | 23753 |
| 坂上—内丘南 | 26953 | 内丘南—坂上 | 16262 |
| 内丘南—新河南 | 9225 | 新河南—内丘南 | 7191 |
| 逐鹿北—涞水东 | 72863 | 涞水东—逐鹿北 | 34902 |
| 冀南新区—铺上 | 40838 | 铺上—冀南新区 | 15078 |
| 铺上—大名冀鲁界 | 24466 | 大名冀鲁界—铺上 | 3960 |
| 遵化南—清东陵 | 16727 | 清东陵—遵化南 | 20018 |
| 蔚县南—涞水 | 19703 | 涞水—蔚县南 | 8626 |

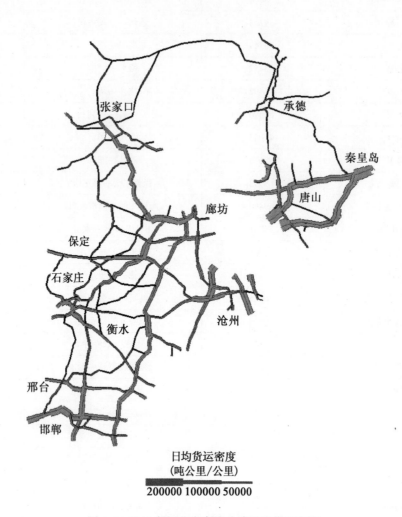

图 4-4　2019 年河北省高速公路日均货运密度
注：未含京津塘高速公路河北段。

### 4.2.3 2019年河北省高速公路日均道路负荷分布如表4-5和图4-5所示。

2019年河北省高速公路日均轴载　　　　　表4-5

| 路段起止点 | 轴载<br>（标准轴载当量轴次/日） | 路段起止点 | 轴载<br>（标准轴载当量轴次/日） |
|---|---|---|---|
| 宣化主线—东洋河 | 1146 | 东洋河—宣化主线 | 1435 |
| 东花园—宣化主线 | 3723 | 宣化主线—东花园 | 2397 |
| 沙城西—万全 | 4284 | 万全—沙城西 | 7086 |
| 张家口北—九连城 | 606 | 九连城—张家口北 | 1747 |
| 化稍营—蔚县 | 2498 | 蔚县—化稍营 | 988 |
| 冀晋主线—宣化主线 | 1070 | 宣化主线—冀晋主线 | 1896 |
| 屈家庄—崇礼北 | 1064 | 崇礼北—屈家庄 | 1105 |
| 迁安—香河 | 10007 | 香河—迁安 | 6533 |
| 秦皇岛—迁安 | 8899 | 迁安—秦皇岛 | 9999 |
| 万家主线—秦皇岛 | 14115 | 秦皇岛—万家主线 | 7649 |
| 秦皇岛—京唐港 | 10267 | 京唐港—秦皇岛 | 9058 |
| 京唐港—涧河 | 14809 | 涧河—京唐港 | 8542 |
| 京唐港—唐山 | 1626 | 唐山—京唐港 | 1411 |
| 唐津—唐山 | 10653 | 唐山—唐津 | 7803 |
| 唐山—丰南西 | 29864 | 丰南西—唐山 | 10207 |
| 唐山西—承唐主线 | 2623 | 承唐主线—唐山西 | 9061 |
| 唐山西—曹妃甸 | 3519 | 曹妃甸—唐山西 | 3084 |
| 涿州北—保定 | 6760 | 保定—涿州北 | 6481 |
| 保定—冀津主线 | 8273 | 冀津主线—保定 | 4638 |
| 保定—石家庄北 | 6162 | 石家庄北—保定 | 10457 |
| 石家庄北—井陉西 | 5430 | 井陉西—石家庄北 | 10412 |
| 廊坊西—涞水 | 6556 | 涞水—廊坊西 | 23750 |
| 涞水—满城 | 1978 | 满城—涞水 | 3101 |
| 满城—石家庄 | 3877 | 石家庄—满城 | 4496 |
| 衡水北—石家庄北 | 2307 | 石家庄北—衡水北 | 3567 |
| 石家庄北—栾城 | 3466 | 栾城—石家庄北 | 2633 |
| 栾城—临漳 | 13947 | 临漳—栾城 | 6163 |
| 邯郸西—冀鲁主线 | 11335 | 冀鲁主线—邯郸西 | 6137 |
| 邢台南—冀鲁界 | 12721 | 冀鲁界—邢台南 | 2570 |
| 衡水北—景州主线 | 4193 | 景州主线—衡水北 | 3127 |
| 鹿泉—栾城 | 11983 | 栾城—鹿泉 | 4284 |
| 栾城—清河主线 | 4755 | 清河主线—栾城 | 2345 |
| 河城街—衡水北 | 3110 | 衡水北—河城街 | 3824 |
| 沧州西—河城街 | 4374 | 河城街—沧州西 | 5827 |
| 黄骅港—沧州西 | 3427 | 沧州西—黄骅港 | 4255 |

续上表

| 路段起止点 | 轴载（标准轴载当量轴次/日） | 路段起止点 | 轴载（标准轴载当量轴次/日） |
|---|---|---|---|
| 黄骅北线—海兴 | 8279 | 海兴—黄骅北线 | 9040 |
| 青县主线—沧州南 | 11421 | 沧州南—青县主线 | 10377 |
| 沧州南—吴桥主线 | 5218 | 吴桥主线—沧州南 | 4671 |
| 京冀主线—霸州 | 12161 | 霸州—京冀主线 | 9099 |
| 霸州—高阳 | 7271 | 高阳—霸州 | 8225 |
| 高阳—衡水 | 9027 | 衡水—高阳 | 8518 |
| 衡水—威县 | 7970 | 威县—衡水 | 7114 |
| 威县—大名 | 9580 | 大名—威县 | 6799 |
| 保定—沧州 | 8543 | 沧州—保定 | 5149 |
| 邯郸—涉县 | 7366 | 涉县—邯郸 | 20740 |
| 保定西—晋冀主线 | 1546 | 晋冀主线—保定西 | 12412 |
| 黄骅岐口—海港主线 | 7818 | 海港主线—黄骅岐口 | 4136 |
| 永清—沧州开发区 | 6362 | 沧州开发区—永清 | 5167 |
| 石家庄—西柏坡 | 4156 | 西柏坡—石家庄 | 15359 |
| 承唐主线—承德 | 3316 | 承德—承唐主线 | 10415 |
| 金山岭—红石砬 | 1009 | 红石砬—金山岭 | 3143 |
| 红石砬—双峰寺 | 2408 | 双峰寺—红石砬 | 4212 |
| 双峰寺—七家 | 660 | 七家—双峰寺 | 2163 |
| 七家—冀蒙界收费站 | 460 | 冀蒙界收费站—七家 | 1377 |
| 七家—围场北 | 225 | 围场北—七家 | 798 |
| 双峰寺—冀辽主线 | 1656 | 冀辽主线—双峰寺 | 1428 |
| 承德—坂城 | 2680 | 坂城—承德 | 927 |
| 榛子镇—迁西 | 1078 | 迁西—榛子镇 | 1609 |
| 迁安—白羊裕 | 576 | 白羊裕—迁安 | 909 |
| 坂城—北戴河 | 842 | 北戴河—坂城 | 346 |
| 定州南—正定 | 3387 | 正定—定州南 | 6052 |
| 藁城北—赵县 | 2543 | 赵县—藁城北 | 1884 |
| 路罗—坂上 | 7691 | 坂上—路罗 | 3596 |
| 坂上—邢台南 | 33358 | 邢台南—坂上 | 3510 |
| 坂上—内丘南 | 3207 | 内丘南—坂上 | 2136 |
| 内丘南—新河南 | 1341 | 新河南—内丘南 | 1053 |
| 逐鹿北—涞水东 | 12665 | 涞水东—逐鹿北 | 4356 |
| 冀南新区—铺上 | 18472 | 铺上—冀南新区 | 2292 |
| 铺上—大名冀鲁界 | 5283 | 大名冀鲁界—铺上 | 648 |
| 遵化南—清东陵 | 3135 | 清东陵—遵化南 | 4211 |
| 蔚县南—涞水 | 9788 | 涞水—蔚县南 | 2532 |

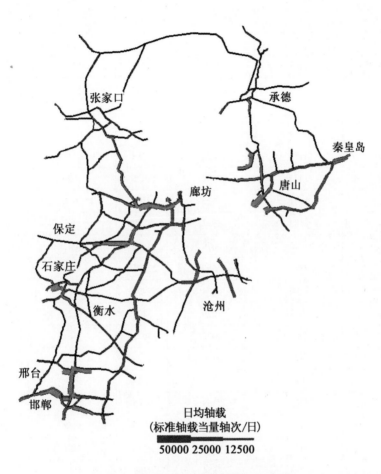

图 4-5　2019 年河北省高速公路日均轴载
注：未含京津塘高速公路河北段。

### 4.2.4 2019年河北省高速公路日均交通量分布如表4-6和图4-6所示。

2019年河北省高速公路日均交通量　　　　表4-6

| 路段起止点 | 正向 | | | 反向 | | |
|---|---|---|---|---|---|---|
| | 客车折算交通量（辆/日） | 货车折算交通量（辆/日） | 小计 | 客车折算交通量（辆/日） | 货车折算交通量（辆/日） | 小计 |
| 宣化主线—东洋河 | 1554 | 2752 | 4306 | 1195 | 2655 | 3850 |
| 东花园—宣化主线 | 3347 | 8018 | 11365 | 1502 | 6265 | 7767 |
| 沙城西—万全 | 2510 | 9196 | 11706 | 1686 | 9085 | 10771 |
| 张家口北—九连城 | 1342 | 1582 | 2924 | 1682 | 2542 | 4224 |
| 化稍营—蔚县 | 865 | 2536 | 3401 | 886 | 1983 | 2869 |
| 冀晋主线—宣化主线 | 1169 | 2075 | 3244 | 1416 | 2858 | 4274 |
| 屈家庄—崇礼北 | 1348 | 866 | 2214 | 1084 | 2030 | 3114 |
| 迁安—香河 | 6291 | 10559 | 16850 | 6285 | 12617 | 18902 |
| 秦皇岛—迁安 | 6019 | 12736 | 18755 | 6486 | 17949 | 24435 |
| 万家主线—秦皇岛 | 4135 | 16623 | 20758 | 3115 | 18031 | 21146 |
| 秦皇岛—京唐港 | 1473 | 12452 | 13925 | 1620 | 14732 | 16352 |
| 京唐港—涧河 | 1771 | 14625 | 16396 | 1658 | 15209 | 16867 |
| 京唐港—唐山 | 2882 | 3937 | 6819 | 2895 | 5097 | 7992 |
| 唐津—唐山 | 2690 | 10679 | 13369 | 3042 | 13331 | 16373 |
| 唐山—丰南西 | 2841 | 19650 | 22491 | 3221 | 18887 | 22108 |
| 唐山西—承唐主线 | 1986 | 6004 | 7990 | 1934 | 6899 | 8833 |
| 唐山西—曹妃甸 | 1937 | 5270 | 7207 | 2127 | 5244 | 7371 |
| 涿州北—保定 | 7997 | 10073 | 18070 | 7501 | 9291 | 16792 |
| 保定—冀津主线 | 3838 | 9890 | 13728 | 3862 | 8696 | 12558 |
| 保定—石家庄北 | 6615 | 10476 | 17091 | 6439 | 10963 | 17402 |
| 石家庄北—井陉西 | 1703 | 7462 | 9165 | 1958 | 8120 | 10078 |
| 廊坊西—涞水 | 3861 | 11495 | 15356 | 3858 | 14574 | 18432 |
| 涞水—满城 | 3031 | 4979 | 8010 | 3287 | 4709 | 7996 |
| 满城—石家庄 | 2733 | 5654 | 8387 | 3108 | 4779 | 7887 |
| 衡水北—石家庄北 | 4257 | 5766 | 10023 | 4467 | 5253 | 9720 |
| 石家庄北—栾城 | 8061 | 5479 | 13540 | 7163 | 5137 | 12300 |
| 栾城—临漳 | 5375 | 10221 | 15596 | 5206 | 10306 | 15512 |
| 邯郸西—冀鲁主线 | 2091 | 9254 | 11345 | 1919 | 12335 | 14254 |
| 邢台南—冀鲁界 | 1224 | 5608 | 6832 | 1104 | 5805 | 6909 |
| 衡水北—景州主线 | 2272 | 6366 | 8638 | 2277 | 6454 | 8731 |
| 鹿泉—栾城 | 2633 | 11712 | 14345 | 2495 | 11486 | 13981 |
| 栾城—清河主线 | 2475 | 5627 | 8102 | 2344 | 5777 | 8121 |
| 河城街—衡水北 | 2354 | 4791 | 7145 | 2481 | 5656 | 8137 |
| 沧州西—河城街 | 3324 | 7335 | 10659 | 3305 | 8732 | 12037 |
| 黄骅港—沧州西 | 1835 | 5642 | 7477 | 1764 | 6318 | 8082 |

第4章 部分省(直辖市)高速公路日均运输密度

续上表

| 路段起止点 | 正向 | | | 反向 | | |
|---|---|---|---|---|---|---|
| | 客车折算交通量（辆/日） | 货车折算交通量（辆/日） | 小计 | 客车折算交通量（辆/日） | 货车折算交通量（辆/日） | 小计 |
| 黄骅北线—海兴 | 3088 | 11889 | 14977 | 2907 | 12918 | 15825 |
| 青县主线—沧州南 | 5174 | 14923 | 20097 | 4949 | 16666 | 21615 |
| 沧州南—吴桥主线 | 3355 | 6967 | 10322 | 3079 | 7850 | 10929 |
| 京冀主线—霸州 | 6001 | 9691 | 15692 | 6144 | 11573 | 17717 |
| 霸州—高阳 | 5600 | 8924 | 14524 | 5309 | 10293 | 15602 |
| 高阳—衡水 | 6680 | 10775 | 17455 | 6358 | 11721 | 18079 |
| 衡水—威县 | 4107 | 8251 | 12358 | 3899 | 9828 | 13727 |
| 威县—大名 | 3267 | 8565 | 11832 | 3057 | 9595 | 12652 |
| 保定—沧州 | 4007 | 10089 | 14096 | 3842 | 9280 | 13122 |
| 邯郸—涉县 | 1083 | 14368 | 15451 | 1186 | 13380 | 14566 |
| 保定西—晋冀主线 | 1449 | 8283 | 9732 | 1428 | 8058 | 9486 |
| 黄骅岐口—海港主线 | 669 | 10863 | 11532 | 590 | 7923 | 8513 |
| 永清—沧州开发区 | 2880 | 8481 | 11361 | 2966 | 8073 | 11039 |
| 石家庄—西柏坡 | 2388 | 7201 | 9589 | 2533 | 7585 | 10118 |
| 承唐主线—承德 | 472 | 1377 | 1849 | 456 | 1279 | 1735 |
| 金山岭—红石砬 | 2604 | 2347 | 4951 | 2522 | 3139 | 5661 |
| 红石砬—双峰寺 | 2356 | 2799 | 5155 | 2224 | 2782 | 5006 |
| 双峰寺—七家 | 1631 | 1434 | 3065 | 1472 | 1442 | 2914 |
| 七家—冀蒙界收费站 | 855 | 1007 | 1862 | 779 | 990 | 1769 |
| 七家—围场北 | 598 | 474 | 1072 | 533 | 510 | 1043 |
| 双峰寺—冀辽主线 | 764 | 2370 | 3134 | 732 | 1655 | 2387 |
| 承德—坂城 | 1201 | 1741 | 2942 | 1105 | 1548 | 2653 |
| 榛子镇—迁西 | 1293 | 1094 | 2387 | 1287 | 1168 | 2455 |
| 迁安—白羊裕 | 933 | 1401 | 2334 | 908 | 1280 | 2188 |
| 坂城—北戴河 | 1009 | 1027 | 2036 | 947 | 950 | 1897 |
| 定州南—正定 | 4970 | 5975 | 10945 | 4539 | 5795 | 10334 |
| 藁城北—赵县 | 1436 | 4207 | 5643 | 1360 | 4074 | 5434 |
| 路罗—坂上 | 1261 | 8361 | 9622 | 1234 | 7955 | 9189 |
| 坂上—邢台南 | 793 | 10164 | 10957 | 771 | 8454 | 9225 |
| 坂上—内丘南 | 917 | 5074 | 5991 | 885 | 4665 | 5550 |
| 内丘南—新河南 | 1604 | 2162 | 3766 | 1549 | 2260 | 3809 |
| 逐鹿北—涞水东 | 856 | 10136 | 10992 | 944 | 7551 | 8495 |
| 马头—铺上 | 1643 | 5664 | 7307 | 1473 | 6020 | 7493 |
| 铺上—大名冀鲁界 | 442 | 2962 | 3404 | 198 | 855 | 1053 |
| 遵化南—清东陵 | 788 | 4034 | 4822 | 782 | 6126 | 6908 |
| 蔚县南—涞水 | 858 | 3057 | 3915 | 841 | 2522 | 3363 |

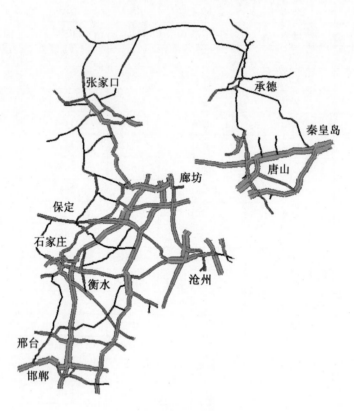

图 4-6 2019 年河北省高速公路日均交通量
注：未含京津塘高速公路河北段。

## 4.3 山西省高速公路日均运输密度

**4.3.1** 2019 年山西省高速公路日均客运密度分布如表 4-7 和图 4-7 所示。

2019 年山西省高速公路日均客运密度  表 4-7

| 路段起止点 | 客运密度（人公里/公里） | 路段起止点 | 客运密度（人公里/公里） |
| --- | --- | --- | --- |
| 得胜口—大同北 | 4376 | 大同北—得胜口 | 4627 |
| 大同北—马连庄 | 5190 | 马连庄—大同北 | 5281 |
| 马连庄—孙启庄 | 11053 | 孙启庄—马连庄 | 11320 |
| 马连庄—大同北 | 6363 | 大同北—马连庄 | 6200 |
| 大同—元营 | 19331 | 元营—大同 | 19084 |
| 元营—朔州 | 11619 | 朔州—元营 | 11634 |
| 元营—忻州 | 25565 | 忻州—元营 | 25552 |
| 忻州—武宿 | 37845 | 武宿—忻州 | 37769 |
| 罗城—交城 | 47321 | 交城—罗城 | 32882 |
| 交城—汾阳 | 25135 | 汾阳—交城 | 24437 |
| 交城—平遥 | 24753 | 平遥—交城 | 22799 |
| 平遥—临汾 | 20091 | 临汾—平遥 | 20107 |
| 临汾—侯马 | 17381 | 侯马—临汾 | 17114 |
| 北柴—龙门大桥 | 10622 | 龙门大桥—北柴 | 10566 |
| 侯马—运城 | 17938 | 运城—侯马 | 16780 |
| 运城—平陆 | 10444 | 平陆—运城 | 9905 |
| 运城—风陵渡 | 8315 | 风陵渡—运城 | 7325 |
| 东郭—运城西 | 4531 | 运城西—东郭 | 4097 |
| 小店—屯留 | 20652 | 屯留—小店 | 24930 |
| 屯留—晋城东 | 19352 | 晋城东—屯留 | 19181 |
| 晋城—泽州 | 4348 | 泽州—晋城 | 4368 |
| 大同北—西口 | 3580 | 西口—大同北 | 3384 |
| 驿马岭—山阴 | 4983 | 山阴—驿马岭 | 5062 |
| 五台山主线—顿村 | 6724 | 顿村—五台山主线 | 7476 |
| 顿村—杨家湾 | 3850 | 杨家湾—顿村 | 3826 |
| 黄寨—太佳 | 3185 | 太佳—黄寨 | 3008 |
| 郝家庄主线—阳曲 | 5998 | 阳曲—郝家庄主线 | 5280 |
| 阳曲—古交 | 17201 | 古交—阳曲 | 17114 |
| 旧关—晋中北 | 14749 | 晋中北—旧关 | 15779 |

续上表

| 路段起止点 | 客运密度（人公里/公里） | 路段起止点 | 客运密度（人公里/公里） |
|---|---|---|---|
| 晋中北—罗城 | 22373 | 罗城—晋中北 | 23304 |
| 晋中北—祁县 | 15424 | 祁县—晋中北 | 19556 |
| 盂县东—平定 | 3593 | 平定—盂县东 | 6126 |
| 左权—平遥 | 4161 | 平遥—左权 | 4007 |
| 平遥—汾阳 | 5391 | 汾阳—平遥 | 5429 |
| 汾阳—军渡 | 10873 | 军渡—汾阳 | 10378 |
| 东阳关—屯留 | 5818 | 屯留—东阳关 | 6975 |
| 潞城—长治县 | 2714 | 长治县—潞城 | 2795 |
| 明姜—广胜寺景区 | 1750 | 广胜寺景区—明姜 | 1663 |
| 龙马枢纽—洪洞西 | 3098 | 洪洞西—龙马枢纽 | 2796 |
| 临汾枢纽—壶口 | 5803 | 壶口—临汾枢纽 | 5801 |
| 王莽岭—南义城 | 1702 | 南义城—王莽岭 | 1767 |
| 南义城—晋城西 | 4290 | 晋城西—南义城 | 4421 |
| 丹河—北留 | 14134 | 北留—丹河 | 15219 |
| 北留—阳城 | 9957 | 阳城—北留 | 7553 |
| 北留—侯马 | 6575 | 侯马—北留 | 6327 |
| 河津—临猗西 | 2506 | 临猗西—河津 | 2286 |
| 蒲掌—东镇 | 6831 | 东镇—蒲掌 | 7494 |
| 北垣—王显 | 3191 | 王显—北垣 | 3252 |
| 新平堡—大同县 | 1876 | 大同县—新平堡 | 2187 |
| 大同县—浑源西 | 6511 | 浑源西—大同县 | 6602 |
| 浑源北—焦山主线 | 1175 | 焦山主线—浑源北 | 1135 |
| 汤头—五台山北 | 2206 | 五台山北—汤头 | 2275 |
| 长治东—虹梯关 | 5153 | 虹梯关—长治东 | 5017 |
| 定襄西—高蒲 | 8137 | 高蒲—定襄西 | 8613 |
| 五台山北—代县 | 3653 | 代县—五台山北 | 3538 |
| 岢岚—临县北 | 855 | 临县北—岢岚 | 848 |
| 平定—左权 | 2575 | 左权—平定 | 2412 |
| 朔州东—平鲁 | 1547 | 平鲁—朔州东 | 1538 |
| 二道梁—山阴 | 2493 | 山阴—二道梁 | 2270 |
| 临县北—离石西 | 3139 | 离石西—临县北 | 3438 |
| 义井—河曲 | 3951 | 河曲—义井 | 3123 |

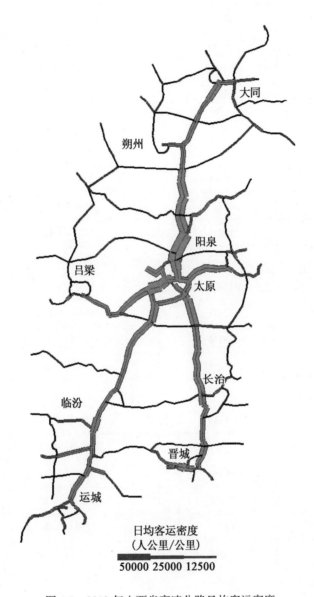

图 4-7　2019 年山西省高速公路日均客运密度

**4.3.2　2019 年山西省高速公路日均货运密度分布如表 4-8 和图 4-8 所示。**

2019 年山西省高速公路日均货运密度　　　　　　表 4-8

| 路段起止点 | 货运密度（吨公里/公里） | 路段起止点 | 货运密度（吨公里/公里） |
|---|---|---|---|
| 得胜口—大同北 | 4679 | 大同北—得胜口 | 4805 |
| 大同北—马连庄 | 17994 | 马连庄—大同北 | 11810 |
| 马连庄—孙启庄 | 9089 | 孙启庄—马连庄 | 8621 |
| 马连庄—大同北 | 14520 | 大同北—马连庄 | 20623 |
| 大同—元营 | 15063 | 元营—大同 | 20608 |
| 元营—朔州 | 2520 | 朔州—元营 | 1648 |
| 元营—忻州 | 42022 | 忻州—元营 | 25892 |
| 忻州—武宿 | 99361 | 武宿—忻州 | 34677 |
| 罗城—交城 | 106339 | 交城—罗城 | 61105 |
| 交城—汾阳 | 56044 | 汾阳—交城 | 97462 |
| 交城—平遥 | 71797 | 平遥—交城 | 35609 |
| 平遥—临汾 | 58899 | 临汾—平遥 | 30859 |
| 临汾—侯马 | 127447 | 侯马—临汾 | 46847 |
| 北柴—龙门大桥 | 83246 | 龙门大桥—北柴 | 41935 |
| 侯马—运城 | 47258 | 运城—侯马 | 18212 |
| 运城—平陆 | 28894 | 平陆—运城 | 12599 |
| 运城—风陵渡 | 8583 | 风陵渡—运城 | 4661 |
| 东郭—运城西 | 2851 | 运城西—东郭 | 5181 |
| 小店—屯留 | 50188 | 屯留—小店 | 27151 |
| 屯留—晋城东 | 37197 | 晋城东—屯留 | 32289 |
| 晋城—泽州 | 62823 | 泽州—晋城 | 16155 |
| 大同北—西口 | 6344 | 西口—大同北 | 14050 |
| 驿马岭—山阴 | 23592 | 山阴—驿马岭 | 112311 |
| 五台山主线—顿村 | 13744 | 顿村—五台山主线 | 80141 |
| 顿村—杨家湾 | 14754 | 杨家湾—顿村 | 101581 |
| 黄寨—太佳 | 11927 | 太佳—黄寨 | 68050 |
| 郝家庄主线—阳曲 | 35942 | 阳曲—郝家庄主线 | 164772 |
| 阳曲—古交 | 29651 | 古交—阳曲 | 23403 |
| 旧关—晋中北 | 62003 | 晋中北—旧关 | 77906 |
| 晋中北—罗城 | 55106 | 罗城—晋中北 | 78658 |

续上表

| 路段起止点 | 货运密度（吨公里/公里） | 路段起止点 | 货运密度（吨公里/公里） |
|---|---|---|---|
| 晋中北—祁县 | 75321 | 祁县—晋中北 | 102509 |
| 盂县东—平定 | 16413 | 平定—盂县东 | 10182 |
| 左权—平遥 | 18821 | 平遥—左权 | 68265 |
| 平遥—汾阳 | 14011 | 汾阳—平遥 | 56414 |
| 汾阳—军渡 | 83019 | 军渡—汾阳 | 158993 |
| 东阳关—屯留 | 79485 | 屯留—东阳关 | 134772 |
| 潞城—长治县 | 8248 | 长治县—潞城 | 27292 |
| 明姜—广胜寺景区 | 14562 | 广胜寺景区—明姜 | 5084 |
| 龙马枢纽—洪洞西 | 22581 | 洪洞西—龙马枢纽 | 45089 |
| 临汾枢纽—壶口 | 11539 | 壶口—临汾枢纽 | 19069 |
| 王莽岭—南义城 | 1601 | 南义城—王莽岭 | 509 |
| 南义城—晋城西 | 7689 | 晋城西—南义城 | 8146 |
| 丹河—北留 | 8820 | 北留—丹河 | 28040 |
| 北留—阳城 | 990 | 阳城—北留 | 3510 |
| 北留—侯马 | 17917 | 侯马—北留 | 26497 |
| 河津—临猗西 | 10195 | 临猗西—河津 | 7939 |
| 蒲掌—东镇 | 21854 | 东镇—蒲掌 | 83775 |
| 北垣—王显 | 6891 | 王显—北垣 | 13811 |
| 新平堡—大同县 | 1038 | 大同县—新平堡 | 3575 |
| 大同县—浑源西 | 4658 | 浑源西—大同县 | 6449 |
| 浑源北—焦山主线 | 13155 | 焦山主线—浑源北 | 592 |
| 汤头—五台山北 | 7529 | 五台山北—汤头 | 44070 |
| 长治东—虹梯关 | 30509 | 虹梯关—长治东 | 3293 |
| 定襄西—高蒲 | 6368 | 高蒲—定襄西 | 2174 |
| 五台山北—代县 | 5858 | 代县—五台山北 | 28686 |
| 岢岚—临县北 | 12835 | 临县北—岢岚 | 1253 |
| 平定—左权 | 5251 | 左权—平定 | 2411 |
| 朔州东—平鲁 | 4700 | 平鲁—朔州东 | 4019 |
| 二道梁—山阴 | 11524 | 山阴—二道梁 | 101769 |
| 临县北—离石西 | 63656 | 离石西—临县北 | 8535 |
| 义井—河曲 | 8412 | 河曲—义井 | 45383 |

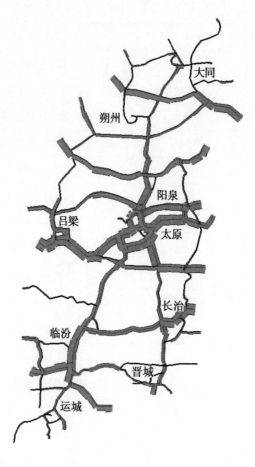

图 4-8 2019 年山西省高速公路日均货运密度

### 4.3.3 2019年山西省高速公路日均道路负荷分布如表4-9和图4-9所示。

2019年山西省高速公路日均轴载　　　　　表4-9

| 路段起止点 | 轴载（标准轴载当量轴次/日） | 路段起止点 | 轴载（标准轴载当量轴次/日） |
|---|---|---|---|
| 得胜口—大同北 | 546 | 大同北—得胜口 | 551 |
| 大同北—马连庄 | 2166 | 马连庄—大同北 | 1361 |
| 马连庄—孙启庄 | 1087 | 孙启庄—马连庄 | 1022 |
| 马连庄—大同北 | 1727 | 大同北—马连庄 | 2609 |
| 大同—元营 | 1738 | 元营—大同 | 2498 |
| 元营—朔州 | 281 | 朔州—元营 | 174 |
| 元营—忻州 | 4491 | 忻州—元营 | 2862 |
| 忻州—武宿 | 10529 | 武宿—忻州 | 3864 |
| 罗城—交城 | 10630 | 交城—罗城 | 6315 |
| 交城—汾阳 | 5809 | 汾阳—交城 | 9477 |
| 交城—平遥 | 7277 | 平遥—交城 | 3840 |
| 平遥—临汾 | 6184 | 临汾—平遥 | 3517 |
| 临汾—侯马 | 13105 | 侯马—临汾 | 5491 |
| 北柴—龙门大桥 | 8822 | 龙门大桥—北柴 | 4655 |
| 侯马—运城 | 5062 | 运城—侯马 | 2166 |
| 运城—平陆 | 2976 | 平陆—运城 | 1368 |
| 运城—风陵渡 | 1105 | 风陵渡—运城 | 629 |
| 东郭—运城西 | 330 | 运城西—东郭 | 654 |
| 小店—屯留 | 5095 | 屯留—小店 | 2879 |
| 屯留—晋城东 | 4035 | 晋城东—屯留 | 3390 |
| 晋城—泽州 | 6669 | 泽州—晋城 | 1819 |
| 大同北—西口 | 761 | 西口—大同北 | 1737 |
| 驿马岭—山阴 | 2678 | 山阴—驿马岭 | 12564 |
| 五台山主线—顿村 | 1810 | 顿村—五台山主线 | 8070 |
| 顿村—杨家湾 | 2361 | 杨家湾—顿村 | 10391 |
| 黄寨—太佳 | 1319 | 太佳—黄寨 | 6816 |
| 郝家庄主线—阳曲 | 4118 | 阳曲—郝家庄主线 | 16835 |
| 阳曲—古交 | 3055 | 古交—阳曲 | 2444 |
| 旧关—晋中北 | 6234 | 晋中北—旧关 | 8231 |
| 晋中北—罗城 | 5612 | 罗城—晋中北 | 8024 |
| 晋中北—祁县 | 7781 | 祁县—晋中北 | 10694 |
| 盂县东—平定 | 1841 | 平定—盂县东 | 1249 |
| 左权—平遥 | 1999 | 平遥—左权 | 6347 |
| 平遥—汾阳 | 1650 | 汾阳—平遥 | 5456 |
| 汾阳—军渡 | 8653 | 军渡—汾阳 | 15535 |
| 东阳关—屯留 | 8182 | 屯留—东阳关 | 13655 |
| 潞城—长治县 | 966 | 长治县—潞城 | 2838 |
| 明姜—广胜寺景区 | 1448 | 广胜寺景区—明姜 | 508 |
| 龙马枢纽—洪洞西 | 2371 | 洪洞西—龙马枢纽 | 4489 |
| 临汾枢纽—壶口 | 1192 | 壶口—临汾枢纽 | 1953 |

续上表

| 路段起止点 | 轴载<br>（标准轴载当量轴次/日） | 路段起止点 | 轴载<br>（标准轴载当量轴次/日） |
|---|---|---|---|
| 王莽岭—南义城 | 165 | 南义城—王莽岭 | 73 |
| 南义城—晋城西 | 897 | 晋城西—南义城 | 907 |
| 丹河—北留 | 1102 | 北留—丹河 | 2948 |
| 北留—阳城 | 132 | 阳城—北留 | 370 |
| 北留—侯马 | 1968 | 侯马—北留 | 2825 |
| 河津—临猗西 | 1063 | 临猗西—河津 | 1031 |
| 蒲掌—东镇 | 2489 | 东镇—蒲掌 | 8569 |
| 北垣—王显 | 732 | 王显—北垣 | 1752 |
| 新平堡—大同县 | 118 | 大同县—新平堡 | 490 |
| 大同县—浑源西 | 555 | 浑源西—大同县 | 791 |
| 浑源北—焦山主线 | 1806 | 焦山主线—浑源北 | 149 |
| 汤头—五台山北 | 961 | 五台山北—汤头 | 4629 |
| 长治东—虹梯关 | 3153 | 虹梯关—长治东 | 548 |
| 定襄西—高蒲 | 706 | 高蒲—定襄西 | 251 |
| 五台山北—代县 | 704 | 代县—五台山北 | 2944 |
| 岢岚—临县北 | 1272 | 临县北—岢岚 | 211 |
| 平定—左权 | 532 | 左权—平定 | 291 |
| 朔州东—平鲁 | 489 | 平鲁—朔州东 | 419 |
| 二道梁—山阴 | 1721 | 山阴—二道梁 | 12096 |
| 临县北—离石西 | 6279 | 离石西—临县北 | 1231 |
| 义井—河曲 | 1127 | 河曲—义井 | 4632 |

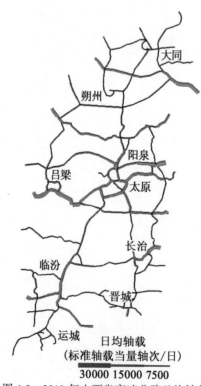

图4-9 2019年山西省高速公路日均轴载

### 4.3.4  2019 年山西省高速公路日均交通量分布如表 4-10 和图 4-10 所示。

2019 年山西省高速公路日均交通量　　　　　表 4-10

| 路段起止点 | 正向 客车折算交通量（辆/日） | 正向 货车折算交通量（辆/日） | 小计 | 反向 客车折算交通量（辆/日） | 反向 货车折算交通量（辆/日） | 小计 |
|---|---|---|---|---|---|---|
| 得胜口—大同北 | 1283 | 1646 | 2929 | 1328 | 1738 | 3066 |
| 大同北—马连庄 | 3161 | 1918 | 5079 | 3945 | 1911 | 5856 |
| 马连庄—孙启庄 | 1791 | 3917 | 5708 | 3241 | 4002 | 7243 |
| 马连庄—大同北 | 4835 | 2310 | 7145 | 4311 | 2230 | 6541 |
| 大同—元营 | 4348 | 6493 | 10841 | 3935 | 6438 | 10373 |
| 元营—朔州 | 1125 | 3754 | 4879 | 686 | 3782 | 4468 |
| 元营—忻州 | 7104 | 8150 | 15254 | 8036 | 8188 | 16224 |
| 忻州—武宿 | 15560 | 12618 | 28178 | 14028 | 12588 | 26616 |
| 罗城—交城 | 19197 | 17004 | 36201 | 12301 | 11768 | 24069 |
| 交城—汾阳 | 17702 | 8952 | 26654 | 14538 | 8689 | 23227 |
| 交城—平遥 | 12067 | 8832 | 20899 | 10249 | 8096 | 18345 |
| 平遥—临汾 | 10059 | 6844 | 16903 | 9993 | 6788 | 16781 |
| 临汾—侯马 | 19868 | 6224 | 26092 | 20171 | 6097 | 26268 |
| 北柴—龙门大桥 | 13406 | 3834 | 17240 | 11457 | 3801 | 15258 |
| 侯马—运城 | 8585 | 6533 | 15118 | 8364 | 6129 | 14493 |
| 运城—平陆 | 5033 | 3687 | 8720 | 5037 | 3421 | 8458 |
| 运城—风陵渡 | 2061 | 2896 | 4957 | 2771 | 2599 | 5370 |
| 东郭—运城西 | 1009 | 1639 | 2648 | 1193 | 1526 | 2719 |
| 小店—屯留 | 8079 | 6321 | 14400 | 9565 | 7667 | 17232 |
| 屯留—晋城东 | 7121 | 6050 | 13171 | 9303 | 6052 | 15355 |
| 晋城—泽州 | 8464 | 1326 | 9790 | 7857 | 1340 | 9197 |
| 大同北—西口 | 4276 | 1339 | 5615 | 2037 | 1273 | 3310 |
| 驿马岭—山阴 | 11555 | 1708 | 13263 | 14652 | 1723 | 16375 |
| 五台山主线—顿村 | 12878 | 2174 | 15052 | 10834 | 2411 | 13245 |
| 顿村—杨家湾 | 20418 | 1161 | 21579 | 13245 | 1152 | 14397 |
| 黄寨—太佳 | 6145 | 1093 | 7238 | 8921 | 1019 | 9940 |
| 郝家庄主线—阳曲 | 18440 | 2096 | 20536 | 21719 | 1777 | 23496 |
| 阳曲—古交 | 7365 | 6356 | 13721 | 4800 | 6338 | 11138 |
| 旧关—晋中北 | 13207 | 5005 | 18212 | 11933 | 5390 | 17323 |
| 晋中北—罗城 | 13802 | 7997 | 21799 | 12713 | 8163 | 20876 |

续上表

| 路段起止点 | 正向 | | | 反向 | | |
|---|---|---|---|---|---|---|
| | 客车折算交通量（辆/日） | 货车折算交通量（辆/日） | 小计 | 客车折算交通量（辆/日） | 货车折算交通量（辆/日） | 小计 |
| 晋中北—祁县 | 16270 | 5282 | 21552 | 17148 | 6767 | 23915 |
| 盂县东—平定 | 3027 | 1340 | 4367 | 5303 | 2042 | 7345 |
| 左权—平遥 | 8121 | 1316 | 9437 | 9729 | 1274 | 11003 |
| 平遥—汾阳 | 7563 | 1873 | 9436 | 8213 | 1893 | 10106 |
| 汾阳—军渡 | 21480 | 3763 | 25243 | 21411 | 3592 | 25003 |
| 东阳关—屯留 | 20313 | 1884 | 22197 | 18547 | 2219 | 20766 |
| 潞城—长治县 | 3874 | 810 | 4684 | 4836 | 867 | 5703 |
| 明姜—广胜寺景区 | 2022 | 581 | 2603 | 1360 | 564 | 1924 |
| 龙马枢纽—洪洞西 | 4356 | 1107 | 5463 | 7359 | 993 | 8352 |
| 临汾枢纽—壶口 | 2460 | 1678 | 4138 | 2845 | 1676 | 4521 |
| 王莽岭—南义城 | 339 | 610 | 949 | 403 | 634 | 1037 |
| 南义城—晋城西 | 2058 | 1583 | 3641 | 2309 | 1631 | 3940 |
| 丹河—北留 | 5327 | 4347 | 9674 | 4717 | 4517 | 9234 |
| 北留—阳城 | 690 | 3903 | 4593 | 649 | 2953 | 3602 |
| 北留—侯马 | 5281 | 2018 | 7299 | 4682 | 1933 | 6615 |
| 河津—临猗西 | 1995 | 948 | 2943 | 2224 | 860 | 3084 |
| 蒲掌—东镇 | 10071 | 2206 | 12277 | 11923 | 2360 | 14283 |
| 北垣—王显 | 2105 | 1208 | 3313 | 2589 | 1231 | 3820 |
| 新平堡—大同县 | 382 | 711 | 1093 | 594 | 823 | 1417 |
| 大同县—浑源西 | 1722 | 2353 | 4075 | 1541 | 2336 | 3877 |
| 浑源北—焦山主线 | 1699 | 439 | 2138 | 2554 | 430 | 2984 |
| 汤头—五台山北 | 5566 | 741 | 6307 | 5718 | 738 | 6456 |
| 长治东—虹梯关 | 4168 | 1520 | 5688 | 5012 | 1515 | 6527 |
| 定襄西—高蒲 | 1236 | 2665 | 3901 | 1168 | 2755 | 3923 |
| 五台山北—代县 | 3838 | 1298 | 5136 | 3894 | 1251 | 5145 |
| 岢岚—临县北 | 1966 | 308 | 2274 | 1516 | 309 | 1825 |
| 平定—左权 | 1032 | 861 | 1893 | 1361 | 813 | 2174 |
| 朔州东—平鲁 | 1071 | 533 | 1604 | 956 | 532 | 1488 |
| 二道梁—山阴 | 13676 | 862 | 14538 | 13124 | 779 | 13903 |
| 临县北—离石西 | 8431 | 1000 | 9431 | 7994 | 1127 | 9121 |
| 义井—河曲 | 7773 | 1274 | 9047 | 6083 | 978 | 7061 |

第4章 部分省(直辖市)高速公路日均运输密度

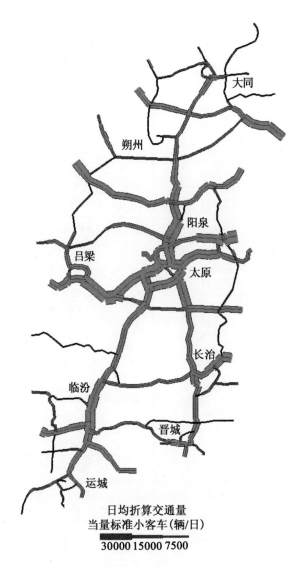

图 4-10 2019 年山西省高速公路日均交通量

## 4.4 辽宁省高速公路日均运输密度

**4.4.1** 2019年辽宁省高速公路日均客运密度分布如表4-11和图4-11所示。

2019年辽宁省高速公路日均客运密度  表4-11

| 路段起止点 | 客运密度（人公里/公里） | 路段起止点 | 客运密度（人公里/公里） |
|---|---|---|---|
| 万家—葫芦岛 | 29959 | 葫芦岛—万家 | 30645 |
| 葫芦岛—锦州 | 35698 | 锦州—葫芦岛 | 36622 |
| 锦州—沈阳西 | 36191 | 沈阳西—锦州 | 37472 |
| 沈阳—毛家店 | 32671 | 毛家店—沈阳 | 35939 |
| 锦州—朝阳 | 10404 | 朝阳—锦州 | 12306 |
| 朝阳—黑水 | 4772 | 黑水—朝阳 | 5120 |
| 锦州东—阜新 | 8971 | 阜新—锦州东 | 12768 |
| 沈阳—鞍山 | 65543 | 鞍山—沈阳 | 56738 |
| 鞍山—营口 | 56201 | 营口—鞍山 | 46735 |
| 营口—鲅鱼圈 | 64761 | 鲅鱼圈—营口 | 52408 |
| 鲅鱼圈—炮台 | 28235 | 炮台—鲅鱼圈 | 28248 |
| 炮台—长兴岛 | 12027 | 长兴岛—炮台 | 12225 |
| 炮台—大连 | 66253 | 大连—炮台 | 67272 |
| 大连—旅顺新港 | 19760 | 旅顺新港—大连 | 21752 |
| 大连—庄河 | 24898 | 庄河—大连 | 25857 |
| 庄河—丹东 | 7127 | 丹东—庄河 | 7075 |
| 丹东—本溪 | 9794 | 本溪—丹东 | 10055 |
| 本溪—沈阳 | 34762 | 沈阳—本溪 | 35991 |
| 三十里堡—大窑湾 | 30796 | 大窑湾—三十里堡 | 31004 |
| 光辉—西安 | 27299 | 西安—光辉 | 27026 |
| 西安—西柳 | 7958 | 西柳—西安 | 8191 |
| 西安—营口 | 12772 | 营口—西安 | 12486 |
| 沈阳—草市 | 15115 | 草市—沈阳 | 15177 |
| 毛家店—三十家子 | 6274 | 三十家子—毛家店 | 6250 |
| 三面船—北台 | 5250 | 北台—三面船 | 5154 |
| 彰武—红旗台 | 11307 | 红旗台—彰武 | 11637 |
| 康平北—沈北新区 | 9807 | 沈北新区—康平北 | 8979 |
| 沈阳西环（逆时针） | 46738 | 沈阳西环（顺时针） | 43690 |

续上表

| 路段起止点 | 客运密度（人公里/公里） | 路段起止点 | 客运密度（人公里/公里） |
| --- | --- | --- | --- |
| 沈阳东环(逆时针) | 25743 | 沈阳东环(顺时针) | 26669 |
| 西柳—大孤山 | 6394 | 大孤山—西柳 | 6205 |
| 彰武—阿尔乡 | 4635 | 阿尔乡—彰武 | 5311 |
| 金岛—皮口 | 4900 | 皮口—金岛 | 4720 |
| 旺清门主线—南杂木 | 6081 | 南杂木—旺清门主线 | 6339 |
| 永陵—桓仁 | 2453 | 桓仁—永陵 | 2333 |
| 鹤大辽吉界—丹东 | 4539 | 丹东—鹤大辽吉界 | 4393 |
| 盖州—庄河西 | 3847 | 庄河西—盖州 | 3844 |
| 金沟子—安民主线 | 3645 | 安民主线—金沟子 | 3758 |
| 阜新—甜水 | 4250 | 甜水—阜新 | 4341 |
| 茨榆坨—灯塔 | 5372 | 灯塔—茨榆坨 | 5465 |
| 兴城—建昌 | 6336 | 建昌—兴城 | 6469 |
| 西安—辽东湾 | 1080 | 辽东湾—西安 | 996 |

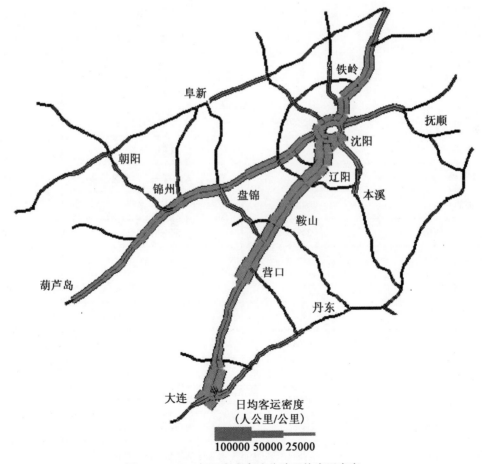

图4-11 2019年辽宁省高速公路日均客运密度

### 4.4.2 2019年辽宁省高速公路日均货运密度分布如表4-12和图4-12所示。

2019年辽宁省高速公路日均货运密度　　　　　　　　　　　　　表4-12

| 路段起止点 | 货运密度（吨公里/公里） | 路段起止点 | 货运密度（吨公里/公里） |
|---|---|---|---|
| 万家—葫芦岛 | 172234 | 葫芦岛—万家 | 202979 |
| 葫芦岛—锦州 | 201573 | 锦州—葫芦岛 | 228596 |
| 锦州—沈阳西 | 137321 | 沈阳西—锦州 | 118513 |
| 沈阳—毛家店 | 71069 | 毛家店—沈阳 | 52267 |
| 锦州—朝阳 | 21976 | 朝阳—锦州 | 40691 |
| 朝阳—黑水 | 7373 | 黑水—朝阳 | 11251 |
| 锦州东—阜新 | 33272 | 阜新—锦州东 | 46309 |
| 沈阳—鞍山 | 32074 | 鞍山—沈阳 | 33152 |
| 鞍山—营口 | 46900 | 营口—鞍山 | 46118 |
| 营口—鲅鱼圈 | 82328 | 鲅鱼圈—营口 | 68939 |
| 鲅鱼圈—炮台 | 58391 | 炮台—鲅鱼圈 | 44631 |
| 炮台—长兴岛 | 4254 | 长兴岛—炮台 | 5239 |
| 炮台—大连 | 49225 | 大连—炮台 | 36878 |
| 大连—旅顺新港 | 12904 | 旅顺新港—大连 | 10924 |
| 大连—庄河 | 9500 | 庄河—大连 | 7157 |
| 庄河—丹东 | 5811 | 丹东—庄河 | 5824 |
| 丹东—本溪 | 5180 | 本溪—丹东 | 8448 |
| 本溪—沈阳 | 4363 | 沈阳—本溪 | 6796 |
| 三十里堡—大窑湾 | 39867 | 大窑湾—三十里堡 | 32915 |
| 光辉—西安 | 109182 | 西安—光辉 | 113134 |
| 西安—西柳 | 24975 | 西柳—西安 | 24389 |
| 西安—营口 | 44779 | 营口—西安 | 39430 |
| 沈阳—草市 | 21686 | 草市—沈阳 | 18044 |
| 毛家店—三十家子 | 14272 | 三十家子—毛家店 | 19134 |
| 三面船—北台 | 7634 | 北台—三面船 | 8361 |
| 彰武—红旗台 | 5419 | 红旗台—彰武 | 5375 |
| 康平北—沈北新区 | 16041 | 沈北新区—康平北 | 10999 |
| 沈阳西环（逆时针） | 58855 | 沈阳西环（顺时针） | 71569 |
| 沈阳东环（逆时针） | 22944 | 沈阳东环（顺时针） | 22736 |

续上表

| 路段起止点 | 货运密度<br>(吨公里/公里) | 路段起止点 | 货运密度<br>(吨公里/公里) |
|---|---|---|---|
| 西柳—大孤山 | 10017 | 大孤山—西柳 | 9066 |
| 彰武—阿尔乡 | 8285 | 阿尔乡—彰武 | 5400 |
| 金岛—皮口 | 2940 | 皮口—金岛 | 2283 |
| 旺清门主线—南杂木 | 2258 | 南杂木—旺清门主线 | 3103 |
| 永陵—桓仁 | 776 | 桓仁—永陵 | 884 |
| 鹤大辽吉界—丹东 | 4441 | 丹东—鹤大辽吉界 | 3504 |
| 盖州—庄河西 | 6979 | 庄河西—盖州 | 6184 |
| 金沟子—安民主线 | 2109 | 安民主线—金沟子 | 2094 |
| 阜新—甜水 | 5409 | 甜水—阜新 | 5480 |
| 茨榆坨—灯塔 | 6892 | 灯塔—茨榆坨 | 10301 |
| 兴城—建昌 | 17038 | 建昌—兴城 | 14555 |
| 西安—辽东湾 | 1773 | 辽东湾—西安 | 3599 |

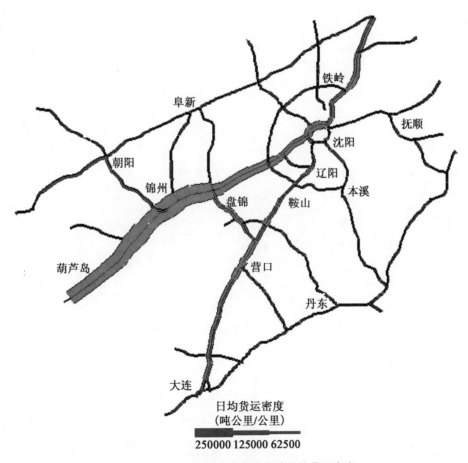

图 4-12  2019 年辽宁省高速公路日均货运密度

### 4.4.3 2019年辽宁省高速公路日均交通量分布如表4-13和图4-13所示。

2019 年辽宁省高速公路日均交通量　　　　　表4-13

| 路段起止点 | 正向 | | | 反向 | | |
|---|---|---|---|---|---|---|
| | 客车折算交通量（辆/日） | 货车折算交通量（辆/日） | 小计 | 客车折算交通量（辆/日） | 货车折算交通量（辆/日） | 小计 |
| 万家—葫芦岛 | 7680 | 33201 | 40881 | 7521 | 34607 | 42128 |
| 葫芦岛—锦州 | 9264 | 38304 | 47568 | 9209 | 39100 | 48309 |
| 锦州—沈阳西 | 7591 | 26947 | 34538 | 7501 | 22079 | 29580 |
| 沈阳—毛家店 | 5067 | 14999 | 20066 | 4960 | 11028 | 15988 |
| 锦州—朝阳 | 2120 | 4436 | 6556 | 2304 | 6383 | 8687 |
| 朝阳—黑水 | 1277 | 1805 | 3082 | 1287 | 1876 | 3163 |
| 锦州东—阜新 | 3678 | 6570 | 10248 | 3875 | 7742 | 11617 |
| 沈阳—鞍山 | 10519 | 8955 | 19472 | 10407 | 8982 | 19389 |
| 鞍山—营口 | 8475 | 10564 | 19039 | 8306 | 11772 | 20078 |
| 营口—鲅鱼圈 | 10327 | 16581 | 26908 | 9959 | 17306 | 27265 |
| 鲅鱼圈—炮台 | 4504 | 11315 | 15819 | 4665 | 11026 | 15691 |
| 炮台—长兴岛 | 2121 | 1700 | 3821 | 2121 | 1452 | 3573 |
| 炮台—大连 | 14139 | 10764 | 24903 | 14619 | 10905 | 25524 |
| 大连—旅顺新港 | 5813 | 3898 | 9711 | 6359 | 3972 | 10331 |
| 大连—庄河 | 6446 | 2829 | 9275 | 6622 | 2793 | 9415 |
| 庄河—丹东 | 3795 | 1463 | 5258 | 3835 | 1453 | 5288 |
| 丹东—本溪 | 3344 | 1737 | 5081 | 3460 | 1852 | 5312 |
| 本溪—沈阳 | 10359 | 1606 | 11965 | 10775 | 1809 | 12584 |
| 三十里堡—大窑湾 | 8094 | 9186 | 17280 | 8244 | 9680 | 17924 |
| 光辉—西安 | 6621 | 21483 | 28104 | 6500 | 19394 | 25894 |
| 西安—西柳 | 2322 | 4694 | 7016 | 2365 | 4723 | 7088 |
| 西安—营口 | 4902 | 8548 | 13450 | 4728 | 8115 | 12843 |
| 沈阳—草市 | 3990 | 4208 | 8198 | 3727 | 3438 | 7165 |
| 毛家店—三十家子 | 3234 | 2704 | 5938 | 3120 | 3342 | 6462 |
| 三面船—北台 | 3376 | 1716 | 5092 | 3298 | 1735 | 5033 |
| 彰武—红旗台 | 5136 | 1433 | 6569 | 5331 | 1478 | 6809 |
| 康平北—沈北新区 | 2771 | 2929 | 5700 | 2824 | 2286 | 5110 |
| 沈阳西环（逆时针） | 7299 | 16130 | 23439 | 7591 | 18455 | 26046 |
| 沈阳东环（逆时针） | 6585 | 7047 | 13632 | 6662 | 6889 | 13551 |
| 西柳—大孤山 | 3080 | 2161 | 5241 | 2958 | 2207 | 5165 |
| 彰武—阿尔乡 | 1438 | 1761 | 3199 | 1399 | 1309 | 2708 |
| 金岛—皮口 | 1761 | 792 | 2553 | 1743 | 775 | 2518 |

续上表

| 路段起止点 | 正向 | | 小计 | 反向 | | 小计 |
|---|---|---|---|---|---|---|
| | 客车折算交通量（辆/日） | 货车折算交通量（辆/日） | | 客车折算交通量（辆/日） | 货车折算交通量（辆/日） | |
| 旺清门主线—南杂木 | 1896 | 598 | 2494 | 1980 | 687 | 2667 |
| 永陵——桓仁 | 1673 | 210 | 1883 | 1650 | 222 | 1872 |
| 鹤大辽吉界—丹东 | 2063 | 847 | 2910 | 2054 | 873 | 2927 |
| 盖州——庄河西 | 2241 | 1635 | 3876 | 2284 | 1644 | 3928 |
| 金沟子—安民主线 | 1015 | 612 | 1627 | 986 | 541 | 1527 |
| 阜新—甜水 | 3029 | 1161 | 4190 | 2977 | 1269 | 4246 |
| 茨榆坨—灯塔 | 2390 | 2056 | 4446 | 2313 | 1628 | 3941 |
| 兴城—建昌 | 1756 | 2970 | 4726 | 1798 | 3003 | 4801 |
| 西安—辽东湾 | 263 | 687 | 950 | 287 | 865 | 1152 |

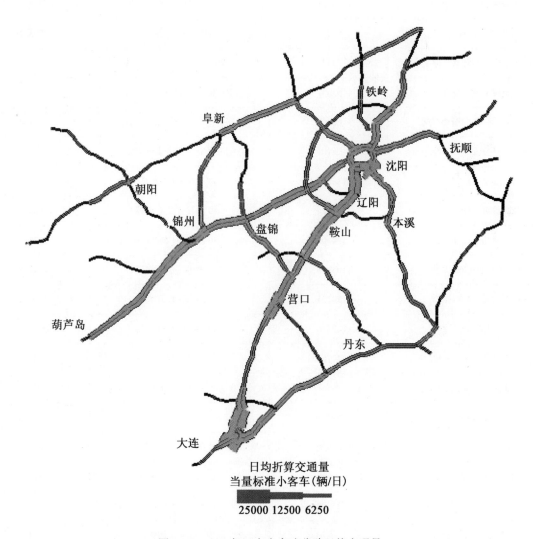

图4-13　2019年辽宁省高速公路日均交通量

## 4.5 上海市高速公路日均运输密度

### 4.5.1 2019年上海市高速公路日均客运密度分布如表4-14和图4-14所示。

2019年上海市高速公路日均客运密度　　　　　表4-14

| 路段起止点 | 客运密度（人公里/公里） | 路段起止点 | 客运密度（人公里/公里） |
|---|---|---|---|
| 绕城月浦—沪嘉浏互通 | 27299 | 沪嘉浏互通—绕城月浦 | 24702 |
| 沪嘉浏互通—北环嘉浏立交 | 104322 | 北环嘉浏立交—沪嘉浏互通 | 107792 |
| 北环嘉浏立交—G2安亭 | 46450 | G2安亭—北环嘉浏立交 | 47196 |
| G2安亭—G60大港 | 48813 | G60大港—G2安亭 | 49047 |
| G60大港—绕城亭枫 | 31797 | 绕城亭枫—G60大港 | 33875 |
| 绕城亭枫—嘉金南环立交 | 15640 | 嘉金南环立交—绕城亭枫 | 16074 |
| 嘉金南环立交—界河 | 23821 | 界河—嘉金南环立交 | 23943 |
| 界河—G40沪苏 | 57024 | G40沪苏—界河 | 56865 |
| G15朱桥—北环嘉浏立交 | 93478 | 北环嘉浏立交—G15朱桥 | 96588 |
| 北环嘉浏立交—G60新桥 | 63952 | G60新桥—北环嘉浏立交 | 66947 |
| G60新桥—嘉金南环立交 | 60593 | 嘉金南环立交—G60新桥 | 55454 |
| 嘉金南环立交—G15亭卫 | 26101 | G15亭卫—嘉金南环立交 | 25527 |
| G2安亭—G2江桥 | 118922 | G2江桥—G2安亭 | 124570 |
| G50沪苏—G50嘉松 | 60924 | G50嘉松—G50沪苏 | 63762 |
| G50嘉松—G50徐泾 | 130402 | G50徐泾—G50嘉松 | 132377 |
| G60枫泾—G60大港 | 104915 | G60大港—G60枫泾 | 103921 |
| G60大港—G60新桥 | 139221 | G60新桥—G60大港 | 134801 |
| G60新桥—G60莘庄 | 207476 | G60莘庄—G60新桥 | 197478 |
| S32沪浙—S32祝桥 | 47755 | S32祝桥—S32沪浙 | 50667 |
| S36枫泾—绕城亭枫 | 9748 | 绕城亭枫—S36枫泾 | 12211 |
| G15沪浙—S4大叶 | 37470 | S4大叶—G15沪浙 | 38458 |
| S4大叶—S4颛桥 | 62899 | S4颛桥—S4大叶 | 74793 |
| S2临港—S2大叶 | 49610 | S2大叶—S2临港 | 51140 |
| S2大叶—S2康桥 | 73309 | S2康桥—S2大叶 | 86763 |
| S19沈海南环立交—S19新卫 | 10820 | S19新卫—S19沈海南环立交 | 20361 |

# 第4章 部分省(直辖市)高速公路日均运输密度

图4-14 2019年上海市高速公路日均客运密度

### 4.5.2 2019年上海市高速公路日均货运密度分布如表4-15和图4-15所示。

2019年上海市高速公路日均货运密度　　　　　　　表4-15

| 路段起止点 | 货运密度<br>（吨公里/公里） | 路段起止点 | 货运密度<br>（吨公里/公里） |
|---|---|---|---|
| 绕城月浦—沪嘉浏互通 | 109917 | 沪嘉浏互通—绕城月浦 | 126367 |
| 沪嘉浏互通—北环嘉浏立交 | 146016 | 北环嘉浏立交—沪嘉浏互通 | 160501 |
| 北环嘉浏立交—G2安亭 | 125092 | G2安亭—北环嘉浏立交 | 120934 |
| G2安亭—G60大港 | 134620 | G60大港—G2安亭 | 125834 |
| G60大港—绕城亭枫 | 59967 | 绕城亭枫—G60大港 | 57757 |
| 绕城亭枫—嘉金南环立交 | 54671 | 嘉金南环立交—绕城亭枫 | 48641 |
| 嘉金南环立交—界河 | 109916 | 界河—嘉金南环立交 | 99532 |
| 界河—G40沪苏 | 65028 | G40沪苏—界河 | 62628 |
| G15朱桥—北环嘉浏立交 | 134358 | 北环嘉浏立交—G15朱桥 | 126026 |
| 北环嘉浏立交—G60新桥 | 134855 | G60新桥—北环嘉浏立交 | 134087 |
| G60新桥—嘉金南环立交 | 73849 | 嘉金南环立交—G60新桥 | 73372 |
| 嘉金南环立交—G15亭卫 | 33548 | G15亭卫—嘉金南环立交 | 33560 |
| G2安亭—G2江桥 | 68815 | G2江桥—G2安亭 | 67289 |
| G50沪苏—G50嘉松 | 28818 | G50嘉松—G50沪苏 | 25542 |
| G50嘉松—G50徐泾 | 26788 | G50徐泾—G50嘉松 | 18982 |
| G60枫泾—G60大港 | 117608 | G60大港—G60枫泾 | 118025 |
| G60大港—G60新桥 | 45960 | G60新桥—G60大港 | 40301 |
| G60新桥—G60莘庄 | 60412 | G60莘庄—G60新桥 | 56748 |
| S32沪浙—S32祝桥 | 70545 | S32祝桥—S32沪浙 | 71778 |
| S36枫泾—绕城亭枫 | 20200 | 绕城亭枫—S36枫泾 | 19187 |
| G15沪浙—S4大叶 | 67078 | S4大叶—G15沪浙 | 63717 |
| S4大叶—S4颛桥 | 67535 | S4颛桥—S4大叶 | 72340 |
| S2临港—S2大叶 | 92513 | S2大叶—S2临港 | 97210 |
| S2大叶—S2康桥 | 39930 | S2康桥—S2大叶 | 46230 |
| S19沈海南环立交—S19新卫 | 14913 | S19新卫—S19沈海南环立交 | 15411 |

图 4-15 2019 年上海市高速公路日均货运密度

## 4.6 江苏省高速公路日均运输密度

**4.6.1** 2019年江苏省高速公路日均客运密度分布如表4-16和图4-16所示。

2019年江苏省高速公路日均客运密度　　　表4-16

| 路段起止点 | 客运密度（人公里/公里） | 路段起止点 | 客运密度（人公里/公里） |
|---|---|---|---|
| 苏鲁省界—淮安 | 21812 | 淮安—苏鲁省界 | 20128 |
| 淮安—江都 | 47757 | 江都—淮安 | 46451 |
| 江都—江阴 | 49191 | 江阴—江都 | 48282 |
| 江阴枢纽—无锡 | 42222 | 无锡—江阴枢纽 | 39770 |
| 广陵—南通北 | 37039 | 南通北—广陵 | 37043 |
| 南通—苏州北 | 72554 | 苏州北—南通 | 72548 |
| 小海—启东 | 25477 | 启东—小海 | 25320 |
| 启东—崇启大桥 | 15078 | 崇启大桥—启东 | 15450 |
| 沈海苏鲁—灌云 | 10814 | 灌云—沈海苏鲁 | 9898 |
| 灌云—盐城东 | 20466 | 盐城东—灌云 | 19955 |
| 盐城东—南通北 | 49387 | 南通北—盐城东 | 49746 |
| 盐城—楚州 | 20958 | 楚州—盐城 | 21195 |
| 淮安西绕城（顺时针） | 30242 | 淮安西绕城（逆时针） | 31604 |
| 淮阴—灌云北 | 24075 | 灌云北—淮阴 | 24895 |
| 灌云北—连云港 | 34507 | 连云港—灌云北 | 36943 |
| 连云港—临连苏鲁省界 | 13696 | 临连苏鲁省界—连云港 | 15644 |
| 淮安南—六合南 | 51969 | 六合南—淮安南 | 49488 |
| 六和南—刘村 | 168 | 刘村—六和南 | 68 |
| 黄花塘—宿迁 | 29237 | 宿迁—黄花塘 | 31042 |
| 宿迁—新沂 | 5497 | 新沂—宿迁 | 6003 |
| 淮安西—徐州 | 30405 | 徐州—淮安西 | 33207 |
| 徐州东—京福苏鲁 | 19089 | 京福苏鲁—徐州东 | 22438 |
| 徐州东—苏皖省界 | 25617 | 苏皖省界—徐州东 | 24457 |
| 徐州东—渔湾主线 | 15845 | 渔湾主线—徐州东 | 16397 |
| 海安—江都 | 16895 | 江都—海安 | 16944 |
| 江都—镇江 | 30143 | 镇江—江都 | 29030 |
| 南京—无锡 | 111800 | 无锡—南京 | 116148 |
| 无锡—苏州北 | 141725 | 苏州北—无锡 | 150312 |
| 苏州北—花桥主线 | 100558 | 花桥主线—苏州北 | 105398 |
| 苏州绕城（顺时针） | 32240 | 苏州绕城（逆时针） | 30121 |
| 石牌—岳王 | 18053 | 岳王—石牌 | 18605 |
| 甪直—千灯 | 35241 | 千灯—甪直 | 38239 |
| 苏州北—盛泽主线 | 67777 | 盛泽主线—苏州北 | 68338 |
| 苏浙省界—苏沪主线 | 33666 | 苏沪主线—苏浙省界 | 36890 |
| 南京—新昌 | 72772 | 新昌—南京 | 62068 |

续上表

| 路段起止点 | 客运密度（人公里/公里） | 路段起止点 | 客运密度（人公里/公里） |
|---|---|---|---|
| 新昌—长深苏浙 | 76856 | 长深苏浙—新昌 | 62411 |
| 丹徒—新昌 | 15110 | 新昌—丹徒 | 10931 |
| 西坞—无锡 | 31056 | 无锡—西坞 | 38463 |
| 骆家边—戚墅堰 | 39653 | 戚墅堰—骆家边 | 53364 |
| 戚墅堰—常熟 | 36244 | 常熟—戚墅堰 | 38884 |
| 常熟—太仓 | 68622 | 太仓—常熟 | 66394 |
| 南京三桥—麒麟 | 40643 | 麒麟—南京三桥 | 39282 |
| 麒麟—横梁 | 31613 | 横梁—麒麟 | 36497 |
| 横梁—马鞍 | 15795 | 马鞍—横梁 | 19795 |
| 南泉—锦丰 | 15037 | 锦丰—南泉 | 15284 |
| 武进—泰州大桥 | 76896 | 泰州大桥—武进 | 78277 |
| 石牌—董浜 | 41921 | 董浜—石牌 | 38399 |
| 彭城—丰县 | 13273 | 丰县—彭城 | 17194 |
| 六合—江都 | 25894 | 江都—六合 | 25916 |
| 骆家边—溧马高速苏皖省界 | 54222 | 溧马高速苏皖省界—骆家边 | 40794 |
| 南京南—和凤主线 | 19623 | 和凤主线—南京南 | 19577 |
| 璜泾—港城 | 3377 | 港城—璜泾 | 3265 |
| 丹阳新区—镇江新区东 | 24796 | 镇江新区东—丹阳新区 | 25820 |

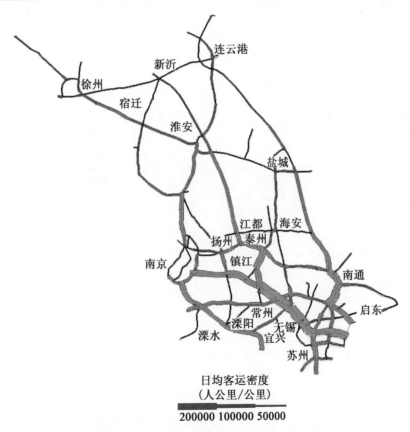

图4-16　2019年江苏省高速公路日均客运密度

**4.6.2** 2019年江苏省高速公路日均货运密度分布如表4-17和图4-17所示。

2019年江苏省高速公路日均货运密度  表4-17

| 路段起止点 | 货运密度<br>（吨公里/公里） | 路段起止点 | 货运密度<br>（吨公里/公里） |
|---|---|---|---|
| 苏鲁省界—淮安 | 61056 | 淮安—苏鲁省界 | 17372 |
| 淮安—江都 | 80872 | 江都—淮安 | 27238 |
| 江都—江阴 | 48627 | 江阴—江都 | 36029 |
| 江阴枢纽—无锡 | 24874 | 无锡—江阴枢纽 | 18111 |
| 广陵—南通北 | 34618 | 南通北—广陵 | 30354 |
| 南通—苏州北 | 121782 | 苏州北—南通 | 65838 |
| 小海—启东 | 3150 | 启东—小海 | 6618 |
| 启东—崇启大桥 | 2241 | 崇启大桥—启东 | 1818 |
| 沈海苏鲁—灌云 | 49594 | 灌云—沈海苏鲁 | 7965 |
| 灌云—盐城东 | 82118 | 盐城东—灌云 | 16432 |
| 盐城东—南通北 | 98585 | 南通北—盐城东 | 34465 |
| 盐城—楚州 | 15034 | 楚州—盐城 | 23913 |
| 淮安西绕城（顺时针） | 37871 | 淮安西绕城（逆时针） | 74967 |
| 淮阴—灌云北 | 17629 | 灌云北—淮阴 | 67640 |
| 灌云北—连云港 | 25281 | 连云港—灌云北 | 152696 |
| 连云港—临连苏鲁省界 | 15598 | 临连苏鲁省界—连云港 | 186270 |
| 淮安南—六合南 | 62992 | 六合南—淮安南 | 27546 |
| 六和南—刘村 | 537 | 刘村—六和南 | 196 |
| 黄花塘—宿迁 | 43331 | 宿迁—黄花塘 | 69322 |
| 宿迁—新沂 | 4435 | 新沂—宿迁 | 10738 |
| 淮安西—徐州 | 40098 | 徐州—淮安西 | 92533 |
| 徐州东—京福苏鲁 | 30807 | 京福苏鲁—徐州东 | 279828 |
| 徐州东—苏皖省界 | 241947 | 苏皖省界—徐州东 | 87444 |
| 徐州东—渔湾主线 | 32795 | 渔湾主线—徐州东 | 38776 |
| 海安—江都 | 11585 | 江都—海安 | 10955 |
| 江都—镇江 | 30336 | 镇江—江都 | 24490 |
| 南京—无锡 | 99968 | 无锡—南京 | 92813 |
| 无锡—苏州北 | 208718 | 苏州北—无锡 | 186304 |
| 苏州北—花桥主线 | 92483 | 花桥主线—苏州北 | 100858 |
| 苏州绕城（顺时针） | 67525 | 苏州绕城（逆时针） | 50900 |
| 石牌—岳王 | 31214 | 岳王—石牌 | 29401 |
| 甪直—千灯 | 6339 | 千灯—甪直 | 16944 |
| 苏州北—盛泽主线 | 203093 | 盛泽主线—苏州北 | 138594 |
| 苏浙省界—苏沪主线 | 14985 | 苏沪主线—苏浙省界 | 8572 |
| 南京—新昌 | 88068 | 新昌—南京 | 50866 |
| 新昌—长深苏浙 | 153851 | 长深苏浙—新昌 | 90692 |
| 丹徒—新昌 | 15470 | 新昌—丹徒 | 7952 |

续上表

| 路段起止点 | 货运密度<br>（吨公里/公里） | 路段起止点 | 货运密度<br>（吨公里/公里） |
|---|---|---|---|
| 西坞—无锡 | 14181 | 无锡—西坞 | 15201 |
| 骆家边—戚墅堰 | 80143 | 戚墅堰—骆家边 | 116598 |
| 戚墅堰—常熟 | 49911 | 常熟—戚墅堰 | 52655 |
| 常熟—太仓 | 115039 | 太仓—常熟 | 68457 |
| 南京三桥—麒麟 | 83540 | 麒麟—南京三桥 | 69039 |
| 麒麟—横梁 | 64976 | 横梁—麒麟 | 96861 |
| 横梁—马鞍 | 22212 | 马鞍—横梁 | 55465 |
| 南泉—锦丰 | 18807 | 锦丰—南泉 | 18784 |
| 武进—泰州大桥 | 72319 | 泰州大桥—武进 | 112865 |
| 石牌—董浜 | 83158 | 董浜—石牌 | 138604 |
| 彭城—济徐苏鲁省界 | 10916 | 济徐苏鲁省界—彭城 | 65227 |
| 六合—江都 | 20826 | 江都—六合 | 17809 |
| 骆家边—溧马高速苏皖省界 | 165474 | 溧马高速苏皖省界—骆家边 | 93107 |
| 南京南—和凤主线 | 1136 | 和凤主线—南京南 | 2371 |
| 璜泾—港城 | 13385 | 港城—璜泾 | 11487 |
| 丹阳新区—镇江新区东 | 12657 | 镇江新区东—丹阳新区 | 19987 |

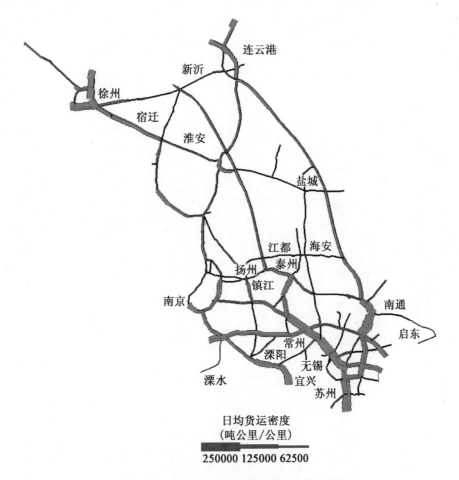

图 4-17　2019 年江苏省高速公路日均货运密度

### 4.6.3 2019年江苏省高速公路日均交通量分布如表4-18和图4-18所示。

2019年江苏省高速公路日均交通量　　　　　　　　　　表4-18

| 路段起止点 | 正向 | | | 反向 | | |
|---|---|---|---|---|---|---|
| | 客车折算交通量（辆/日） | 货车折算交通量（辆/日） | 小计 | 客车折算交通量（辆/日） | 货车折算交通量（辆/日） | 小计 |
| 苏鲁省界—淮安 | 7283 | 11115 | 18398 | 6590 | 4396 | 10986 |
| 淮安—江都 | 13838 | 15319 | 29157 | 13174 | 7383 | 20557 |
| 江都—江阴 | 15254 | 11077 | 26331 | 14732 | 9530 | 24262 |
| 江阴枢纽—无锡 | 15751 | 6794 | 22545 | 14847 | 7914 | 22761 |
| 广陵—南通北 | 12217 | 8300 | 20517 | 12330 | 9357 | 21687 |
| 南通—苏州北 | 25434 | 26596 | 52030 | 25506 | 17894 | 43400 |
| 小海—启东 | 10419 | 1210 | 11629 | 10393 | 2300 | 12693 |
| 启东—崇启大桥 | 5849 | 927 | 6776 | 6006 | 652 | 6658 |
| 沈海苏鲁—灌云 | 3587 | 8580 | 12167 | 3248 | 2767 | 6015 |
| 灌云—盐城东 | 7426 | 15000 | 22426 | 7187 | 4737 | 11924 |
| 盐城东—南通北 | 17460 | 18912 | 36372 | 17533 | 10064 | 27597 |
| 盐城—楚州 | 7655 | 4653 | 12308 | 7830 | 5652 | 13482 |
| 淮安西绕城(顺时针) | 9554 | 9826 | 19380 | 10160 | 14707 | 24867 |
| 淮阴—灌云北 | 8063 | 6009 | 14072 | 8325 | 13477 | 21802 |
| 灌云北—连云港 | 11769 | 8228 | 19997 | 12706 | 28434 | 41140 |
| 连云港—临连苏鲁省界 | 4975 | 4378 | 9353 | 5740 | 31501 | 37241 |
| 淮安南—六合南 | 16329 | 12727 | 29056 | 15722 | 8124 | 23846 |
| 六和南—刘村 | 74 | 108 | 182 | 25 | 56 | 81 |
| 黄花塘—宿迁 | 9635 | 10473 | 20108 | 9966 | 13321 | 23287 |
| 宿迁—新沂 | 2163 | 1562 | 3725 | 2285 | 2603 | 4888 |
| 淮安西—徐州 | 10179 | 10770 | 20949 | 11417 | 17656 | 29073 |
| 徐州东—京福苏鲁 | 7282 | 9723 | 17005 | 8681 | 44218 | 52899 |
| 徐州东—苏皖省界 | 9902 | 39365 | 49267 | 9331 | 21066 | 30397 |
| 徐州东—渔湾主线 | 6328 | 8096 | 14424 | 6490 | 8417 | 14907 |
| 海安—江都 | 6349 | 3615 | 9964 | 6325 | 3391 | 9716 |
| 江都—镇江 | 10474 | 7389 | 17863 | 10269 | 6794 | 17063 |
| 南京—无锡 | 40309 | 26895 | 67204 | 42211 | 26295 | 68506 |
| 无锡—苏州北 | 52534 | 52544 | 105078 | 55287 | 58741 | 114028 |
| 苏州北—花桥主线 | 39086 | 30091 | 69177 | 40394 | 33743 | 74137 |
| 苏州绕城(顺时针) | 13420 | 17377 | 30797 | 12526 | 15768 | 28294 |
| 石牌—岳王 | 7676 | 10260 | 17936 | 7868 | 8668 | 16536 |
| 甪直—千灯 | 3459 | 2580 | 6039 | 16636 | 7535 | 24171 |
| 苏州北—盛泽主线 | 26101 | 39840 | 65941 | 26272 | 39003 | 65275 |
| 苏浙省界—苏沪主线 | 12394 | 4181 | 16575 | 13388 | 2464 | 15852 |
| 南京—新昌 | 23631 | 17111 | 40742 | 21585 | 13375 | 34960 |
| 新昌—长深苏浙 | 23386 | 26812 | 50198 | 19888 | 20552 | 40440 |
| 丹徒—新昌 | 5536 | 3200 | 8736 | 4151 | 2568 | 6719 |
| 西坞—无锡 | 11509 | 5633 | 17142 | 14159 | 5090 | 19249 |

续上表

| 路段起止点 | 正向 | | 小计 | 反向 | | 小计 |
| --- | --- | --- | --- | --- | --- | --- |
| | 客车折算交通量（辆/日） | 货车折算交通量（辆/日） | | 客车折算交通量（辆/日） | 货车折算交通量（辆/日） | |
| 骆家边—戚墅堰 | 14699 | 20022 | 34721 | 19063 | 24830 | 43893 |
| 戚墅堰—常熟 | 13484 | 15455 | 28939 | 14454 | 16309 | 30763 |
| 常熟—太仓 | 22719 | 29342 | 52061 | 22105 | 23682 | 45787 |
| 南京三桥—麒麟 | 11941 | 21226 | 33167 | 12439 | 18194 | 30633 |
| 麒麟—横梁 | 10813 | 17762 | 28575 | 11744 | 19852 | 31596 |
| 横梁—马鞍 | 5762 | 6247 | 12009 | 6550 | 10636 | 17186 |
| 南泉—锦丰 | 6537 | 8207 | 14744 | 6652 | 5404 | 12056 |
| 武进—泰州大桥 | 26897 | 20040 | 46937 | 27183 | 25212 | 52395 |
| 石牌—董浜 | 16247 | 23791 | 40038 | 14738 | 27446 | 42184 |
| 彭城—丰县 | 5111 | 3146 | 8257 | 6868 | 12384 | 19252 |
| 六合—江都 | 8481 | 5399 | 13880 | 8305 | 5071 | 13376 |
| 骆家边—溧马高速苏皖省界 | 18153 | 33590 | 51743 | 13787 | 20426 | 34213 |
| 南京南—和凤主线 | 7356 | 411 | 7767 | 7470 | 1035 | 8505 |
| 璜泾—港城 | 1395 | 6024 | 7419 | 1384 | 5012 | 6396 |
| 丹阳新区—镇江新区东 | 9606 | 4078 | 13684 | 9882 | 4960 | 14842 |

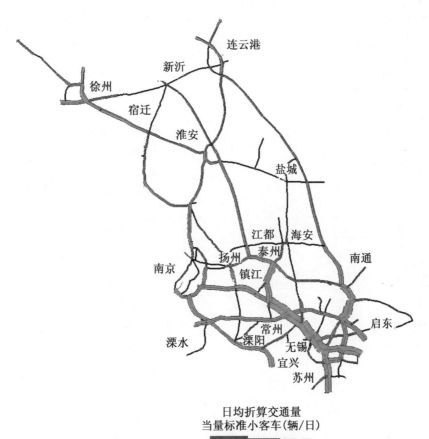

图4-18　2019年江苏省高速公路日均交通量

## 4.7 浙江省高速公路日均运输密度

**4.7.1** 2019年浙江省高速公路日均客运密度分布如表4-19和图4-19所示。

2019年浙江省高速公路日均客运密度　　　　　　表4-19

| 路段起止点 | 客运密度（人公里/公里） | 路段起止点 | 客运密度（人公里/公里） |
|---|---|---|---|
| 李家巷枢纽—浙皖主线 | 39811 | 浙皖主线—李家巷枢纽 | 37801 |
| 浙苏主线—李家巷枢纽 | 38585 | 李家巷枢纽—浙苏主线 | 34665 |
| 李家巷枢纽—父子岭(浙苏分界) | 62003 | 父子岭(浙苏分界)—李家巷枢纽 | 63955 |
| 南庄兜(杭州)—李家巷枢纽 | 63159 | 李家巷枢纽—南庄兜(杭州) | 65240 |
| 杭州绕城(逆时针) | 61340 | 杭州绕城(顺时针) | 60250 |
| 嘉兴枢纽—沈士枢纽 | 91100 | 沈士枢纽—嘉兴枢纽 | 87511 |
| 大云(浙沪边界)—嘉兴枢纽 | 86695 | 嘉兴枢纽—大云(浙沪边界) | 80676 |
| 昱岭关(安徽边界)—杭州西 | 29150 | 杭州西—昱岭关(安徽边界) | 28240 |
| 嘉兴枢纽—王江泾(浙苏边界) | 58829 | 王江泾(浙苏边界)—嘉兴枢纽 | 57301 |
| 湖州北—王江泾(浙苏边界) | 32303 | 王江泾(浙苏边界)—湖州北 | 33824 |
| 西塘桥(跨海大桥北)—嘉兴枢纽 | 72745 | 嘉兴枢纽—西塘桥(跨海大桥北) | 73710 |
| 西塘桥(跨海大桥北)—浙沪主线 | 19781 | 浙沪主线—西塘桥(跨海大桥北) | 20252 |
| 西塘桥(跨海大桥北)—余姚 | 66746 | 余姚—西塘桥(跨海大桥北) | 65588 |
| 沽渚枢纽—红垦(杭州) | 102532 | 红垦(杭州)—沽渚枢纽 | 103845 |
| 余姚—沽渚枢纽 | 71105 | 沽渚枢纽—余姚 | 71325 |
| 余姚—宁波北 | 94830 | 宁波北—余姚 | 94904 |
| 北仑—宁波东 | 23369 | 宁波东—北仑 | 23200 |
| 宁波绕城(逆时针) | 34644 | 宁波绕城(顺时针) | 34995 |
| 嵊州枢纽—宁波西 | 17038 | 宁波西—嵊州枢纽 | 17643 |
| 义乌东—嵊州枢纽 | 19789 | 嵊州枢纽—义乌东 | 20225 |
| 嵊州枢纽—沽渚枢纽 | 41530 | 沽渚枢纽—嵊州枢纽 | 41597 |
| 吴岙—嵊州枢纽 | 21614 | 嵊州枢纽—吴岙 | 22413 |
| 宁海—姜山(宁波) | 37635 | 姜山(宁波)—宁海 | 38042 |
| 吴岙—宁海 | 21908 | 宁海—吴岙 | 22175 |
| 台州—吴岙 | 35626 | 吴岙—台州 | 35624 |
| 缙云—台州 | 15645 | 台州—缙云 | 16067 |
| 温州—台州 | 28112 | 台州—温州 | 28671 |
| 平阳—温州南 | 56770 | 温州南—平阳 | 58604 |
| 分水关—平阳 | 23564 | 平阳—分水关 | 25336 |
| 金华东—温州 | 19995 | 温州—金华东 | 19879 |
| 金华东—张家畈枢纽(杭州) | 52313 | 张家畈枢纽(杭州)—金华东 | 52896 |
| 杭金衢龙游交界—金华 | 36695 | 金华—杭金衢龙游交界 | 36823 |
| 浙赣界—杭金衢龙游交界 | 38266 | 杭金衢龙游交界—浙赣界 | 39530 |
| 丽水—杭金衢龙游交界 | 15969 | 杭金衢龙游交界—丽水 | 16303 |
| 龙泉—丽水 | 16025 | 丽水—龙泉 | 16489 |
| 建德市—杭州南 | 51704 | 杭州南—建德市 | 53700 |
| 杭金衢龙游交界—建德市 | 20738 | 建德市—杭金衢龙游交界 | 21487 |
| 建德市—千岛湖 | 12509 | 千岛湖—建德市 | 12907 |
| 衢州南—浙闽主线 | 4379 | 浙闽主线—衢州南 | 4819 |

续上表

| 路段起止点 | 客运密度（人公里/公里） | 路段起止点 | 客运密度（人公里/公里） |
|---|---|---|---|
| 诸暨北—温州 | 23409 | 温州—诸暨北 | 23437 |
| 练市—杭州(崇贤) | 44887 | 杭州(崇贤)—练市 | 41754 |
| 温州绕城(逆时针) | 24814 | 温州绕城(顺时针) | 25913 |
| 舟山—蛟川 | 31511 | 蛟川—舟山 | 32411 |
| 嘉兴枢纽—尖山 | 9122 | 尖山—嘉兴枢纽 | 8592 |
| 龙泉—浙闽界 | 4753 | 浙闽界—龙泉 | 4639 |
| 衢州—浙皖界 | 12063 | 浙皖界—衢州 | 11313 |
| 勾庄—长兴 | 32983 | 长兴—勾庄 | 32379 |
| 诸暨浣东—上虞道墟 | 14883 | 上虞道墟—诸暨浣东 | 15206 |
| 云龙—象山 | 30338 | 象山—云龙 | 28532 |
| 灵峰—穿山港区 | 21294 | 穿山港区—灵峰 | 19802 |
| 沈士枢纽—西塘桥 | 18800 | 西塘桥—沈士枢纽 | 19752 |
| 党湾—六工 | 5521 | 六工—党湾 | 5674 |
| 沽渚枢纽—滨海新城北 | 7332 | 滨海新城北—沽渚枢纽 | 6397 |
| 千祥—永康东 | 16119 | 永康东—千祥 | 15818 |
| 傅村—义乌东 | 22521 | 义乌东—傅村 | 25166 |
| 义乌—义乌东 | 19301 | 义乌东—义乌 | 18653 |
| 温州西—阁巷 | 12359 | 阁巷—温州西 | 12212 |
| 街亭—安华 | 5810 | 安华—街亭 | 6046 |

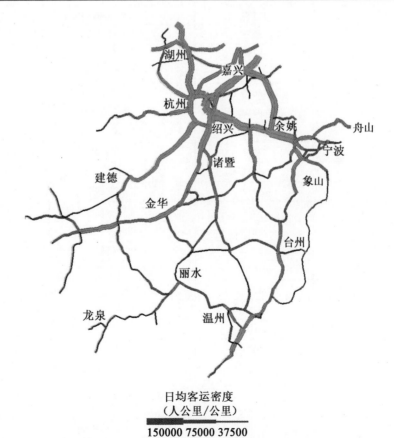

图 4-19  2019 年浙江省高速公路日均客运密度

**4.7.2  2019年浙江省高速公路日均货运密度分布如表4-20和图4-20所示。**

2019年浙江省高速公路日均货运密度　　　　　　　　　表4-20

| 路段起止点 | 货运密度（吨公里/公里） | 路段起止点 | 货运密度（吨公里/公里） |
|---|---|---|---|
| 李家巷枢纽—浙皖主线 | 31806 | 浙皖主线—李家巷枢纽 | 41289 |
| 浙苏主线—李家巷枢纽 | 29041 | 李家巷枢纽—浙苏主线 | 40561 |
| 李家巷枢纽—父子岭(浙苏分界) | 117872 | 父子岭(浙苏分界)—李家巷枢纽 | 135809 |
| 南庄兜(杭州)—李家巷枢纽 | 111360 | 李家巷枢纽—南庄兜(杭州) | 116387 |
| 杭州绕城(逆时针) | 143197 | 杭州绕城(顺时针) | 158885 |
| 嘉兴枢纽—沈士枢纽 | 160787 | 沈士枢纽—嘉兴枢纽 | 117244 |
| 大云(浙沪边界)—嘉兴枢纽 | 123168 | 嘉兴枢纽—大云(浙沪边界) | 102308 |
| 昱岭关(安徽边界)—杭州西 | 11738 | 杭州西—昱岭关(安徽边界) | 10385 |
| 嘉兴枢纽—王江泾(浙苏边界) | 126131 | 王江泾(浙苏边界)—嘉兴枢纽 | 174410 |
| 湖州北—王江泾(浙苏边界) | 44858 | 王江泾(浙苏边界)—湖州北 | 50756 |
| 西塘桥(跨海大桥北)—嘉兴枢纽 | 143497 | 嘉兴枢纽—西塘桥(跨海大桥北) | 182221 |
| 西塘桥(跨海大桥北)—浙沪主线 | 39294 | 浙沪主线—西塘桥(跨海大桥北) | 55420 |
| 西塘桥(跨海大桥北)—余姚 | 199915 | 余姚—西塘桥(跨海大桥北) | 130861 |
| 沽渚枢纽—红垦(杭州) | 109148 | 红垦(杭州)—沽渚枢纽 | 134994 |
| 余姚—沽渚枢纽 | 153466 | 沽渚枢纽—余姚 | 101064 |
| 余姚—宁波北 | 168965 | 宁波北—余姚 | 177427 |
| 北仑—宁波东 | 20162 | 宁波东—北仑 | 22099 |
| 宁波绕城(逆时针) | 96209 | 宁波绕城(顺时针) | 73998 |
| 嵊州枢纽—宁波西 | 35188 | 宁波西—嵊州枢纽 | 35578 |
| 义乌东—嵊州枢纽 | 38713 | 嵊州枢纽—义乌东 | 36736 |
| 嵊州枢纽—沽渚枢纽 | 38116 | 沽渚枢纽—嵊州枢纽 | 53968 |
| 吴岙—嵊州枢纽 | 27541 | 嵊州枢纽—吴岙 | 38699 |
| 宁海—姜山(宁波) | 74616 | 姜山(宁波)—宁海 | 101101 |
| 吴岙—宁海 | 66414 | 宁海—吴岙 | 96299 |
| 台州—吴岙 | 86727 | 吴岙—台州 | 118022 |
| 缙云—台州 | 27323 | 台州—缙云 | 24223 |
| 温州—台州 | 56941 | 台州—温州 | 72272 |
| 平阳—温州南 | 68112 | 温州南—平阳 | 81671 |
| 分水关—平阳 | 78534 | 平阳—分水关 | 80418 |
| 金华东—温州 | 28945 | 温州—金华东 | 24639 |
| 金华东—张家畈枢纽(杭州) | 69387 | 张家畈枢纽(杭州)—金华东 | 93260 |
| 杭金衢龙游交界—金华 | 94654 | 金华—杭金衢龙游交界 | 74811 |
| 浙赣界—杭金衢龙游交界 | 171219 | 杭金衢龙游交界—浙赣界 | 159859 |
| 丽水—杭金衢龙游交界 | 24786 | 杭金衢龙游交界—丽水 | 27148 |
| 龙泉—丽水 | 16801 | 丽水—龙泉 | 17957 |
| 建德市—杭州南 | 140479 | 杭州南—建德市 | 136468 |
| 杭金衢龙游交界—建德市 | 109801 | 建德市—杭金衢龙游交界 | 109511 |
| 建德市—千岛湖 | 4139 | 千岛湖—建德市 | 4885 |
| 衢州南—浙闽主线 | 16881 | 浙闽主线—衢州南 | 18795 |
| 诸暨北—温州 | 54196 | 温州—诸暨北 | 45116 |
| 练市—杭州(崇贤) | 97354 | 杭州(崇贤)—练市 | 61268 |

续上表

| 路段起止点 | 货运密度（吨公里/公里） | 路段起止点 | 货运密度（吨公里/公里） |
|---|---|---|---|
| 温州绕城（逆时针） | 33372 | 温州绕城（顺时针） | 34064 |
| 舟山—蛟川 | 13637 | 蛟川—舟山 | 15153 |
| 嘉兴枢纽—尖山 | 15339 | 尖山—嘉兴枢纽 | 21865 |
| 龙泉—浙闽界 | 7228 | 浙闽界—龙泉 | 6786 |
| 衢州—浙皖界 | 15417 | 浙皖界—衢州 | 18100 |
| 勾庄—长兴 | 25839 | 长兴—勾庄 | 42067 |
| 诸暨浣东—上虞道墟 | 19564 | 上虞道墟—诸暨浣东 | 20442 |
| 云龙—象山 | 17534 | 象山—云龙 | 16088 |
| 灵峰—穿山港区 | 32454 | 穿山港区—灵峰 | 41004 |
| 沈士枢纽—西塘桥 | 31427 | 西塘桥—沈士枢纽 | 48065 |
| 党湾—六工 | 16686 | 六工—党湾 | 26074 |
| 沽渚枢纽—滨海新城北 | 46436 | 滨海新城北—沽渚枢纽 | 16528 |
| 千祥—永康东 | 20301 | 永康东—千祥 | 16001 |
| 傅村—义乌东 | 33985 | 义乌东—傅村 | 32056 |
| 义乌—义乌东 | 10054 | 义乌东—义乌 | 5194 |
| 温州西—阁巷 | 29845 | 阁巷—温州西 | 33649 |
| 街亭—安华 | 9783 | 安华—街亭 | 10701 |

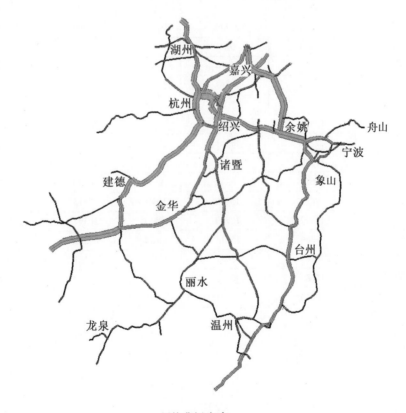

图 4-20　2019 年浙江省高速公路日均货运密度

### 4.7.3 2019年浙江省高速公路日均交通量分布如表4-21和图4-21所示。

2019年浙江省高速公路日均交通量  表4-21

| 路段起止点 | 正向 | | | 反向 | | |
|---|---|---|---|---|---|---|
| | 客车折算交通量（辆/日） | 货车折算交通量（辆/日） | 小计 | 客车折算交通量（辆/日） | 货车折算交通量（辆/日） | 小计 |
| 李家巷枢纽—浙皖主线 | 11874 | 8137 | 20011 | 11276 | 8962 | 20238 |
| 浙苏主线—李家巷枢纽 | 11830 | 8099 | 19929 | 10796 | 9093 | 19889 |
| 李家巷枢纽—父子岭（浙苏分界） | 15856 | 27018 | 42874 | 16672 | 23985 | 40657 |
| 南庄兜（杭州）—李家巷枢纽 | 17500 | 25881 | 43381 | 18304 | 21144 | 39448 |
| 杭州绕城（逆时针） | 20985 | 36171 | 57156 | 20655 | 37758 | 58413 |
| 嘉兴枢纽—沈士枢纽 | 30775 | 37171 | 67946 | 28651 | 33873 | 62524 |
| 大云（浙沪边界）—嘉兴枢纽 | 29099 | 29749 | 58848 | 26188 | 28239 | 54427 |
| 昱岭关（安徽边界）—杭州西 | 9184 | 3510 | 12694 | 8901 | 3175 | 12076 |
| 嘉兴枢纽—王江泾（浙苏边界） | 18968 | 34094 | 53062 | 18619 | 35543 | 54162 |
| 湖州北—王江泾（浙苏边界） | 10354 | 11164 | 21518 | 10967 | 12475 | 23442 |
| 西塘桥（跨海大桥北）—嘉兴枢纽 | 23950 | 35971 | 59921 | 24219 | 37874 | 62093 |
| 西塘桥（跨海大桥北）—浙沪主线 | 7406 | 11495 | 18901 | 7521 | 11793 | 19314 |
| 西塘桥（跨海大桥北）—余姚 | 21788 | 37635 | 59423 | 21458 | 34064 | 55523 |
| 沽渚枢纽—红垦（杭州） | 32589 | 31238 | 63827 | 32903 | 29478 | 62381 |
| 余姚—沽渚枢纽 | 23398 | 32285 | 55683 | 23326 | 29526 | 52852 |
| 余姚—宁波北 | 31645 | 41224 | 72869 | 31783 | 40244 | 72027 |
| 北仑—宁波东 | 8793 | 7372 | 16165 | 8681 | 8367 | 17048 |
| 宁波绕城（逆时针） | 12183 | 24120 | 36303 | 12390 | 23232 | 35622 |
| 嵊州枢纽—宁波西 | 5390 | 9277 | 14667 | 5633 | 8930 | 14563 |
| 义乌东—嵊州枢纽 | 6433 | 9804 | 16237 | 6639 | 9753 | 16392 |
| 嵊州枢纽—沽渚枢纽 | 12066 | 10462 | 22528 | 12026 | 10544 | 22570 |
| 吴岙—嵊州枢纽 | 5791 | 7044 | 12835 | 6034 | 7260 | 13294 |
| 宁海—姜山（宁波） | 13834 | 20164 | 33998 | 13971 | 20603 | 34574 |
| 吴岙—宁海 | 7734 | 17591 | 25325 | 7826 | 18007 | 25833 |
| 台州—吴岙 | 11020 | 22878 | 33898 | 11020 | 22649 | 33669 |
| 缙云—台州 | 4632 | 5284 | 9916 | 4770 | 5514 | 10285 |
| 温州—台州 | 9419 | 15229 | 24648 | 9615 | 15057 | 24672 |
| 平阳—温州南 | 19842 | 18749 | 38591 | 20397 | 18376 | 38773 |
| 分水关—平阳 | 7869 | 16815 | 24684 | 8523 | 16402 | 24925 |
| 金华东—温州 | 6189 | 6081 | 12270 | 6181 | 6341 | 12522 |
| 金华东—张家畈枢纽（杭州） | 17686 | 20162 | 37848 | 17920 | 19440 | 37360 |
| 杭金衢龙游交界—金华 | 10819 | 18541 | 29360 | 10951 | 16278 | 27229 |
| 浙赣界—杭金衢龙游交界 | 10459 | 31018 | 41477 | 11056 | 28727 | 39783 |
| 丽水—杭金衢龙游交界 | 4163 | 5208 | 9371 | 4245 | 4704 | 8949 |
| 龙泉—丽水 | 5046 | 3678 | 8724 | 5155 | 3798 | 8953 |
| 建德市—杭州南 | 16712 | 27223 | 43935 | 17571 | 26038 | 43609 |
| 杭金衢龙游交界—建德市 | 6640 | 20173 | 26813 | 7053 | 19181 | 26234 |
| 建德市—千岛湖 | 3837 | 1453 | 5290 | 3942 | 1554 | 5496 |
| 衢州南—浙闽主线 | 1379 | 3193 | 4572 | 1446 | 3725 | 5172 |
| 诸暨北—温州 | 7707 | 10052 | 17759 | 7659 | 10168 | 17827 |
| 练市—杭州（崇贤） | 13616 | 20342 | 33958 | 13478 | 18116 | 31594 |

续上表

| 路段起止点 | 正向 | | | 反向 | | |
|---|---|---|---|---|---|---|
| | 客车折算交通量（辆/日） | 货车折算交通量（辆/日） | 小计 | 客车折算交通量（辆/日） | 货车折算交通量（辆/日） | 小计 |
| 温州绕城（逆时针） | 8835 | 8981 | 17816 | 9266 | 9491 | 18757 |
| 舟山—蛟川 | 7814 | 4099 | 11913 | 8046 | 4083 | 12129 |
| 嘉兴枢纽—尖山 | 3481 | 3912 | 7393 | 3310 | 5106 | 8416 |
| 龙泉—浙闽界 | 1729 | 1623 | 3352 | 1697 | 1525 | 3222 |
| 衢州—浙皖界 | 3518 | 3616 | 7134 | 3323 | 3452 | 6775 |
| 勾庄—长兴 | 9579 | 7447 | 17026 | 9290 | 9100 | 18390 |
| 诸暨浣东—上虞道墟 | 5134 | 5173 | 10307 | 5256 | 5029 | 10285 |
| 云龙—象山 | 10013 | 5356 | 15369 | 9367 | 5231 | 14598 |
| 灵峰—穿山港区 | 7653 | 12215 | 19868 | 7074 | 10627 | 17701 |
| 沈士枢纽—西塘桥 | 6942 | 10349 | 17291 | 7286 | 10318 | 17604 |
| 党湾—六工 | 2185 | 5974 | 8159 | 2244 | 5593 | 7837 |
| 沽渚枢纽—滨海新城北 | 2565 | 8322 | 10887 | 2199 | 6631 | 8830 |
| 千祥—永康东 | 5668 | 4489 | 10157 | 5513 | 4537 | 10050 |
| 傅村—义乌东 | 7741 | 8401 | 16142 | 8848 | 8338 | 17186 |
| 义乌—义乌东 | 7267 | 2922 | 10189 | 6862 | 2725 | 9587 |
| 温州西—阁巷 | 4708 | 7180 | 11888 | 4603 | 8413 | 13016 |
| 街亭—安华 | 1872 | 2143 | 4015 | 1930 | 2463 | 4393 |

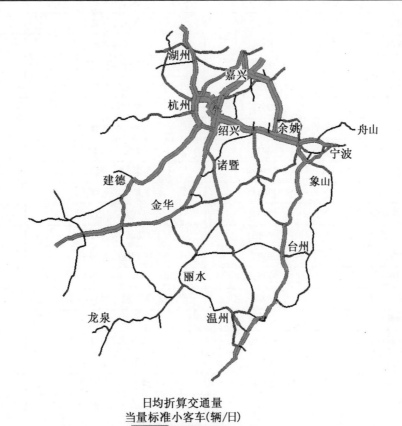

图 4-21　2019 年浙江省高速公路日均交通量

## 4.8 安徽省高速公路日均运输密度

**4.8.1** 2019年安徽省高速公路日均客运密度分布如表4-22和图4-22所示。

2019年安徽省高速公路日均客运密度　　　　　　　　表4-22

| 路段起止点 | 客运密度（人公里/公里） | 路段起止点 | 客运密度（人公里/公里） |
| --- | --- | --- | --- |
| 皖豫—皖苏 | 24780 | 皖苏—皖豫 | 24893 |
| 朱圩子—宿州 | 24329 | 宿州—朱圩子 | 24549 |
| 宿州—蚌埠 | 30695 | 蚌埠—宿州 | 30649 |
| 蚌埠—合肥 | 27343 | 合肥—蚌埠 | 27529 |
| 合肥—芜湖 | 37285 | 芜湖—合肥 | 38047 |
| 芜湖—苏皖 | 38151 | 苏皖—芜湖 | 37793 |
| 界首—蚌埠 | 33613 | 蚌埠—界首 | 31179 |
| 蚌埠—曹庄 | 61561 | 曹庄—蚌埠 | 64485 |
| 黄庄—阜阳 | 16095 | 阜阳—黄庄 | 16356 |
| 阜阳—淮南 | 46398 | 淮南—阜阳 | 44534 |
| 淮南—合肥 | 71863 | 合肥—淮南 | 70403 |
| 合肥—庐江 | 56188 | 庐江—合肥 | 55895 |
| 庐江—铜陵 | 17825 | 铜陵—庐江 | 18172 |
| 铜陵—黄山 | 16357 | 黄山—铜陵 | 16224 |
| 黄山—徽州 | 8274 | 徽州—黄山 | 8661 |
| 庐江—怀宁 | 31359 | 怀宁—庐江 | 31391 |
| 怀宁—宿松 | 26795 | 宿松—怀宁 | 26323 |
| 怀宁—安庆 | 32035 | 安庆—怀宁 | 33681 |
| 叶集—六安 | 39624 | 六安—叶集 | 38106 |
| 六安—合肥 | 58930 | 合肥—六安 | 61465 |
| 合肥—吴庄 | 35292 | 吴庄—合肥 | 35407 |
| 大顾店—长岭关 | 15143 | 长岭关—大顾店 | 14300 |
| 潜山互通—六安西 | 10232 | 六安西—潜山互通 | 10098 |
| 马鞍山—芜湖 | 47646 | 芜湖—马鞍山 | 47749 |
| 芜湖—铜陵 | 29396 | 铜陵—芜湖 | 28859 |
| 铜陵—安庆 | 31231 | 安庆—铜陵 | 29217 |
| 安庆—花园(皖赣省界) | 13988 | 花园(皖赣省界)—安庆 | 14087 |
| 宿州—泗县 | 13434 | 泗县—宿州 | 13762 |
| 合肥绕城(顺时针) | 56242 | 合肥绕城(逆时针) | 55516 |
| 亳鹿主线—亳永主线 | 10749 | 亳永主线—亳鹿主线 | 10759 |
| 宿州—淮永主线 | 22438 | 淮永主线—宿州 | 22641 |
| 芜湖—水阳 | 5794 | 水阳—芜湖 | 5657 |
| 阜阳南—临泉(皖豫省界) | 14614 | 临泉(皖豫省界)—阜阳南 | 13471 |
| 屯溪西—新安(皖赣省界) | 7642 | 新安(皖赣省界)—屯溪西 | 7227 |
| 巢湖互通—博望(皖苏省界) | 44438 | 博望(皖苏省界)—巢湖互通 | 44256 |

续上表

| 路段起止点 | 客运密度(人公里/公里) | 路段起止点 | 客运密度(人公里/公里) |
|---|---|---|---|
| 宣城互通—接宁绩 | 8709 | 接宁绩—宣城互通 | 8008 |
| 宁国—千秋关(皖浙省界) | 5861 | 千秋关(皖浙省界)—宁国 | 5245 |
| 明光互通—皖苏主线 | 11030 | 皖苏主线—明光互通 | 10887 |
| 潜山互通—香隅(皖赣省界) | 10223 | 香隅(皖赣省界)—潜山互通 | 9704 |
| 滁州互通—和县 | 10941 | 和县—滁州互通 | 12052 |
| 无为南—宣城 | 21526 | 宣城—无为南 | 22705 |
| 砀永主线—皖鲁主线 | 2996 | 皖鲁主线—砀永主线 | 3029 |
| 淮永主线—利辛东 | 7762 | 利辛东—淮永主线 | 7798 |
| 岳西互通—皖鄂主线 | 6597 | 皖鄂主线—岳西互通 | 6094 |
| 阜阳南—六安西 | 14995 | 六安西—阜阳南 | 14868 |
| 凤阳—淮南东 | 14032 | 淮南东—凤阳 | 14310 |
| 宁国—歙县东 | 6306 | 歙县东—宁国 | 6489 |
| 高店枢纽—凤台 | 6560 | 凤台—高店枢纽 | 6890 |

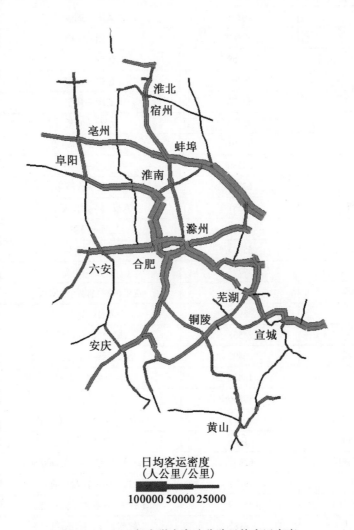

图 4-22  2019 年安徽省高速公路日均客运密度

### 4.8.2 2019 年安徽省高速公路日均货运密度分布如表 4-23 和图 4-23 所示。

2019 年安徽省高速公路日均货运密度　　　　　　　　表 4-23

| 路段起止点 | 货运密度（吨公里/公里） | 路段起止点 | 货运密度（吨公里/公里） |
|---|---|---|---|
| 皖豫—皖苏 | 50006 | 皖苏—皖豫 | 42892 |
| 朱圩子—宿州 | 64328 | 宿州—朱圩子 | 38553 |
| 宿州—蚌埠 | 63122 | 蚌埠—宿州 | 43409 |
| 蚌埠—合肥 | 64031 | 合肥—蚌埠 | 43737 |
| 合肥—芜湖 | 51932 | 芜湖—合肥 | 47830 |
| 芜湖—苏皖 | 47572 | 苏皖—芜湖 | 50821 |
| 界首—蚌埠 | 45539 | 蚌埠—界首 | 42119 |
| 蚌埠—曹庄 | 67170 | 曹庄—蚌埠 | 64423 |
| 黄庄—阜阳 | 30449 | 阜阳—黄庄 | 41456 |
| 阜阳—淮南 | 33461 | 淮南—阜阳 | 29240 |
| 淮南—合肥 | 29330 | 合肥—淮南 | 37846 |
| 合肥—庐江 | 81066 | 庐江—合肥 | 73715 |
| 庐江—铜陵 | 8010 | 铜陵—庐江 | 6444 |
| 铜陵—黄山 | 16268 | 黄山—铜陵 | 21500 |
| 黄山—徽州 | 22387 | 徽州—黄山 | 17314 |
| 庐江—怀宁 | 74259 | 怀宁—庐江 | 63533 |
| 怀宁—宿松 | 89260 | 宿松—怀宁 | 79922 |
| 怀宁—安庆 | 57675 | 安庆—怀宁 | 54208 |
| 叶集—六安 | 92573 | 六安—叶集 | 94665 |
| 六安—合肥 | 94201 | 合肥—六安 | 98406 |
| 合肥—吴庄 | 35530 | 吴庄—合肥 | 44431 |
| 大顾店—长岭关 | 67733 | 长岭关—大顾店 | 78024 |
| 潜山互通—六安西 | 26581 | 六安西—潜山互通 | 28263 |
| 马鞍山—芜湖 | 60188 | 芜湖—马鞍山 | 60314 |
| 芜湖—铜陵 | 55394 | 铜陵—芜湖 | 47235 |
| 铜陵—安庆 | 59791 | 安庆—铜陵 | 51691 |
| 安庆—花园（皖赣省界） | 54433 | 花园（皖赣省界）—安庆 | 43337 |
| 宿州—泗县 | 5927 | 泗县—宿州 | 5787 |
| 合肥绕城（顺时针） | 74538 | 合肥绕城（逆时针） | 68770 |
| 亳鹿主线—亳永主线 | 6892 | 亳永主线—亳鹿主线 | 7625 |
| 宿州—淮永主线 | 16482 | 淮永主线—宿州 | 17933 |
| 芜湖—水阳 | 15136 | 水阳—芜湖 | 17032 |
| 阜阳南—临泉（皖豫省界） | 10733 | 临泉（皖豫省界）—阜阳南 | 8558 |
| 屯溪西—新安（皖赣省界） | 1966 | 新安（皖赣省界）—屯溪西 | 3677 |
| 巢湖互通—博望（皖苏省界） | 62952 | 博望（皖苏省界）—巢湖互通 | 59495 |
| 宣城互通—接宁绩 | 9777 | 接宁绩—宣城互通 | 7525 |
| 宁国—千秋关（皖浙省界） | 6839 | 千秋关（皖浙省界）—宁国 | 3883 |
| 明光互通—皖苏主线 | 8182 | 皖苏主线—明光互通 | 10432 |

续上表

| 路段起止点 | 货运密度(吨公里/公里) | 路段起止点 | 货运密度(吨公里/公里) |
| --- | --- | --- | --- |
| 潜山互通—香隅(皖赣省界) | 19423 | 香隅(皖赣省界)—潜山互通 | 16225 |
| 滁州互通—和县 | 17392 | 和县—滁州互通 | 14246 |
| 无为南—宣城 | 30817 | 宣城—无为南 | 27470 |
| 砀永主线—皖鲁主线 | 8098 | 皖鲁主线—砀永主线 | 5226 |
| 淮永主线—利辛东 | 5776 | 利辛东—淮永主线 | 4139 |
| 岳西互通—皖鄂主线 | 12394 | 皖鄂主线—岳西互通 | 18909 |
| 阜阳南—六安西 | 31424 | 六安西—阜阳南 | 34323 |
| 凤阳—淮南东 | 14125 | 淮南东—凤阳 | 13751 |
| 宁国—歙县东 | 4516 | 歙县东—宁国 | 4690 |
| 高店枢纽—凤台 | 8137 | 凤台—高店枢纽 | 7850 |

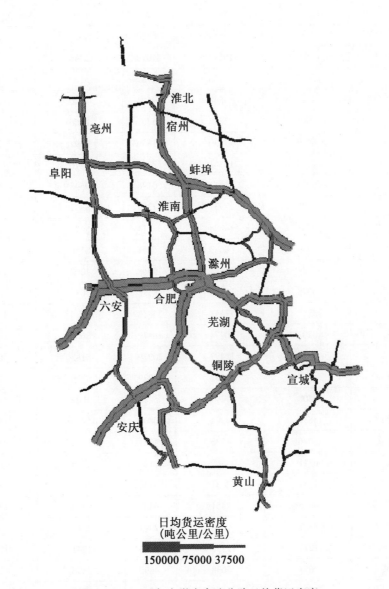

图 4-23　2019 年安徽省高速公路日均货运密度

### 4.8.3　2019年安徽省高速公路日均交通量分布如表4-24和图4-24所示。

2019年安徽省高速公路日均交通量　　　　　　表4-24

| 路段起止点 | 正向 | | | 反向 | | |
|---|---|---|---|---|---|---|
| | 客车折算交通量（辆/日） | 货车折算交通量（辆/日） | 小计 | 客车折算交通量（辆/日） | 货车折算交通量（辆/日） | 小计 |
| 皖豫—皖苏 | 6622 | 9326 | 15948 | 6522 | 9453 | 15975 |
| 朱圩子—宿州 | 7132 | 11062 | 18194 | 7226 | 10115 | 17341 |
| 宿州—蚌埠 | 8382 | 11572 | 19954 | 8392 | 10160 | 18552 |
| 蚌埠—合肥 | 7031 | 11776 | 18807 | 7059 | 10587 | 17646 |
| 合肥—芜湖 | 9464 | 10835 | 20299 | 9743 | 10374 | 20117 |
| 芜湖—苏皖 | 9747 | 10034 | 19781 | 9640 | 9886 | 19526 |
| 界首—蚌埠 | 7585 | 9243 | 16828 | 6951 | 8931 | 15882 |
| 蚌埠—曹庄 | 14509 | 13216 | 27725 | 15290 | 13436 | 28726 |
| 黄庄—阜阳 | 4553 | 7034 | 11587 | 4620 | 7726 | 12346 |
| 阜阳—淮南 | 12380 | 7384 | 19764 | 11792 | 7439 | 19231 |
| 淮南—合肥 | 20581 | 7819 | 28400 | 20022 | 8410 | 28432 |
| 合肥—庐江 | 15500 | 15519 | 31019 | 15346 | 15054 | 30400 |
| 庐江—铜陵 | 5027 | 2160 | 7187 | 5129 | 1659 | 6788 |
| 铜陵—黄山 | 4120 | 3568 | 7688 | 4106 | 3754 | 7860 |
| 黄山—徽州 | 2063 | 3644 | 5707 | 2166 | 3356 | 5522 |
| 庐江—怀宁 | 8509 | 13330 | 21839 | 8492 | 12796 | 21288 |
| 怀宁—宿松 | 7286 | 15561 | 22847 | 7116 | 15262 | 22378 |
| 怀宁—安庆 | 9084 | 11112 | 20196 | 9598 | 11045 | 20643 |
| 叶集—六安 | 9408 | 17931 | 27339 | 8831 | 17019 | 25850 |
| 六安—合肥 | 14709 | 18005 | 32714 | 15673 | 18663 | 34336 |
| 合肥—吴庄 | 7974 | 8687 | 16661 | 8156 | 8418 | 16574 |
| 大顾店—长岭关 | 4381 | 14687 | 19068 | 4092 | 13704 | 17796 |
| 潜山互通—六安西 | 3078 | 5310 | 8388 | 3032 | 5226 | 8258 |
| 马鞍山—芜湖 | 13237 | 13151 | 26388 | 13270 | 13300 | 26570 |
| 芜湖—铜陵 | 8201 | 10778 | 18979 | 8004 | 10236 | 18239 |
| 铜陵—安庆 | 8823 | 11497 | 20320 | 8185 | 10887 | 19072 |
| 安庆—花园(皖赣省界) | 4267 | 9562 | 13829 | 4259 | 9039 | 13298 |
| 宿州—泗县 | 3800 | 1493 | 5293 | 4003 | 1555 | 5558 |
| 合肥绕城(顺时针) | 15832 | 14974 | 30806 | 15493 | 15264 | 30757 |
| 亳鹿主线—亳永主线 | 3046 | 1735 | 4781 | 3052 | 1815 | 4867 |
| 宿州—淮永主线 | 6311 | 3809 | 10120 | 6263 | 4125 | 10388 |
| 芜湖—水阳 | 1757 | 2631 | 4388 | 1710 | 3089 | 4799 |
| 阜阳南—临泉(皖豫省界) | 4036 | 2451 | 6487 | 3695 | 2340 | 6035 |
| 屯溪西—新安(皖赣省界) | 2357 | 640 | 2997 | 2217 | 752 | 2969 |
| 巢湖互通—博望(皖苏省界) | 11277 | 12596 | 23873 | 11241 | 12384 | 23625 |
| 宣城互通—接宁绩 | 2657 | 2038 | 4695 | 2396 | 2168 | 4564 |
| 宁国—千秋关(皖浙省界) | 1791 | 1255 | 3046 | 1567 | 1440 | 3007 |

续上表

| 路段起止点 | 正 向 | | | 反 向 | | |
|---|---|---|---|---|---|---|
| | 客车折算交通量（辆/日） | 货车折算交通量（辆/日） | 小计 | 客车折算交通量（辆/日） | 货车折算交通量（辆/日） | 小计 |
| 明光互通—皖苏主线 | 3438 | 2091 | 5529 | 3404 | 2197 | 5601 |
| 潜山互通—香隅（皖赣省界） | 3242 | 3734 | 6976 | 3081 | 3502 | 6583 |
| 滁州互通—和县 | 3130 | 3920 | 7050 | 3325 | 3887 | 7212 |
| 无为南—宣城 | 5900 | 5681 | 11581 | 6298 | 5694 | 11992 |
| 砀永主线—皖鲁主线 | 1002 | 1386 | 2388 | 1018 | 1376 | 2394 |
| 淮永主线—利辛东 | 2352 | 1362 | 3714 | 2354 | 1426 | 3780 |
| 岳西互通—皖鄂主线 | 2107 | 3301 | 5408 | 1935 | 3090 | 5025 |
| 阜阳南—六安西 | 4465 | 6867 | 11332 | 4449 | 6943 | 11392 |
| 凤阳—淮南东 | 4119 | 3220 | 7339 | 4185 | 3314 | 7499 |
| 宁国—歙县东 | 1746 | 1014 | 2760 | 1789 | 1085 | 2874 |
| 高店枢纽—凤台 | 2062 | 1549 | 3611 | 2161 | 1691 | 3852 |

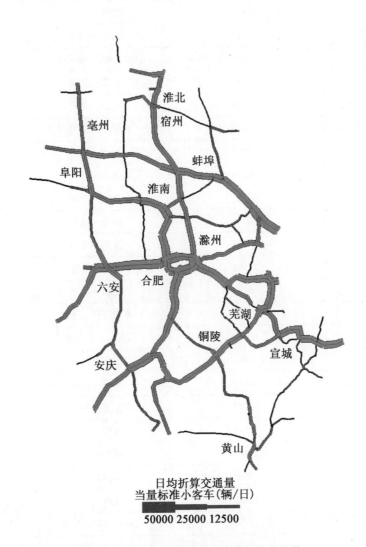

图 4-24  2019 年安徽省高速公路日均交通量

## 4.9 福建省高速公路日均运输密度

**4.9.1** 2019年福建省高速公路日均客运密度分布如表4-25和图4-25所示。

2019年福建省高速公路日均客运密度　　　表4-25

| 路段起止点 | 客运密度（人公里/公里） | 路段起止点 | 客运密度（人公里/公里） |
|---|---|---|---|
| 闽浙—福鼎 | 11413 | 福鼎—闽浙 | 7256 |
| 福鼎—霞浦 | 15321 | 霞浦—福鼎 | 12855 |
| 霞浦—宁德 | 17788 | 宁德—霞浦 | 16235 |
| 宁德—连江 | 24765 | 连江—宁德 | 23683 |
| 连江—闽侯 | 12025 | 闽侯—连江 | 17940 |
| 连江—福州 | 30687 | 福州—连江 | 30782 |
| 营前—福州机场 | 27717 | 福州机场—营前 | 44222 |
| 福州—莆田 | 36788 | 莆田—福州 | 36415 |
| 平潭—渔溪 | 15822 | 渔溪—平潭 | 15926 |
| 莆田—泉州 | 45266 | 泉州—莆田 | 44726 |
| 湄洲岛—仙游大济 | 10523 | 仙游大济—湄洲岛 | 10542 |
| 惠东—南安 | 16916 | 南安—惠东 | 17095 |
| 泉州—厦门 | 71609 | 厦门—泉州 | 71623 |
| 晋江龙湖—内坑 | 20425 | 内坑—晋江龙湖 | 20166 |
| 厦门—漳州 | 59857 | 漳州—厦门 | 58931 |
| 漳州—云霄 | 20168 | 云霄—漳州 | 18381 |
| 云霄—诏安 | 14703 | 诏安—云霄 | 13613 |
| 诏安—闽粤 | 10956 | 闽粤—诏安 | 9737 |
| 漳州—龙岩 | 21874 | 龙岩—漳州 | 21102 |
| 龙岩—新泉 | 21551 | 新泉—龙岩 | 22316 |
| 溪南—龙岩 | 6180 | 龙岩—溪南 | 5944 |
| 龙岩—永定下洋 | 5948 | 永定下洋—龙岩 | 5518 |
| 下道湖—古石 | 10294 | 古石—下道湖 | 10186 |
| 新泉—夏成闽赣 | 9481 | 夏成闽赣—新泉 | 8761 |
| 泉州—永春 | 35718 | 永春—泉州 | 34149 |
| 亭川—安溪龙门 | 19287 | 安溪龙门—亭川 | 18289 |
| 永春—永安 | 11144 | 永安—永春 | 10507 |
| 德化—蓬壶 | 15814 | 蓬壶—德化 | 17776 |
| 永安—泉南闽赣 | 7046 | 泉南闽赣—永安 | 6374 |
| 福州—青州 | 11651 | 青州—福州 | 11238 |
| 夏茂—闽赣省界 | 8775 | 闽赣省界—夏茂 | 8981 |
| 湾坞—屏南 | 5379 | 屏南—湾坞 | 6521 |

续上表

| 路段起止点 | 客运密度（人公里/公里） | 路段起止点 | 客运密度（人公里/公里） |
|---|---|---|---|
| 松溪旧县—建瓯东峰 | 3453 | 建瓯东峰—松溪旧县 | 3350 |
| 杨源—将口 | 3671 | 将口—杨源 | 3282 |
| 兴田—宁上闽赣 | 4779 | 宁上闽赣—兴田 | 4357 |
| 兴田—和平 | 5092 | 和平—兴田 | 4965 |
| 浦建闽浙—浦城 | 2139 | 浦城—浦建闽浙 | 1947 |
| 京台闽浙—浦城 | 3367 | 浦城—京台闽浙 | 2914 |
| 浦城—南平 | 6180 | 南平—浦城 | 6320 |
| 南平—三明 | 9744 | 三明—南平 | 9487 |
| 三明—永安 | 7107 | 永安—三明 | 7020 |
| 永安—新泉 | 4052 | 新泉—永安 | 3624 |
| 新泉—长深闽粤 | 5143 | 长深闽粤—新泉 | 4303 |
| 永春湖洋—安溪福田 | 9480 | 安溪福田—永春湖洋 | 8894 |
| 长泰枋洋—漳州西 | 6578 | 漳州西—长泰枋洋 | 6474 |
| 漳州西—沈海复线闽粤 | 11299 | 沈海复线闽粤—漳州西 | 10949 |
| 福州南—永泰梧桐 | 18688 | 永泰梧桐—福州南 | 18061 |
| 涵江江口—仙游榜头 | 4324 | 仙游榜头—涵江江口 | 4080 |
| 仙游龙华—亭川 | 6033 | 亭川—仙游龙华 | 5984 |
| 仙游大济—湖洋 | 6476 | 湖洋—仙游大济 | 6321 |
| 南安—水头 | 16228 | 水头—南安 | 15928 |
| 惠安—樟井 | 10848 | 樟井—惠安 | 11031 |
| 厦门—长泰枋洋 | 17138 | 长泰枋洋—厦门 | 16858 |
| 长泰—厦门 | 14338 | 厦门—长泰 | 14446 |
| 桃源—漳平 | 3671 | 漳平—桃源 | 3954 |
| 漳平—华安开发区 | 6465 | 华安开发区—漳平 | 6463 |
| 东山岛—东山 | 7732 | 东山—东山岛 | 7565 |
| 南靖靖城—龙海东泗 | 3286 | 龙海东泗—南靖靖城 | 2890 |
| 莆田—秀屿棣头 | 6859 | 秀屿棣头—莆田 | 7054 |
| 安溪东—南安 | 16980 | 南安—安溪东 | 16976 |
| 建瓯—闽侯甘蔗 | 8723 | 闽侯甘蔗—建瓯 | 8644 |
| 福安—拓荣 | 4900 | 拓荣—福安 | 4365 |
| 寿宁犀溪—福安 | 2653 | 福安—寿宁犀溪 | 3088 |
| 飞鸾—连江 | 5620 | 连江—飞鸾 | 4988 |
| 海沧—紫泥 | 16019 | 紫泥—海沧 | 15234 |
| 厦漳大桥—漳州港 | 13325 | 漳州港—厦漳大桥 | 18072 |
| 古武闽赣—武平 | 2258 | 武平—古武闽赣 | 2664 |
| 浦建闽赣—泰宁 | 2067 | 泰宁—浦建闽赣 | 1903 |

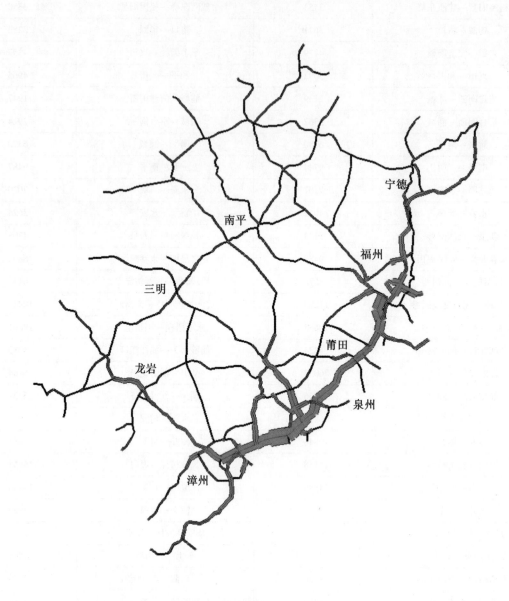

图 4-25 2019 年福建省高速公路日均客运密度

### 4.9.2 2019年福建省高速公路日均货运密度分布如表 4-26 和图 4-26 所示。

**2019年福建省高速公路日均货运密度**　　　　表 4-26

| 路段起止点 | 货运密度<br>（吨公里/公里） | 路段起止点 | 货运密度<br>（吨公里/公里） |
|---|---|---|---|
| 闽浙—福鼎 | 73238 | 福鼎—闽浙 | 66415 |
| 福鼎—霞浦 | 70092 | 霞浦—福鼎 | 70840 |
| 霞浦—宁德 | 61102 | 宁德—霞浦 | 65215 |
| 宁德—连江 | 52944 | 连江—宁德 | 55350 |
| 连江—闽侯 | 8877 | 闽侯—连江 | 8914 |
| 连江—福州 | 51259 | 福州—连江 | 51182 |
| 营前—福州机场 | 6609 | 福州机场—营前 | 6469 |
| 福州—莆田 | 65564 | 莆田—福州 | 69440 |
| 平潭—渔溪 | 3085 | 渔溪—平潭 | 7434 |
| 莆田—泉州 | 73741 | 泉州—莆田 | 72422 |
| 湄洲岛—仙游大济 | 8238 | 仙游大济—湄洲岛 | 8857 |
| 惠东—南安 | 7059 | 南安—惠东 | 6931 |
| 泉州—厦门 | 74647 | 厦门—泉州 | 74997 |
| 晋江龙湖—内坑 | 8607 | 内坑—晋江龙湖 | 10316 |
| 厦门—漳州 | 55471 | 漳州—厦门 | 58627 |
| 漳州—云霄 | 21284 | 云霄—漳州 | 17026 |
| 云霄—诏安 | 24314 | 诏安—云霄 | 16254 |
| 诏安—闽粤 | 31043 | 闽粤—诏安 | 17306 |
| 漳州—龙岩 | 30699 | 龙岩—漳州 | 30665 |
| 龙岩—新泉 | 20165 | 新泉—龙岩 | 15335 |
| 溪南—龙岩 | 7409 | 龙岩—溪南 | 11103 |
| 龙岩—永定下洋 | 3281 | 永定下洋—龙岩 | 2587 |
| 下道湖—古石 | 3851 | 古石—下道湖 | 2751 |
| 新泉—夏成闽赣 | 13868 | 夏成闽赣—新泉 | 10424 |
| 泉州—永春 | 32103 | 永春—泉州 | 33104 |
| 亭川—安溪龙门 | 10825 | 安溪龙门—亭川 | 10910 |
| 永春—永安 | 27450 | 永安—永春 | 39123 |
| 德化—蓬壶 | 30630 | 蓬壶—德化 | 35659 |
| 永安—泉南闽赣 | 17009 | 泉南闽赣—永安 | 14356 |
| 福州—青州 | 18703 | 青州—福州 | 24895 |
| 夏茂—闽赣省界 | 19170 | 闽赣省界—夏茂 | 20455 |
| 湾坞—屏南 | 5012 | 屏南—湾坞 | 6951 |
| 松溪旧县—建瓯东峰 | 4266 | 建瓯东峰—松溪旧县 | 4573 |
| 杨源—将口 | 5044 | 将口—杨源 | 7020 |

续上表

| 路段起止点 | 货运密度<br>（吨公里/公里） | 路段起止点 | 货运密度<br>（吨公里/公里） |
| --- | --- | --- | --- |
| 兴田—宁上闽赣 | 6151 | 宁上闽赣—兴田 | 7855 |
| 兴田—和平 | 3554 | 和平—兴田 | 4944 |
| 浦建闽浙—浦城 | 810 | 浦城—浦建闽浙 | 1185 |
| 京台闽浙—浦城 | 24244 | 浦城—京台闽浙 | 14315 |
| 浦城—南平 | 16736 | 南平—浦城 | 17473 |
| 南平—三明 | 20475 | 三明—南平 | 24314 |
| 三明—永安 | 13370 | 永安—三明 | 15004 |
| 永安—新泉 | 9514 | 新泉—永安 | 8972 |
| 新泉—长深闽粤 | 10680 | 长深闽粤—新泉 | 9180 |
| 永春湖洋—安溪福田 | 14615 | 安溪福田—永春湖洋 | 27861 |
| 长泰枋洋—漳州西 | 7392 | 漳州西—长泰枋洋 | 6957 |
| 漳州西—沈海复线闽粤 | 29458 | 沈海复线闽粤—漳州西 | 36802 |
| 福州南—永泰梧桐 | 6279 | 永泰梧桐—福州南 | 8636 |
| 涵江江口—仙游榜头 | 2293 | 仙游榜头—涵江江口 | 3854 |
| 仙游龙华—亭川 | 3158 | 亭川—仙游龙华 | 4429 |
| 仙游大济—湖洋 | 16689 | 湖洋—仙游大济 | 31130 |
| 南安—水头 | 9910 | 水头—南安 | 12060 |
| 惠安—樟井 | 5979 | 樟井—惠安 | 4236 |
| 厦门—长泰枋洋 | 8659 | 长泰枋洋—厦门 | 10994 |
| 长泰—厦门 | 8944 | 厦门—长泰 | 11329 |
| 桃源—漳平 | 11378 | 漳平—桃源 | 14923 |
| 漳平—华安开发区 | 7795 | 华安开发区—漳平 | 9753 |
| 东山岛—东山 | 1815 | 东山—东山岛 | 2045 |
| 南靖靖城—龙海东泗 | 2245 | 龙海东泗—南靖靖城 | 2354 |
| 莆田—秀屿埭头 | 1296 | 秀屿埭头—莆田 | 1168 |
| 安溪东—南安 | 2603 | 南安—安溪东 | 3509 |
| 建瓯—闽侯甘蔗 | 21318 | 闽侯甘蔗—建瓯 | 16658 |
| 福安—拓荣 | 6322 | 拓荣—福安 | 4848 |
| 寿宁犀溪—福安 | 1675 | 福安—寿宁犀溪 | 2736 |
| 飞鸾—连江 | 7932 | 连江—飞鸾 | 9237 |
| 海沧—紫泥 | 24715 | 紫泥—海沧 | 20537 |
| 厦漳大桥—漳州港 | 2808 | 漳州港—厦漳大桥 | 6983 |
| 古武闽赣—武平 | 2100 | 武平—古武闽赣 | 2420 |
| 浦建闽赣—泰宁 | 2322 | 泰宁—浦建闽赣 | 1880 |

第4章 部分省(直辖市)高速公路日均运输密度

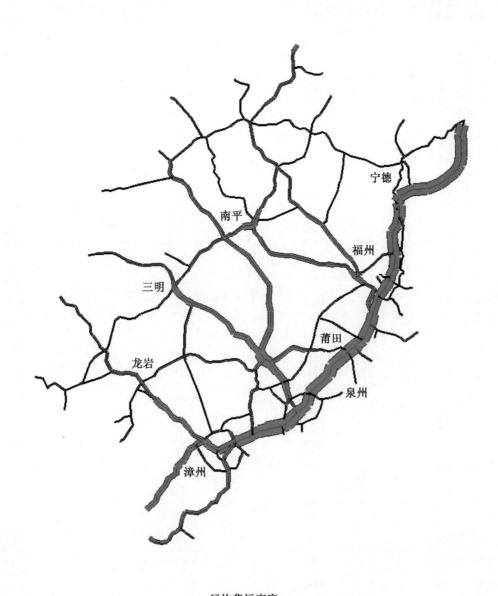

图 4-26 2019 年福建省高速公路日均货运密度

### 4.9.3 2019年福建省高速公路日均道路负荷分布如表4-27和图4-27所示。

2019年福建省高速公路日均轴载  表4-27

| 路段起止点 | 轴载（标准轴载当量轴次/日） | 路段起止点 | 轴载（标准轴载当量轴次/日） |
| --- | --- | --- | --- |
| 闽浙—福鼎 | 9814 | 福鼎—闽浙 | 8386 |
| 福鼎—霞浦 | 9433 | 霞浦—福鼎 | 9091 |
| 霞浦—宁德 | 8187 | 宁德—霞浦 | 8362 |
| 宁德—连江 | 7071 | 连江—宁德 | 7297 |
| 连江—闽侯 | 1232 | 闽侯—连江 | 1875 |
| 连江—福州 | 6848 | 福州—连江 | 6638 |
| 营前—福州机场 | 938 | 福州机场—营前 | 892 |
| 福州—莆田 | 8890 | 莆田—福州 | 9069 |
| 平潭—渔溪 | 471 | 渔溪—平潭 | 1210 |
| 莆田—泉州 | 10073 | 泉州—莆田 | 9664 |
| 湄洲岛—仙游大济 | 1129 | 仙游大济—湄洲岛 | 1282 |
| 惠东—南安 | 953 | 南安—惠东 | 964 |
| 泉州—厦门 | 10428 | 厦门—泉州 | 10379 |
| 晋江龙湖—内坑 | 1199 | 内坑—晋江龙湖 | 1397 |
| 厦门—漳州 | 7854 | 漳州—厦门 | 7975 |
| 漳州—云霄 | 3132 | 云霄—漳州 | 2648 |
| 云霄—诏安 | 3553 | 诏安—云霄 | 2748 |
| 诏安—闽粤 | 4417 | 闽粤—诏安 | 2458 |
| 漳州—龙岩 | 4729 | 龙岩—漳州 | 5011 |
| 龙岩—新泉 | 2938 | 新泉—龙岩 | 2092 |
| 溪南—龙岩 | 1067 | 龙岩—溪南 | 1626 |
| 龙岩—永定下洋 | 451 | 永定下洋—龙岩 | 379 |
| 下道湖—古石 | 510 | 古石—下道湖 | 405 |
| 新泉—夏成闽赣 | 2034 | 夏成闽赣—新泉 | 1392 |
| 泉州—永春 | 4138 | 永春—泉州 | 4754 |
| 亭川—安溪龙门 | 1535 | 安溪龙门—亭川 | 1547 |
| 永春—永安 | 3741 | 永安—永春 | 5815 |
| 德化—蓬壶 | 4290 | 蓬壶—德化 | 4623 |
| 永安—泉南闽赣 | 2144 | 泉南闽赣—永安 | 1913 |
| 福州—青州 | 2784 | 青州—福州 | 3548 |
| 夏茂—闽赣省界 | 2224 | 闽赣省界—夏茂 | 2766 |
| 湾坞—屏南 | 689 | 屏南—湾坞 | 945 |
| 松溪旧县—建瓯东峰 | 548 | 建瓯东峰—松溪旧县 | 620 |
| 杨源—将口 | 684 | 将口—杨源 | 941 |

续上表

| 路段起止点 | 轴载（标准轴载当量轴次/日） | 路段起止点 | 轴载（标准轴载当量轴次/日） |
|---|---|---|---|
| 兴田—宁上闽赣 | 762 | 宁上闽赣—兴田 | 1055 |
| 兴田—和平 | 477 | 和平—兴田 | 657 |
| 浦建闽浙—浦城 | 102 | 浦城—浦建闽浙 | 158 |
| 京台闽浙—浦城 | 3113 | 浦城—京台闽浙 | 1783 |
| 浦城—南平 | 2164 | 南平—浦城 | 2236 |
| 南平—三明 | 2750 | 三明—南平 | 3273 |
| 三明—永安 | 1779 | 永安—三明 | 1953 |
| 永安—新泉 | 1259 | 新泉—永安 | 1121 |
| 新泉—长深闽粤 | 1422 | 长深闽粤—新泉 | 1156 |
| 永春湖洋—安溪福田 | 2112 | 安溪福田—永春湖洋 | 4184 |
| 长泰枋洋—漳州西 | 1072 | 漳州西—长泰枋洋 | 1065 |
| 漳州西—沈海复线闽粤 | 3836 | 沈海复线闽粤—漳州西 | 4688 |
| 福州南—永泰梧桐 | 969 | 永泰梧桐—福州南 | 1290 |
| 涵江江口—仙游榜头 | 350 | 仙游榜头—涵江江口 | 574 |
| 仙游龙华—亭川 | 471 | 亭川—仙游龙华 | 654 |
| 仙游大济—湖洋 | 2446 | 湖洋—仙游大济 | 4770 |
| 南安—水头 | 1440 | 水头—南安 | 1756 |
| 惠安—樟井 | 806 | 樟井—惠安 | 581 |
| 厦门—长泰枋洋 | 1298 | 长泰枋洋—厦门 | 1526 |
| 长泰—厦门 | 1328 | 厦门—长泰 | 1667 |
| 桃源—漳平 | 1601 | 漳平—桃源 | 2058 |
| 漳平—华安开发区 | 1092 | 华安开发区—漳平 | 1367 |
| 东山岛—东山 | 287 | 东山—东山岛 | 339 |
| 南靖靖城—龙海东泗 | 316 | 龙海东泗—南靖靖城 | 358 |
| 莆田—秀屿棣头 | 217 | 秀屿棣头—莆田 | 178 |
| 安溪东—南安 | 352 | 南安—安溪东 | 519 |
| 建瓯—闽侯甘蔗 | 2909 | 闽侯甘蔗—建瓯 | 2356 |
| 福安—拓荣 | 895 | 拓荣—福安 | 696 |
| 寿宁犀溪—福安 | 229 | 福安—寿宁犀溪 | 377 |
| 飞鸾—连江 | 1133 | 连江—飞鸾 | 1276 |
| 海沧—紫泥 | 3710 | 紫泥—海沧 | 3101 |
| 厦漳大桥—漳州港 | 456 | 漳州港—厦漳大桥 | 1044 |
| 古武闽赣—武平 | 290 | 武平—古武闽赣 | 322 |
| 浦建闽赣—泰宁 | 303 | 泰宁—浦建闽赣 | 233 |

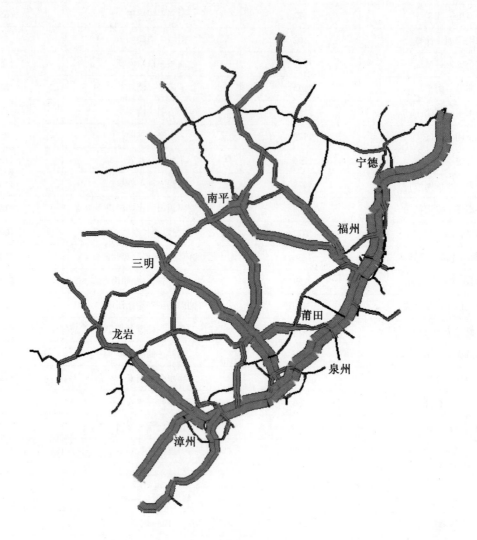

图 4-27　2019 年福建省高速公路日均轴载

## 4.9.4 2019年福建省高速公路日均交通量分布如表4-28和图4-28所示。

2019年福建省高速公路日均交通量  表4-28

| 路段起止点 | 正向 | | | 反向 | | |
|---|---|---|---|---|---|---|
| | 客车折算交通量（辆/日） | 货车折算交通量（辆/日） | 小计 | 客车折算交通量（辆/日） | 货车折算交通量（辆/日） | 小计 |
| 闽浙—福鼎 | 3376 | 13450 | 16826 | 2017 | 12580 | 14597 |
| 福鼎—霞浦 | 4238 | 13273 | 17511 | 3481 | 13495 | 16976 |
| 霞浦—宁德 | 5027 | 12625 | 17652 | 4579 | 12617 | 17196 |
| 宁德—连江 | 7103 | 11548 | 18651 | 6789 | 11575 | 18364 |
| 连江—闽侯 | 3490 | 2196 | 5686 | 5295 | 2367 | 7662 |
| 连江—福州 | 9401 | 11709 | 21110 | 9286 | 12098 | 21384 |
| 营前—福州机场 | 8551 | 3436 | 11987 | 12974 | 3330 | 16304 |
| 福州—莆田 | 10961 | 15936 | 26897 | 10874 | 15798 | 26672 |
| 平潭—渔溪 | 4620 | 2047 | 6667 | 4652 | 1963 | 6615 |
| 莆田—泉州 | 13617 | 18697 | 32314 | 13536 | 17853 | 31389 |
| 湄洲岛—仙游大济 | 3429 | 2385 | 5814 | 3408 | 2108 | 5516 |
| 惠东—南安 | 5838 | 2627 | 8465 | 5922 | 2559 | 8481 |
| 泉州—厦门 | 22045 | 20938 | 42983 | 21917 | 20817 | 42734 |
| 晋江龙湖—内坑 | 6912 | 3778 | 10690 | 6836 | 3868 | 10704 |
| 厦门—漳州 | 17482 | 16049 | 33531 | 17130 | 15923 | 33053 |
| 漳州—云霄 | 5751 | 5325 | 11076 | 5187 | 4742 | 9929 |
| 云霄—诏安 | 3860 | 5179 | 9039 | 3508 | 4450 | 7958 |
| 诏安—闽粤 | 2506 | 5652 | 8158 | 2184 | 4390 | 6574 |
| 漳州—龙岩 | 5941 | 7660 | 13601 | 5690 | 6905 | 12595 |
| 龙岩—新泉 | 5686 | 4244 | 9930 | 5914 | 4182 | 10096 |
| 溪南—龙岩 | 2040 | 2255 | 4295 | 1986 | 2428 | 4414 |
| 龙岩—永定下洋 | 1730 | 877 | 2607 | 1664 | 974 | 2638 |
| 下道湖—古石 | 2944 | 1122 | 4066 | 2896 | 1278 | 4174 |
| 新泉—夏成闽赣 | 2207 | 2576 | 4783 | 2029 | 2236 | 4265 |
| 泉州—永春 | 11203 | 8457 | 19660 | 10687 | 8096 | 18783 |
| 亭川—安溪龙门 | 6358 | 3125 | 9483 | 5967 | 3130 | 9097 |
| 永春—永安 | 3105 | 6353 | 9458 | 2902 | 6229 | 9131 |
| 德化—蓬壶 | 4983 | 6778 | 11761 | 5349 | 7578 | 12927 |
| 永安—泉南闽赣 | 1930 | 2934 | 4864 | 1724 | 2641 | 4365 |
| 福州—青州 | 3449 | 4880 | 8329 | 3317 | 5273 | 8590 |
| 夏茂—闽赣省界 | 2181 | 4057 | 6238 | 2197 | 4214 | 6411 |
| 湾坞—屏南 | 1500 | 1313 | 2813 | 1733 | 1639 | 3372 |
| 松溪旧县—建瓯东峰 | 1043 | 1178 | 2221 | 1008 | 1012 | 2020 |
| 杨源—将口 | 1070 | 1177 | 2247 | 950 | 1358 | 2308 |

续上表

| 路段起止点 | 正向 | | | 反向 | | |
|---|---|---|---|---|---|---|
| | 客车折算交通量（辆/日） | 货车折算交通量（辆/日） | 小计 | 客车折算交通量（辆/日） | 货车折算交通量（辆/日） | 小计 |
| 兴田—宁上闽赣 | 1358 | 1428 | 2786 | 1238 | 1616 | 2854 |
| 兴田—和平 | 1442 | 1006 | 2448 | 1405 | 1126 | 2531 |
| 浦建闽浙—浦城 | 672 | 284 | 956 | 622 | 286 | 908 |
| 京台闽浙—浦城 | 960 | 4096 | 5056 | 782 | 2803 | 3585 |
| 浦城—南平 | 1809 | 3379 | 5188 | 1798 | 3476 | 5274 |
| 南平—三明 | 2750 | 4931 | 7681 | 2663 | 4806 | 7469 |
| 三明—永安 | 2061 | 2970 | 5031 | 2081 | 3149 | 5230 |
| 永安—新泉 | 1185 | 1756 | 2941 | 1076 | 1796 | 2872 |
| 新泉—长深闽粤 | 1555 | 1947 | 3502 | 1284 | 1933 | 3217 |
| 永春湖洋—安溪福田 | 3011 | 4283 | 7294 | 2838 | 4646 | 7484 |
| 长泰枋洋—漳州西 | 2115 | 2052 | 4167 | 2070 | 1961 | 4031 |
| 漳州西—沈海复线闽粤 | 3666 | 6187 | 9853 | 3532 | 7695 | 11227 |
| 福州南—永泰梧桐 | 5954 | 2382 | 8336 | 5732 | 2380 | 8112 |
| 涵江江口—仙游榜头 | 1358 | 840 | 2198 | 1275 | 837 | 2112 |
| 仙游龙华—亭川 | 2008 | 1266 | 3274 | 1987 | 1251 | 3238 |
| 仙游大济—湖洋 | 1963 | 4910 | 6873 | 1915 | 4783 | 6698 |
| 南安—水头 | 5479 | 3590 | 9069 | 5391 | 3514 | 8905 |
| 惠安—樟井 | 3797 | 2114 | 5911 | 3871 | 2067 | 5938 |
| 厦门—长泰枋洋 | 5453 | 3012 | 8465 | 5388 | 2870 | 8258 |
| 长泰—厦门 | 4456 | 3082 | 7538 | 4529 | 3589 | 8118 |
| 桃源—漳平 | 1054 | 2206 | 3260 | 1199 | 2749 | 3948 |
| 漳平—华安开发区 | 1843 | 1635 | 3478 | 1887 | 2092 | 3979 |
| 东山岛—东山 | 2489 | 950 | 3439 | 2413 | 735 | 3148 |
| 南靖靖城—龙海东泗 | 1056 | 902 | 1958 | 972 | 856 | 1828 |
| 莆田—秀屿棣头 | 2302 | 630 | 2932 | 2362 | 664 | 3026 |
| 安溪东—南安 | 5565 | 1806 | 7371 | 5564 | 1856 | 7420 |
| 建瓯—闽侯甘蔗 | 2649 | 4314 | 6963 | 2632 | 3583 | 6215 |
| 福安—拓荣 | 1542 | 1475 | 3017 | 1358 | 1328 | 2686 |
| 寿宁犀溪—福安 | 791 | 565 | 1356 | 935 | 634 | 1569 |
| 飞鸾—连江 | 1683 | 2503 | 4186 | 1459 | 2156 | 3615 |
| 海沧—紫泥 | 4541 | 6247 | 10788 | 4297 | 5432 | 9729 |
| 厦漳大桥—漳州港 | 4369 | 1659 | 6028 | 5890 | 2436 | 8326 |
| 古武闽赣—武平 | 757 | 607 | 1364 | 899 | 598 | 1497 |
| 浦建闽赣—泰宁 | 668 | 559 | 1227 | 601 | 441 | 1042 |

# 第4章 部分省(直辖市)高速公路日均运输密度

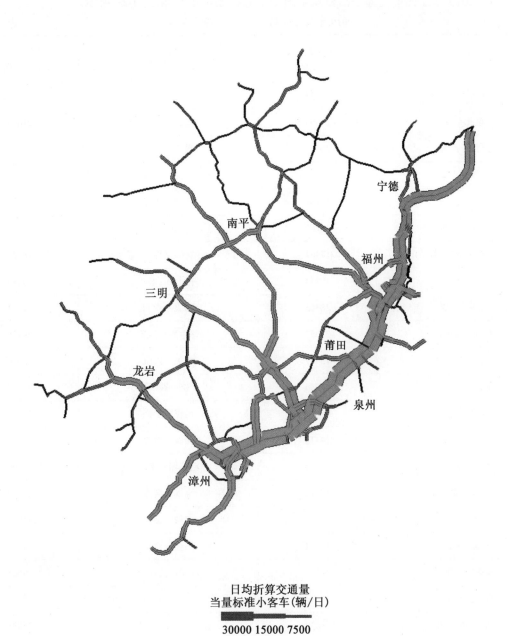

图 4-28　2019 年福建省高速公路日均交通量

## 4.10 江西省高速公路日均运输密度

**4.10.1** 2019年江西省高速公路日均客运密度分布如表4-29和图4-29所示。

2019年江西省高速公路日均客运密度　　表4-29

| 路段起止点 | 客运密度（人公里/公里） | 路段起止点 | 客运密度（人公里/公里） |
| --- | --- | --- | --- |
| 九江—南昌 | 39938 | 南昌—九江 | 43657 |
| 南昌北—厚田 | 21699 | 厚田—南昌北 | 21603 |
| 厚田—昌傅 | 25562 | 昌傅—厚田 | 25024 |
| 昌傅—吉安 | 20094 | 吉安—昌傅 | 19356 |
| 吉安—赣鄂 | 13709 | 赣鄂—吉安 | 10321 |
| 吉安—泰和 | 35183 | 泰和—吉安 | 37544 |
| 泰和—石城站(赣闽界) | 17467 | 石城站(赣闽界)—泰和 | 18228 |
| 泰和—井冈山 | 10854 | 井冈山—泰和 | 10289 |
| 泰和—南康 | 28345 | 南康—泰和 | 31133 |
| 南康—赣粤界 | 27957 | 赣粤界—南康 | 29906 |
| 南康—梅关 | 13457 | 梅关—南康 | 13616 |
| 赣浙界—上饶 | 42736 | 上饶—赣浙界 | 39105 |
| 上饶—鹰潭 | 41613 | 鹰潭—上饶 | 39494 |
| 鹰潭—赣皖 | 14472 | 赣皖—鹰潭 | 14651 |
| 鹰潭—温家圳 | 24326 | 温家圳—鹰潭 | 23795 |
| 鹰潭—金溪 | 15312 | 金溪—鹰潭 | 15469 |
| 金溪—南城 | 14778 | 南城—金溪 | 14988 |
| 南城—瑞金 | 14224 | 瑞金—南城 | 14558 |
| 温家圳—厚田 | 9244 | 厚田—温家圳 | 9603 |
| 机场互通—温家圳(顺时针) | 30393 | 温家圳(顺时针)—机场互通 | 30459 |
| 南昌(长坡)—生米 | 38638 | 生米—南昌(长坡) | 36838 |
| 生米—梅岭 | 29002 | 梅岭—生米 | 28281 |
| 乐化—南昌(长坡) | 53874 | 南昌(长坡)—乐化 | 62426 |
| 九江—景德镇 | 25887 | 景德镇—九江 | 26372 |
| 景德镇—婺源 | 25673 | 婺源—景德镇 | 26529 |
| 婺源—塔岭 | 12432 | 塔岭—婺源 | 10978 |
| 婺源—白沙关 | 20474 | 白沙关—婺源 | 22657 |
| 温家圳—抚州 | 22184 | 抚州—温家圳 | 21596 |

续上表

| 路段起止点 | 客运密度<br>（人公里/公里） | 路段起止点 | 客运密度<br>（人公里/公里） |
|---|---|---|---|
| 抚州—南城 | 20945 | 南城—抚州 | 18240 |
| 南城—赣闽界 | 15423 | 赣闽界—南城 | 14847 |
| 昌傅—新余 | 30030 | 新余—昌傅 | 28649 |
| 新余—宜春 | 31612 | 宜春—新余 | 29753 |
| 宜春—萍乡 | 28974 | 萍乡—宜春 | 28017 |
| 萍乡—赣湘界 | 31635 | 赣湘界—萍乡 | 29804 |
| 湖口—彭泽 | 10957 | 彭泽—湖口 | 11196 |
| 赣州北—崇义 | 18188 | 崇义—赣州北 | 16985 |
| 崇义—崇义西站（赣湘界） | 4223 | 崇义西站（赣湘界）—崇义 | 3584 |
| 赣州北—赣县 | 23484 | 赣县—赣州北 | 24819 |
| 赣县—南康东（顺时针） | 20377 | 南康东（顺时针）—赣县 | 20698 |
| 赣县—会昌北 | 22290 | 会昌北—赣县 | 22647 |
| 会昌—南桥站（赣粤界） | 9749 | 南桥站（赣粤界）—会昌 | 8903 |
| 德兴—南昌东 | 24608 | 南昌东—德兴 | 23866 |
| 南昌西—奉新 | 21282 | 奉新—南昌西 | 15940 |
| 奉新—天宝 | 5953 | 天宝—奉新 | 5748 |
| 天宝—铜鼓西站（赣湘界） | 6674 | 铜鼓西站（赣湘界）—天宝 | 6922 |
| 上饶—赣闽界 | 12287 | 赣闽界—上饶 | 13240 |
| 九江县—赣鄂界 | 12849 | 赣鄂界—九江县 | 11426 |
| 军山枢纽—武宁 | 8624 | 武宁—军山枢纽 | 8019 |
| 瑞金西—隘岭站（赣闽界） | 8999 | 隘岭站（赣闽界）—瑞金西 | 9724 |
| 泰和—界化垄站（赣湘界） | 20640 | 界化垄站（赣湘界）—泰和 | 19914 |
| 临川南—乐安 | 4099 | 乐安—临川南 | 3986 |
| 乐安—吉安北 | 5881 | 吉安北—乐安 | 5207 |
| 龙南—安远 | 8128 | 安远—龙南 | 7444 |
| 星子—姑塘 | 4548 | 姑塘—星子 | 4638 |
| 南昌—万载 | 18568 | 万载—南昌 | 18676 |
| 万载—上栗 | 8562 | 上栗—万载 | 8450 |
| 樟树—东乡 | 14168 | 东乡—樟树 | 14563 |
| 宁都—东江源 | 14523 | 东江源—宁都 | 15496 |
| 宁都—南昌南 | 25387 | 南昌南—宁都 | 26857 |

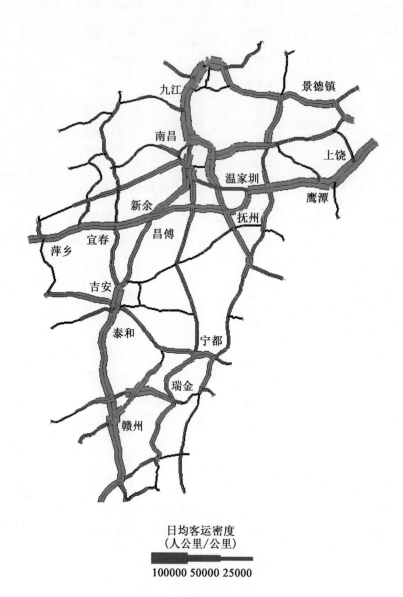

图 4-29　2019 年江西省高速公路日均客运密度

## 4.10.2 2019年江西省高速公路日均货运密度分布如表4-30和图4-30所示。

2019年江西省高速公路日均货运密度  表4-30

| 路段起止点 | 货运密度（吨公里/公里） | 路段起止点 | 货运密度（吨公里/公里） |
| --- | --- | --- | --- |
| 九江—南昌 | 91787 | 南昌—九江 | 72914 |
| 南昌北—厚田 | 52748 | 厚田—南昌北 | 52982 |
| 厚田—昌傅 | 37873 | 昌傅—厚田 | 35182 |
| 昌傅—吉安 | 56047 | 吉安—昌傅 | 51419 |
| 吉安—赣鄂 | 15159 | 赣鄂—吉安 | 20593 |
| 吉安—泰和 | 75719 | 泰和—吉安 | 66123 |
| 泰和—石城站(赣闽界) | 30925 | 石城站(赣闽界)—泰和 | 35539 |
| 泰和—井冈山 | 764 | 井冈山—泰和 | 752 |
| 泰和—南康 | 99076 | 南康—泰和 | 84025 |
| 南康—赣粤界 | 37950 | 赣粤界—南康 | 30133 |
| 南康—梅关 | 76304 | 梅关—南康 | 78793 |
| 赣浙界—上饶 | 147392 | 上饶—赣浙界 | 149435 |
| 上饶—鹰潭 | 138267 | 鹰潭—上饶 | 145456 |
| 鹰潭—赣皖 | 33078 | 赣皖—鹰潭 | 40907 |
| 鹰潭—温家圳 | 54814 | 温家圳—鹰潭 | 62576 |
| 鹰潭—金溪 | 73249 | 金溪—鹰潭 | 68263 |
| 金溪—南城 | 67870 | 南城—金溪 | 65324 |
| 南城—瑞金 | 49090 | 瑞金—南城 | 45734 |
| 温家圳—厚田 | 11948 | 厚田—温家圳 | 18963 |
| 机场互通—温家圳(顺时针) | 42254 | 温家圳(顺时针)—机场互通 | 30006 |
| 南昌(长埭)—生米 | 54772 | 生米—南昌(长埭) | 48758 |
| 生米—梅岭 | 34581 | 梅岭—生米 | 35150 |
| 乐化—南昌(长埭) | 80513 | 南昌(长埭)—乐化 | 71396 |
| 九江—景德镇 | 32143 | 景德镇—九江 | 27006 |
| 景德镇—婺源 | 22604 | 婺源—景德镇 | 17391 |
| 婺源—塔岭 | 6379 | 塔岭—婺源 | 5711 |
| 婺源—白沙关 | 21114 | 白沙关—婺源 | 17154 |
| 温家圳—抚州 | 24900 | 抚州—温家圳 | 18095 |
| 抚州—南城 | 24077 | 南城—抚州 | 17997 |
| 南城—赣闽界 | 27544 | 赣闽界—南城 | 25243 |
| 昌傅—新余 | 40284 | 新余—昌傅 | 36261 |
| 新余—宜春 | 43574 | 宜春—新余 | 36984 |
| 宜春—萍乡 | 57120 | 萍乡—宜春 | 48509 |
| 萍乡—赣湘界 | 62029 | 赣湘界—萍乡 | 48035 |
| 湖口—彭泽 | 25207 | 彭泽—湖口 | 29878 |
| 赣州北—崇义 | 9801 | 崇义—赣州北 | 8977 |
| 崇义—崇义西站(赣湘界) | 3625 | 崇义西站(赣湘界)—崇义 | 5676 |
| 赣州北—赣县 | 9556 | 赣县—赣州北 | 28284 |
| 赣县—南康东(顺时针) | 30304 | 南康东(顺时针)—赣县 | 24865 |

续上表

| 路段起止点 | 货运密度（吨公里/公里） | 路段起止点 | 货运密度（吨公里/公里） |
|---|---|---|---|
| 赣县—会昌北 | 15217 | 会昌北—赣县 | 27450 |
| 会昌—南桥站（赣粤界） | 25538 | 南桥站（赣粤界）—会昌 | 22477 |
| 德兴—南昌东 | 12086 | 南昌东—德兴 | 11425 |
| 南昌西—奉新 | 4902 | 奉新—南昌西 | 2239 |
| 奉新—天宝 | 1157 | 天宝—奉新 | 1238 |
| 天宝—铜鼓西站（赣湘界） | 8014 | 铜鼓西站（赣湘界）—天宝 | 6764 |
| 上饶—赣闽界 | 34701 | 赣闽界—上饶 | 31401 |
| 九江县—赣鄂界 | 21452 | 赣鄂界—九江县 | 25124 |
| 军山枢纽—武宁 | 5340 | 武宁—军山枢纽 | 3986 |
| 瑞金西—隘岭站（赣闽界） | 8875 | 隘岭站（赣闽界）—瑞金西 | 11545 |
| 泰和—界化垅站（赣湘界） | 13986 | 界化垅站（赣湘界）—泰和 | 14315 |
| 临川南—乐安 | 1529 | 乐安—临川南 | 894 |
| 乐安—吉安北 | 4448 | 吉安北—乐安 | 3631 |
| 龙南—安远 | 19529 | 安远—龙南 | 20078 |
| 星子—姑塘 | 7501 | 姑塘—星子 | 5349 |
| 南昌—万载 | 14643 | 万载—南昌 | 17858 |
| 万载—上栗 | 13785 | 上栗—万载 | 12444 |
| 樟树—东乡 | 20580 | 东乡—樟树 | 20098 |
| 宁都—东江源 | 71764 | 东江源—宁都 | 55234 |
| 宁都—南昌南 | 62972 | 南昌南—宁都 | 61292 |

图4-30　2019年江西省高速公路日均货运密度

### 4.10.3 2019年江西省高速公路日均交通量分布如表4-31和图4-31所示。

2019年江西省高速公路日均交通量　　　　　　　表4-31

| 路段起止点 | 正向 | | | 反向 | | |
|---|---|---|---|---|---|---|
| | 客车折算交通量（辆/日） | 货车折算交通量（辆/日） | 小计 | 客车折算交通量（辆/日） | 货车折算交通量（辆/日） | 小计 |
| 九江—南昌 | 10503 | 16182 | 26685 | 9074 | 16625 | 25699 |
| 南昌北—厚田 | 5922 | 10340 | 16262 | 5117 | 10558 | 15675 |
| 厚田—昌傅 | 7078 | 7471 | 14549 | 6115 | 7625 | 13740 |
| 昌傅—吉安 | 5299 | 9505 | 14804 | 4578 | 9168 | 13746 |
| 吉安—赣鄂 | 3607 | 3552 | 7159 | 3116 | 3270 | 6386 |
| 吉安—泰和 | 9044 | 12595 | 21639 | 7813 | 12359 | 20172 |
| 泰和—石城站(赣闽界) | 3759 | 6323 | 10082 | 3248 | 5649 | 8897 |
| 泰和—井冈山 | 2458 | 300 | 2758 | 2123 | 296 | 2419 |
| 泰和—南康 | 7187 | 15737 | 22924 | 6209 | 15709 | 21918 |
| 南康—赣粤界 | 6895 | 6389 | 13284 | 5957 | 7397 | 13354 |
| 南康—梅关 | 3440 | 12637 | 16077 | 2972 | 12080 | 15052 |
| 赣浙界—上饶 | 9637 | 26158 | 35795 | 8325 | 25757 | 34082 |
| 上饶—鹰潭 | 9494 | 25268 | 34762 | 8202 | 24706 | 32908 |
| 鹰潭—赣皖 | 3828 | 7479 | 11307 | 3308 | 7126 | 10434 |
| 鹰潭—温家圳 | 5748 | 11142 | 16890 | 4966 | 10124 | 15090 |
| 鹰潭—金溪 | 3742 | 13099 | 16841 | 3233 | 13130 | 16363 |
| 金溪—南城 | 3663 | 12544 | 16207 | 3165 | 12244 | 15409 |
| 南城—瑞金 | 3341 | 8954 | 12295 | 2887 | 8885 | 11772 |
| 温家圳—厚田 | 2513 | 3498 | 6011 | 2171 | 2922 | 5093 |
| 机场互通—温家圳(顺时针) | 8268 | 7400 | 15668 | 7143 | 8268 | 15411 |
| 南昌(长埌)—生米 | 10553 | 10733 | 21286 | 9117 | 10405 | 19522 |
| 生米—梅岭 | 7868 | 7401 | 15269 | 6797 | 7321 | 14118 |
| 乐化—南昌(长埌) | 15958 | 15415 | 31373 | 13787 | 14591 | 28378 |
| 九江—景德镇 | 5995 | 5710 | 11705 | 5180 | 5840 | 11020 |
| 景德镇—婺源 | 5672 | 3662 | 9334 | 4900 | 4065 | 8965 |
| 婺源—塔岭 | 2780 | 1154 | 3934 | 2402 | 1264 | 3666 |
| 婺源—白沙关 | 4519 | 3633 | 8152 | 3904 | 3858 | 7762 |
| 温家圳—抚州 | 5507 | 4228 | 9735 | 4757 | 4951 | 9708 |
| 抚州—南城 | 5112 | 3903 | 9015 | 4416 | 5070 | 9486 |
| 南城—赣闽界 | 3334 | 5175 | 8509 | 2881 | 5416 | 8297 |
| 昌傅—新余 | 6796 | 6826 | 13622 | 5871 | 7608 | 13479 |
| 新余—宜春 | 6956 | 7569 | 14525 | 6010 | 8159 | 14169 |
| 宜春—萍乡 | 6302 | 9585 | 15887 | 5445 | 10061 | 15506 |
| 萍乡—赣湘界 | 7000 | 9281 | 16281 | 6048 | 10781 | 16829 |
| 湖口—彭泽 | 3268 | 5192 | 8460 | 2823 | 4961 | 7784 |
| 赣州北—崇义 | 5116 | 2638 | 7754 | 4420 | 2563 | 6983 |
| 崇义—赣湘界崇义西站 | 1163 | 1002 | 2165 | 1004 | 924 | 1928 |
| 赣州北—赣县 | 6388 | 4600 | 10988 | 5519 | 4473 | 9992 |
| 赣县—南康东(顺时针) | 5662 | 5973 | 11635 | 4892 | 5827 | 10719 |

续上表

| 路段起止点 | 正向 | | | 反向 | | |
|---|---|---|---|---|---|---|
| | 客车折算交通量（辆/日） | 货车折算交通量（辆/日） | 小计 | 客车折算交通量（辆/日） | 货车折算交通量（辆/日） | 小计 |
| 赣县—会昌北 | 5902 | 4552 | 10454 | 5099 | 4714 | 9813 |
| 会昌—南桥站(赣粤界) | 2042 | 4324 | 6366 | 1764 | 4160 | 5924 |
| 德兴—南昌东 | 6609 | 2943 | 9552 | 5710 | 2988 | 8698 |
| 南昌西—奉新 | 6366 | 945 | 7311 | 5500 | 1349 | 6849 |
| 奉新—天宝 | 1719 | 422 | 2141 | 1486 | 377 | 1863 |
| 天宝—铜鼓西站(赣湘界) | 1850 | 1563 | 3413 | 1598 | 1647 | 3246 |
| 上饶—赣闽界 | 2930 | 6001 | 8931 | 2531 | 6168 | 8699 |
| 九江县—赣鄂界 | 3824 | 4377 | 8201 | 3304 | 4562 | 7865 |
| 军山枢纽—武宁 | 2328 | 920 | 3248 | 2011 | 1129 | 3140 |
| 瑞金西—隘岭站(赣闽界) | 1813 | 2124 | 3937 | 1566 | 1839 | 3405 |
| 泰和—界化垄站(赣湘界) | 4609 | 2783 | 7392 | 3982 | 2868 | 6850 |
| 临川南—乐安 | 1262 | 298 | 1560 | 1090 | 388 | 1478 |
| 乐安—吉安北 | 1666 | 884 | 2550 | 1440 | 900 | 2340 |
| 龙南—安远 | 2270 | 3868 | 6138 | 1961 | 4106 | 6067 |
| 星子—姑塘 | 1168 | 1119 | 2287 | 1009 | 1448 | 2457 |
| 南昌—万载 | 5347 | 4189 | 9536 | 4619 | 3729 | 8348 |
| 万载—上栗 | 2401 | 2927 | 5328 | 2074 | 3112 | 5186 |
| 东乡—樟树 | 3614 | 4195 | 7809 | 3123 | 3940 | 7063 |
| 东江源—宁都 | 3838 | 11154 | 14992 | 3316 | 12644 | 15960 |
| 南昌南—宁都 | 5494 | 10645 | 16139 | 4746 | 10617 | 15363 |

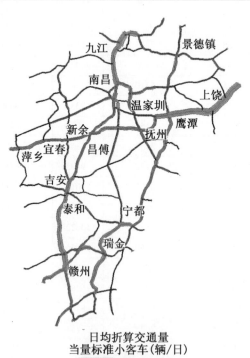

图4-31 2019年江西省高速公路日均交通量

# 4.11 山东省高速公路日均运输密度

**4.11.1** 2019年山东省高速公路日均客运密度分布如表4-32和图4-32所示。

2019年山东省高速公路日均客运密度　　　　　　　　　　表4-32

| 路段起止点 | 客运密度（人公里/公里） | 路段起止点 | 客运密度（人公里/公里） |
|---|---|---|---|
| 京福鲁冀(德州)—齐河 | 22965 | 齐河—京福鲁冀(德州) | 22568 |
| 齐河—济南 | 49320 | 济南—齐河 | 48874 |
| 济南—泰安 | 43599 | 泰安—济南 | 43194 |
| 泰安—曲阜 | 26882 | 曲阜—泰安 | 26881 |
| 曲阜—京福鲁苏 | 13969 | 京福鲁苏—曲阜 | 14660 |
| 鲁北—博山 | 19031 | 博山—鲁北 | 17991 |
| 博山—莱芜 | 17871 | 莱芜—博山 | 21456 |
| 莱芜—泰安 | 16072 | 泰安—莱芜 | 17537 |
| 海港—青州 | 21492 | 青州—海港 | 20646 |
| 坊子—明村 | 6597 | 明村—坊子 | 7236 |
| 明村—周格庄 | 7559 | 周格庄—明村 | 7487 |
| 八角—明村 | 18193 | 明村—八角 | 17366 |
| 八角—莱山 | 36713 | 莱山—八角 | 37005 |
| 福山—栖霞 | 34844 | 栖霞—福山 | 33941 |
| 栖霞—胶州 | 13959 | 胶州—栖霞 | 14083 |
| 胶州—同三鲁苏 | 22084 | 同三鲁苏—胶州 | 25668 |
| 齐河—冠县 | 20113 | 冠县—齐河 | 19854 |
| 济南—潍坊 | 22009 | 潍坊—济南 | 20778 |
| 潍坊—胶州 | 15971 | 胶州—潍坊 | 15191 |
| 胶州—青岛 | 20056 | 青岛—胶州 | 21202 |
| 菏泽—曲阜 | 25153 | 曲阜—菏泽 | 25456 |
| 曲阜—日照 | 24246 | 日照—曲阜 | 23276 |
| 泰安—京沪鲁苏 | 18787 | 京沪鲁苏—泰安 | 20373 |
| 齐河—青银鲁冀 | 12671 | 青银鲁冀—齐河 | 12293 |
| 济南机场—济南 | 25407 | 济南—济南机场 | 25540 |
| 济南—郓城 | 35290 | 郓城—济南 | 35334 |
| 济南—胶南 | 25332 | 胶南—济南 | 24272 |
| 柳花泊—海伯河 | 26547 | 海伯河—柳花泊 | 28523 |
| 齐河—章丘 | 33100 | 章丘—齐河 | 30197 |
| 菏泽—济广鲁豫 | 14705 | 济广鲁豫—菏泽 | 15126 |
| 东明主—菏泽 | 5711 | 菏泽—东明主 | 7170 |
| 滨州港—前郭 | 14617 | 前郭—滨州港 | 14325 |
| 寿光—新河 | 37716 | 新河—寿光 | 39440 |
| 平度—青岛高新 | 36378 | 青岛高新—平度 | 38669 |
| 即墨—威海 | 17061 | 威海—即墨 | 16397 |
| 菏关鲁豫—菏泽 | 13971 | 菏泽—菏关鲁豫 | 12797 |

续上表

| 路段起止点 | 客运密度（人公里/公里） | 路段起止点 | 客运密度（人公里/公里） |
|---|---|---|---|
| 黄岛—海湾大桥 | 14358 | 海湾大桥—黄岛 | 12748 |
| 滨州港—德州 | 8031 | 德州—滨州港 | 7945 |
| 青州—沂水北 | 13921 | 沂水北—青州 | 15142 |
| 沂水北—莒县 | 13938 | 莒县—沂水北 | 14219 |
| 莒县—长深鲁苏 | 7377 | 长深鲁苏—莒县 | 8133 |
| 枣庄新城—苍山 | 10999 | 苍山—枣庄新城 | 10463 |
| 莱山—双岛 | 21476 | 双岛—莱山 | 23545 |
| 滨德鲁冀—德州北 | 11624 | 德州北—滨德鲁冀 | 11942 |
| 烟台—海阳东 | 5440 | 海阳东—烟台 | 5362 |
| 东平南—济宁北 | 11936 | 济宁北—东平南 | 12510 |
| 高唐西—高邢鲁冀 | 4994 | 高邢鲁冀—高唐西 | 4778 |
| 乐陵南—济阳 | 11915 | 济阳—乐陵南 | 11532 |
| 乐陵南—京沪鲁冀 | 7763 | 京沪鲁冀—乐陵南 | 8344 |
| 菏泽北—德商鲁豫 | 12656 | 德商鲁豫—菏泽北 | 12278 |
| 聊城南—德商鲁豫 | 15226 | 德商鲁豫—聊城南 | 14291 |
| 城阳南—河头店 | 17986 | 河头店—城阳南 | 18678 |
| 文登—荣成 | 2470 | 荣成—文登 | 2563 |
| 滕州南—枣庄东城 | 9149 | 枣庄东城—滕州南 | 9949 |
| 蓬莱—龙岗港 | 4303 | 龙岗港—蓬莱 | 4311 |

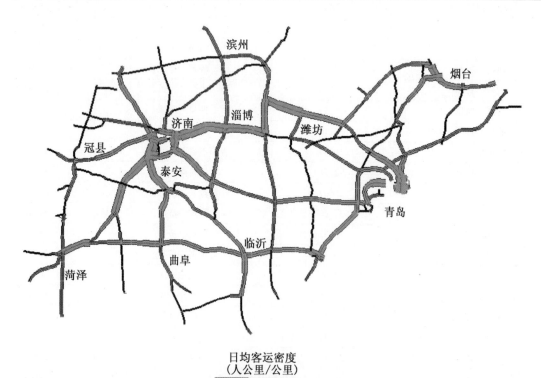

图4-32　2019年山东省高速公路日均客运密度

## 4.11.2 2019年山东省高速公路日均货运密度分布如表4-33和图4-33所示。

2019年山东省高速公路日均货运密度　　　　　表4-33

| 路段起止点 | 货运密度<br>（吨公里/公里） | 路段起止点 | 货运密度<br>（吨公里/公里） |
|---|---|---|---|
| 京福鲁冀(德州)—齐河 | 77421 | 齐河—京福鲁冀(德州) | 58415 |
| 齐河—济南 | 202220 | 济南—齐河 | 142072 |
| 济南—泰安 | 108605 | 泰安—济南 | 80072 |
| 泰安—曲阜 | 57616 | 曲阜—泰安 | 38265 |
| 曲阜—京福鲁苏 | 20523 | 京福鲁苏—曲阜 | 13912 |
| 鲁北—博山 | 68481 | 博山—鲁北 | 59598 |
| 博山—莱芜 | 17709 | 莱芜—博山 | 17952 |
| 莱芜—泰安 | 26702 | 泰安—莱芜 | 25109 |
| 海港—青州 | 54732 | 青州—海港 | 53401 |
| 坊子—明村 | 8705 | 明村—坊子 | 8073 |
| 明村—周格庄 | 18567 | 周格庄—明村 | 14001 |
| 八角—明村 | 16254 | 明村—八角 | 15750 |
| 八角—莱山 | 15313 | 莱山—八角 | 9810 |
| 福山—栖霞 | 13148 | 栖霞—福山 | 12504 |
| 栖霞—胶州 | 16006 | 胶州—栖霞 | 15359 |
| 胶州—同三鲁苏 | 20891 | 同三鲁苏—胶州 | 23669 |
| 齐河—冠县 | 51735 | 冠县—齐河 | 37162 |
| 济南—潍坊 | 34405 | 潍坊—济南 | 35123 |
| 潍坊—胶州 | 15966 | 胶州—潍坊 | 10597 |
| 胶州—青岛 | 14986 | 青岛—胶州 | 11597 |
| 菏泽—曲阜 | 91608 | 曲阜—菏泽 | 151120 |
| 曲阜—日照 | 64026 | 日照—曲阜 | 82924 |
| 泰安—京沪鲁苏 | 27861 | 京沪鲁苏—泰安 | 23690 |
| 齐河—青银鲁冀 | 63059 | 青银鲁冀—齐河 | 144496 |
| 济南机场—济南 | 16769 | 济南—济南机场 | 16491 |
| 济南—郓城 | 101678 | 郓城—济南 | 70962 |
| 济南—胶南 | 47412 | 胶南—济南 | 46372 |
| 柳花泊—海伯河 | 16949 | 海伯河—柳花泊 | 21356 |
| 齐河—章丘 | 127342 | 章丘—齐河 | 119253 |
| 菏泽—济广鲁豫 | 93916 | 济广鲁豫—菏泽 | 51937 |
| 东明主—菏泽 | 28667 | 菏泽—东明主 | 22585 |
| 滨州港—前郭 | 55618 | 前郭—滨州港 | 62994 |
| 寿光—新河 | 96130 | 新河—寿光 | 89236 |
| 平度—青岛高新 | 20319 | 青岛高新—平度 | 12320 |
| 即墨—威海 | 14657 | 威海—即墨 | 11013 |
| 菏关鲁豫—菏泽 | 74444 | 菏泽—菏关鲁豫 | 110235 |
| 黄岛—海湾大桥 | 2845 | 海湾大桥—黄岛 | 2541 |
| 滨州港—德州 | 24726 | 德州—滨州港 | 21723 |

续上表

| 路段起止点 | 货运密度（吨公里/公里） | 路段起止点 | 货运密度（吨公里/公里） |
|---|---|---|---|
| 青州—沂水北 | 84863 | 沂水北—青州 | 52703 |
| 沂水北—莒县 | 79903 | 莒县—沂水北 | 45696 |
| 莒县—长深鲁苏 | 28280 | 长深鲁苏—莒县 | 19426 |
| 枣庄新城—苍山 | 4028 | 苍山—枣庄新城 | 4844 |
| 莱山—双岛 | 12077 | 双岛—莱山 | 6672 |
| 滨德鲁冀—德州北 | 71363 | 德州北—滨德鲁冀 | 50966 |
| 烟台—海阳东 | 1490 | 海阳东—烟台 | 1088 |
| 东平南—济宁北 | 18692 | 济宁北—东平南 | 11014 |
| 高唐西—高邢鲁冀 | 37643 | 高邢鲁冀—高唐西 | 51944 |
| 乐陵南—济阳 | 32122 | 济阳—乐陵南 | 22015 |
| 乐陵南—京沪鲁冀 | 26682 | 京沪鲁冀—乐陵南 | 42928 |
| 菏泽北—德商鲁豫 | 66576 | 德商鲁豫—菏泽北 | 113458 |
| 聊城南—德商鲁豫 | 99711 | 德商鲁豫—聊城南 | 58052 |
| 城阳南—河头店 | 3847 | 河头店—城阳南 | 5428 |
| 文登—荣成 | 3174 | 荣成—文登 | 2049 |
| 滕州南—枣庄东城 | 10346 | 枣庄东城—滕州南 | 9463 |
| 蓬莱—龙岗港 | 1806 | 龙岗港—蓬莱 | 2399 |

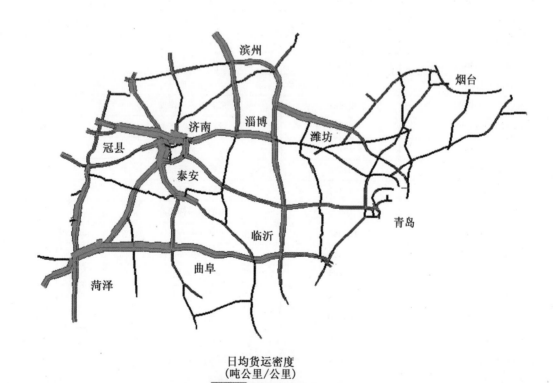

图4-33 2019年山东省高速公路日均货运密度

**4.11.3　2019 年山东省高速公路日均道路负荷分布如表 4-34 和图 4-34 所示。**

2019 年山东省高速公路日均轴载　　　　　　　　表 4-34

| 路段起止点 | 轴载（标准轴载当量轴次/日） | 路段起止点 | 轴载（标准轴载当量轴次/日） |
| --- | --- | --- | --- |
| 京福鲁冀(德州)—齐河 | 12742 | 齐河—京福鲁冀(德州) | 8254 |
| 齐河—济南 | 28986 | 济南—齐河 | 20486 |
| 济南—泰安 | 15984 | 泰安—济南 | 11660 |
| 泰安—曲阜 | 8234 | 曲阜—泰安 | 6564 |
| 曲阜—京福鲁苏 | 2906 | 京福鲁苏—曲阜 | 2232 |
| 鲁北—博山 | 11597 | 博山—鲁北 | 8152 |
| 博山—莱芜 | 2698 | 莱芜—博山 | 3267 |
| 莱芜—泰安 | 3551 | 泰安—莱芜 | 3763 |
| 海港—青州 | 9637 | 青州—海港 | 8411 |
| 坊子—明村 | 1390 | 明村—坊子 | 1585 |
| 明村—周格庄 | 2512 | 周格庄—明村 | 2912 |
| 八角—明村 | 3119 | 明村—八角 | 2307 |
| 八角—莱山 | 2273 | 莱山—八角 | 1952 |
| 福山—栖霞 | 2577 | 栖霞—福山 | 2109 |
| 栖霞—胶州 | 2905 | 胶州—栖霞 | 2724 |
| 胶州—同三鲁苏 | 3227 | 同三鲁苏—胶州 | 3755 |
| 齐河—冠县 | 6434 | 冠县—齐河 | 8457 |
| 济南—潍坊 | 12772 | 潍坊—济南 | 8460 |
| 潍坊—胶州 | 7597 | 胶州—潍坊 | 3098 |
| 胶州—青岛 | 2334 | 青岛—胶州 | 2800 |
| 菏泽—曲阜 | 13288 | 曲阜—菏泽 | 19356 |
| 曲阜—日照 | 8795 | 日照—曲阜 | 10708 |
| 泰安—京沪鲁苏 | 4588 | 京沪鲁苏—泰安 | 3367 |
| 齐河—青银鲁冀 | 9089 | 青银鲁冀—齐河 | 35539 |
| 济南机场—济南 | 3109 | 济南—济南机场 | 3115 |
| 济南—郓城 | 13420 | 郓城—济南 | 13702 |
| 济南—胶南 | 7633 | 胶南—济南 | 6829 |
| 柳花泊—海伯河 | 2497 | 海伯河—柳花泊 | 3804 |
| 齐河—章丘 | 49652 | 章丘—齐河 | 16620 |
| 菏泽—济广鲁豫 | 9405 | 济广鲁豫—菏泽 | 5983 |
| 东明主—菏泽 | 3220 | 菏泽—东明主 | 2785 |
| 滨州港—前郭 | 8937 | 前郭—滨州港 | 8357 |
| 寿光—新河 | 17166 | 新河—寿光 | 17717 |
| 平度—青岛高新 | 2910 | 青岛高新—平度 | 2623 |
| 即墨—威海 | 2143 | 威海—即墨 | 2145 |
| 菏关鲁豫—菏泽 | 11259 | 菏泽—菏关鲁豫 | 13945 |
| 黄岛—海湾大桥 | 348 | 海湾大桥—黄岛 | 488 |
| 滨州港—德州 | 3146 | 德州—滨州港 | 3488 |

续上表

| 路段起止点 | 轴载<br>（标准轴载当量轴次/日） | 路段起止点 | 轴载<br>（标准轴载当量轴次/日） |
|---|---|---|---|
| 青州—沂水北 | 10619 | 沂水北—青州 | 12104 |
| 沂水北—莒县 | 10113 | 莒县—沂水北 | 8241 |
| 莒县—长深鲁苏 | 3480 | 长深鲁苏—莒县 | 3197 |
| 枣庄新城—苍山 | 636 | 苍山—枣庄新城 | 700 |
| 莱山—双岛 | 1912 | 双岛—莱山 | 1311 |
| 滨德鲁冀—德州北 | 11558 | 德州北—滨德鲁冀 | 6820 |
| 烟台—海阳东 | 302 | 海阳东—烟台 | 179 |
| 东平南—济宁北 | 2460 | 济宁北—东平南 | 2106 |
| 高唐西—高邢鲁冀 | 4635 | 高邢鲁冀—高唐西 | 13692 |
| 乐陵南—济阳 | 4924 | 济阳—乐陵南 | 3108 |
| 乐陵南—京沪鲁冀 | 3746 | 京沪鲁冀—乐陵南 | 6736 |
| 菏泽北—德商鲁豫 | 8854 | 德商鲁豫—菏泽北 | 13620 |
| 聊城南—德商鲁豫 | 12359 | 德商鲁豫—聊城南 | 7960 |
| 城阳南—河头店 | 617 | 河头店—城阳南 | 1037 |
| 文登—荣成 | 431 | 荣成—文登 | 452 |
| 滕州南—枣庄东城 | 1443 | 枣庄东城—滕州南 | 1332 |
| 蓬莱—龙岗港 | 262 | 龙岗港—蓬莱 | 447 |

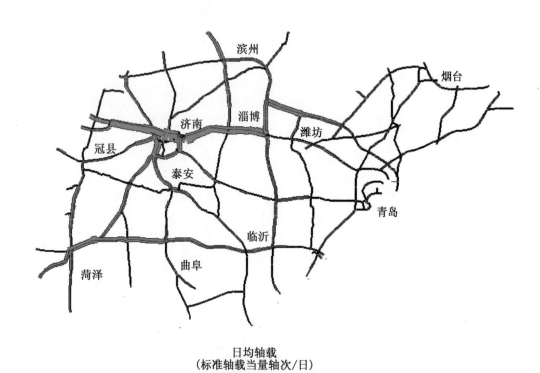

图 4-34　2019 年山东省高速公路日均轴载

### 4.11.4 2019 年山东省高速公路日均交通量分布如表 4-35 和图 4-35 所示。

2019 年山东省高速公路日均交通量　　　　表 4-35

| 路段起止点 | 正向 客车折算交通量（辆/日） | 正向 货车折算交通量（辆/日） | 正向 小计 | 反向 客车折算交通量（辆/日） | 反向 货车折算交通量（辆/日） | 反向 小计 |
|---|---|---|---|---|---|---|
| 京福鲁冀(德州)—齐河 | 7669 | 12680 | 20349 | 7394 | 12806 | 20200 |
| 齐河—济南 | 16572 | 31269 | 47841 | 16084 | 28798 | 44882 |
| 济南—泰安 | 12897 | 16435 | 29332 | 12355 | 15089 | 27444 |
| 泰安—曲阜 | 8070 | 9231 | 17301 | 7817 | 8782 | 16599 |
| 曲阜—京福鲁苏 | 4686 | 3525 | 8211 | 4358 | 3575 | 7933 |
| 鲁北—博山 | 6074 | 11987 | 18061 | 5595 | 11954 | 17549 |
| 博山—莱芜 | 4911 | 3628 | 8539 | 5748 | 4278 | 10026 |
| 莱芜—泰安 | 4633 | 4670 | 9303 | 4946 | 5127 | 10073 |
| 海港—青州 | 6498 | 11497 | 17995 | 6222 | 11918 | 18140 |
| 坊子—明村 | 2198 | 2412 | 4610 | 2327 | 2779 | 5106 |
| 明村—周格庄 | 2345 | 3993 | 6338 | 2312 | 3784 | 6096 |
| 八角—明村 | 4743 | 3849 | 8592 | 4860 | 3818 | 8678 |
| 八角—莱山 | 11198 | 4309 | 15507 | 11239 | 5153 | 16392 |
| 福山—栖霞 | 9811 | 3954 | 13765 | 9363 | 3757 | 13120 |
| 栖霞—胶州 | 3813 | 3891 | 7704 | 3819 | 4166 | 7985 |
| 胶州—同三鲁苏 | 6017 | 5342 | 11359 | 6044 | 5573 | 11617 |
| 齐河—冠县 | 5933 | 9454 | 15387 | 5836 | 7901 | 13737 |
| 济南—潍坊 | 6229 | 6724 | 12953 | 5937 | 6695 | 12632 |
| 潍坊—胶州 | 5170 | 3759 | 8929 | 4874 | 3842 | 8716 |
| 胶州—青岛 | 6320 | 4433 | 10753 | 6826 | 4716 | 11542 |
| 菏泽—曲阜 | 7552 | 21489 | 29041 | 7580 | 22683 | 30263 |
| 曲阜—日照 | 6755 | 12427 | 19182 | 6630 | 13087 | 19717 |
| 泰安—京沪鲁苏 | 5751 | 4625 | 10371 | 5713 | 4589 | 10302 |
| 齐河—青银鲁冀 | 4170 | 16275 | 20445 | 4200 | 18926 | 23126 |
| 济南机场—济南 | 7660 | 4759 | 12419 | 9391 | 4649 | 14040 |
| 济南—郓城 | 10573 | 16884 | 27457 | 10357 | 16384 | 26741 |
| 济南—胶南 | 7740 | 8761 | 16501 | 7511 | 8667 | 16178 |
| 柳花泊—海伯河 | 8161 | 6281 | 14442 | 7310 | 7546 | 14856 |
| 齐河—章丘 | 9780 | 22633 | 32413 | 9103 | 22734 | 31837 |
| 菏泽—济广鲁豫 | 4770 | 14052 | 18822 | 4847 | 11531 | 16378 |
| 东明主—菏泽 | 1846 | 5297 | 7143 | 2160 | 4790 | 6950 |
| 滨州港—前郭 | 4301 | 11789 | 16090 | 4187 | 11587 | 15774 |
| 寿光—新河 | 10667 | 18722 | 29389 | 11171 | 18493 | 29664 |
| 平度—青岛高新 | 12783 | 4734 | 17517 | 13506 | 4729 | 18235 |
| 即墨—威海 | 4337 | 3362 | 7699 | 4241 | 3189 | 7430 |
| 菏关鲁豫—菏泽 | 3844 | 13527 | 17371 | 4067 | 16963 | 21030 |
| 黄岛—海湾大桥 | 4493 | 1368 | 5861 | 3955 | 1268 | 5223 |
| 滨州港—德州 | 2875 | 5075 | 7950 | 2908 | 5423 | 8331 |

续上表

| 路段起止点 | 正向 | | | 反向 | | |
|---|---|---|---|---|---|---|
| | 客车折算交通量（辆/日） | 货车折算交通量（辆/日） | 小计 | 客车折算交通量（辆/日） | 货车折算交通量（辆/日） | 小计 |
| 青州—沂水北 | 4542 | 12959 | 17501 | 4776 | 12178 | 16954 |
| 沂水北—莒县 | 4677 | 12082 | 16759 | 4585 | 11071 | 15656 |
| 莒县—长深鲁苏 | 2772 | 4247 | 7019 | 2525 | 4264 | 6789 |
| 枣庄新城—苍山 | 3566 | 1606 | 5172 | 3624 | 1316 | 4940 |
| 莱山—双岛 | 6185 | 3452 | 9637 | 6639 | 3938 | 10577 |
| 滨德鲁冀—德州北 | 4183 | 12375 | 16557 | 4319 | 11983 | 16302 |
| 烟台—海阳东 | 1877 | 560 | 2437 | 1796 | 534 | 23330 |
| 东平南—济宁北 | 4063 | 3527 | 7590 | 4141 | 4084 | 8225 |
| 高唐西—高邢鲁冀 | 1673 | 7678 | 9351 | 1694 | 7128 | 8822 |
| 乐陵南—济阳 | 4316 | 5799 | 10115 | 4286 | 5650 | 9936 |
| 乐陵南—京沪鲁冀 | 2944 | 6579 | 9523 | 2918 | 7646 | 10564 |
| 菏泽北—德商鲁豫 | 3983 | 14716 | 18699 | 4009 | 16212 | 20221 |
| 聊城南—德商鲁豫 | 4793 | 14646 | 19439 | 4541 | 13388 | 17929 |
| 城阳南—河头店 | 5530 | 1884 | 7414 | 5700 | 1892 | 7592 |
| 文登—荣成 | 697 | 651 | 1348 | 727 | 608 | 1335 |
| 滕州南—枣庄东城 | 2907 | 2346 | 5253 | 3218 | 2897 | 6115 |
| 蓬莱—龙岗港 | 1340 | 783 | 2123 | 1360 | 673 | 2033 |

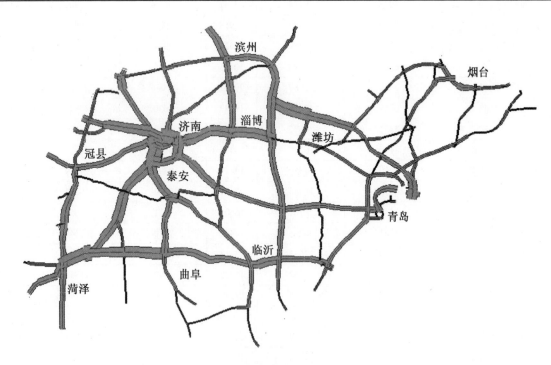

图 4-35　2019 年山东省高速公路日均交通量

## 4.12 河南省高速公路日均运输密度

**4.12.1** 2019年河南省高速公路日均客运密度分布如表4-36和图4-36所示。

2019年河南省高速公路日均客运密度  表4-36

| 路段起止点 | 客运密度（人公里/公里） | 路段起止点 | 客运密度（人公里/公里） |
| --- | --- | --- | --- |
| 京港澳豫冀界—鹤壁 | 33127 | 鹤壁—京港澳豫冀界 | 31731 |
| 鹤壁—新乡 | 60064 | 新乡—鹤壁 | 59821 |
| 新乡—郑州 | 82018 | 郑州—新乡 | 77044 |
| 郑州—许昌 | 100727 | 许昌—郑州 | 95712 |
| 许昌—漯河 | 54773 | 漯河—许昌 | 51857 |
| 漯河—驻马店 | 40674 | 驻马店—漯河 | 38551 |
| 驻马店—京港澳豫鄂界 | 17657 | 京港澳豫鄂界—驻马店 | 15945 |
| 大广豫冀省界—濮阳 | 22852 | 濮阳—大广豫冀省界 | 21425 |
| 濮阳—周口 | 22118 | 周口—濮阳 | 21273 |
| 周口—大广豫鄂界 | 13310 | 大广豫鄂界—周口 | 13337 |
| 二广豫晋省界—济源 | 4845 | 济源—二广豫晋省界 | 4707 |
| 济源—洛阳 | 25942 | 洛阳—济源 | 25987 |
| 洛阳—汝阳 | 29455 | 汝阳—洛阳 | 29336 |
| 汝阳—南阳 | 8946 | 南阳—汝阳 | 8720 |
| 南阳—二广豫鄂界 | 18159 | 二广豫鄂界—南阳 | 17119 |
| 连霍豫皖界—商丘 | 29083 | 商丘—连霍豫皖界 | 30278 |
| 商丘—开封 | 30092 | 开封—商丘 | 35969 |
| 开封—郑州 | 83673 | 郑州—开封 | 87986 |
| 郑州—洛阳 | 49137 | 洛阳—郑州 | 48393 |
| 洛阳—三门峡 | 29021 | 三门峡—洛阳 | 27550 |
| 三门峡—连霍豫陕界 | 18818 | 连霍豫陕界—三门峡 | 18344 |
| 宁洛豫皖界—漯河 | 28461 | 漯河—宁洛豫皖界 | 29437 |
| 漯河—平顶山 | 20549 | 平顶山—漯河 | 21183 |
| 平顶山—洛阳 | 18722 | 洛阳—平顶山 | 19225 |
| 沪陕豫皖界—南阳 | 16520 | 南阳—沪陕豫皖界 | 15675 |
| 南阳—沪陕豫陕界 | 14208 | 沪陕豫陕界—南阳 | 12974 |
| 日兰豫鲁界—兰考 | 18905 | 兰考—日兰豫鲁界 | 17423 |
| 兰考—许昌 | 17407 | 许昌—兰考 | 16843 |
| 许昌—南阳 | 36882 | 南阳—许昌 | 34228 |
| 大广安南互通—林州 | 13987 | 林州—大广安南互通 | 14160 |
| 濮阳—鹤壁 | 28346 | 鹤壁—濮阳 | 28663 |
| 长垣—新乡 | 15255 | 新乡—长垣 | 17665 |

续上表

| 路段起止点 | 客运密度（人公里/公里） | 路段起止点 | 客运密度（人公里/公里） |
|---|---|---|---|
| 新乡—济源 | 22696 | 济源—新乡 | 23626 |
| 济源—济邵豫晋 | 9147 | 济邵豫晋—济源 | 8684 |
| 原阳—焦作 | 37467 | 焦作—原阳 | 36473 |
| 焦作—晋新豫晋界 | 15252 | 晋新豫晋界—焦作 | 15668 |
| 焦作—温县 | 8157 | 温县—焦作 | 7292 |
| 济广豫鲁界—济广豫皖界 | 14742 | 济广豫皖界—济广豫鲁界 | 14638 |
| 商丘—周口 | 18905 | 周口—商丘 | 18471 |
| 许亳省界—鄢陵 | 13726 | 鄢陵—许亳省界 | 13897 |
| 十八里河—郑州西 | 72673 | 郑州西—十八里河 | 74985 |
| 郑州南—机场 | 159152 | 机场—郑州南 | 113758 |
| 郑州侯寨—禹州 | 58099 | 禹州—郑州侯寨 | 54426 |
| 禹州—尧山 | 17708 | 尧山—禹州 | 16758 |
| 郑州站—登封 | 59087 | 登封—郑州站 | 55338 |
| 登封—洛阳 | 24556 | 洛阳—登封 | 23170 |
| 登封—许昌 | 14896 | 许昌—登封 | 13499 |
| 叶县—泌阳 | 7215 | 泌阳—叶县 | 6958 |
| 泌阳—焦桐豫鄂界 | 8627 | 焦桐豫鄂界—泌阳 | 8039 |
| 泌阳—新蔡 | 12814 | 新蔡—泌阳 | 12680 |
| 安阳—南林豫晋界 | 12981 | 南林豫晋界—安阳 | 11858 |
| 濮阳—龙王庄 | 12194 | 龙王庄—濮阳 | 11895 |
| 永亳—永登豫皖界 | 12437 | 永登豫皖界—永亳 | 12174 |
| 新蔡—新阳豫皖界 | 6653 | 新阳豫皖界—新蔡 | 6852 |
| 小茴店—固始 | 5438 | 固始—小茴店 | 5085 |
| 永城—永登豫皖界 | 16569 | 永登豫皖界—永城 | 16008 |
| 洛龙—栾川 | 11643 | 栾川—洛龙 | 10693 |
| 周山—灵宝 | 6633 | 灵宝—周山 | 6048 |
| 灵宝—卢氏 | 3865 | 卢氏—灵宝 | 3909 |
| 卢氏—三淅豫鄂界 | 1900 | 三淅豫鄂界—卢氏 | 1478 |
| 尉氏西—周口刘园 | 34712 | 周口刘园—尉氏西 | 34472 |
| 商丘机场—富航路 | 16683 | 富航路—商丘机场 | 16324 |
| 中牟—赵家立交 | 13580 | 赵家立交—中牟 | 14690 |
| 郑民互通—十八里河互通 | 30329 | 十八里河互通—郑民互通 | 27336 |
| 富航路—唐庄 | 16713 | 唐庄—富航路 | 16111 |
| 水冶—京港澳豫冀界 | 2784 | 京港澳豫冀界—水冶 | 2804 |
| 卢店—小屯 | 6538 | 小屯—卢店 | 6376 |
| 郑州西—陇海西路 | 56307 | 陇海西路—郑州西 | 56008 |

# 第4章 部分省(直辖市)高速公路日均运输密度

图 4-36 2019 年河南省高速公路日均客运密度

**4.12.2** 2019年河南省高速公路日均货运密度分布如表4-37和图4-37所示。

2019年河南省高速公路日均货运密度　　　　　　　　　　表4-37

| 路段起止点 | 货运密度<br>（吨公里/公里） | 路段起止点 | 货运密度<br>（吨公里/公里） |
|---|---|---|---|
| 京港澳豫冀界—鹤壁 | 149886 | 鹤壁—京港澳豫冀界 | 89830 |
| 鹤壁—新乡 | 151554 | 新乡—鹤壁 | 98871 |
| 新乡—郑州 | 250462 | 郑州—新乡 | 127710 |
| 郑州—许昌 | 139242 | 许昌—郑州 | 124180 |
| 许昌—漯河 | 136019 | 漯河—许昌 | 111292 |
| 漯河—驻马店 | 148410 | 驻马店—漯河 | 122584 |
| 驻马店—京港澳豫鄂界 | 127888 | 京港澳豫鄂界—驻马店 | 113421 |
| 大广豫冀省界—濮阳 | 126804 | 濮阳—大广豫冀省界 | 96160 |
| 濮阳—周口 | 54066 | 周口—濮阳 | 41760 |
| 周口—大广豫鄂界 | 37119 | 大广豫鄂界—周口 | 32469 |
| 二广豫晋省界—济源 | 19928 | 济源—二广豫晋省界 | 14540 |
| 济源—洛阳 | 96701 | 洛阳—济源 | 49519 |
| 洛阳—汝阳 | 54490 | 汝阳—洛阳 | 34189 |
| 汝阳—南阳 | 12713 | 南阳—汝阳 | 9864 |
| 南阳—二广豫鄂界 | 57440 | 二广豫鄂界—南阳 | 49477 |
| 连霍豫皖界—商丘 | 35038 | 商丘—连霍豫皖界 | 30695 |
| 商丘—开封 | 46302 | 开封—商丘 | 65717 |
| 开封—郑州 | 112379 | 郑州—开封 | 122754 |
| 郑州—洛阳 | 97346 | 洛阳—郑州 | 98850 |
| 洛阳—三门峡 | 163970 | 三门峡—洛阳 | 123977 |
| 三门峡—连霍豫陕界 | 166791 | 连霍豫陕界—三门峡 | 110501 |
| 宁洛豫皖界—漯河 | 41696 | 漯河—宁洛豫皖界 | 68797 |
| 漯河—平顶山 | 31393 | 平顶山—漯河 | 112589 |
| 平顶山—洛阳 | 33764 | 洛阳—平顶山 | 78324 |
| 沪陕豫皖界—南阳 | 29099 | 南阳—沪陕豫皖界 | 28929 |
| 南阳—沪陕豫陕界 | 27927 | 沪陕豫陕界—南阳 | 35211 |
| 日兰豫鲁界—兰考 | 104748 | 兰考—日兰豫鲁界 | 76528 |
| 兰考—许昌 | 87378 | 许昌—兰考 | 94700 |
| 许昌—南阳 | 82324 | 南阳—许昌 | 80904 |
| 大广安南互通—林州 | 24573 | 林州—大广安南互通 | 47882 |
| 濮阳—鹤壁 | 41931 | 鹤壁—濮阳 | 30919 |
| 长垣—新乡 | 29323 | 新乡—长垣 | 33919 |
| 新乡—济源 | 88494 | 济源—新乡 | 73934 |
| 济源—济邵豫晋 | 29589 | 济邵豫晋—济源 | 89976 |
| 原阳—焦作 | 78331 | 焦作—原阳 | 104545 |
| 焦作—晋新豫晋界 | 29940 | 晋新豫晋界—焦作 | 99724 |
| 焦作—温县 | 19684 | 温县—焦作 | 11225 |
| 济广豫鲁界—济广豫皖界 | 59607 | 济广豫皖界—济广豫鲁界 | 34070 |
| 商丘—周口 | 40818 | 周口—商丘 | 27445 |
| 许亳省界—鄢陵 | 10320 | 鄢陵—许亳省界 | 20969 |
| 十八里河—郑州西 | 63226 | 郑州西—十八里河 | 77091 |
| 郑州南—机场 | 24507 | 机场—郑州南 | 45777 |
| 郑州侯寨—禹州 | 20308 | 禹州—郑州侯寨 | 30180 |
| 禹州—尧山 | 6119 | 尧山—禹州 | 11331 |

续上表

| 路段起止点 | 货运密度<br>(吨公里/公里) | 路段起止点 | 货运密度<br>(吨公里/公里) |
|---|---|---|---|
| 郑州站—登封 | 9184 | 登封—郑州站 | 17032 |
| 登封—洛阳 | 10362 | 洛阳—登封 | 17830 |
| 登封—许昌 | 34195 | 许昌—登封 | 9654 |
| 叶县—泌阳 | 34801 | 泌阳—叶县 | 31884 |
| 泌阳—焦桐豫鄂界 | 49088 | 焦桐豫鄂界—泌阳 | 56195 |
| 泌阳—新蔡 | 21212 | 新蔡—泌阳 | 23656 |
| 安阳—南林豫晋界 | 8679 | 南林豫晋界—安阳 | 39025 |
| 濮阳—龙王庄 | 16962 | 龙王庄—濮阳 | 16849 |
| 永亳—永登豫皖界 | 4201 | 永登豫皖界—永亳 | 4376 |
| 新蔡—新阳豫皖界 | 17341 | 新阳豫皖界—新蔡 | 12493 |
| 小茴店—固始 | 2061 | 固始—小茴店 | 1144 |
| 永城—永登豫皖界 | 10041 | 永登豫皖界—永城 | 6353 |
| 洛龙—栾川 | 1917 | 栾川—洛龙 | 1257 |
| 周山—灵宝 | 2482 | 灵宝—周山 | 1980 |
| 灵宝—卢氏 | 5921 | 卢氏—灵宝 | 3122 |
| 卢氏—三淅豫鄂界 | 6662 | 三淅豫鄂界—卢氏 | 3703 |
| 尉氏西—周口刘园 | 25035 | 周口刘园—尉氏西 | 18966 |
| 商丘机场—富航路 | 8274 | 富航路—商丘机场 | 11469 |
| 中牟—赵家立交 | 21139 | 赵家立交—中牟 | 22382 |
| 郑民互通—十八里河互通 | 19097 | 十八里河互通—郑民互通 | 20141 |
| 富航路—唐庄 | 15958 | 唐庄—富航路 | 24785 |
| 水冶—京港澳豫冀界 | 9869 | 京港澳豫冀界—水冶 | 9245 |
| 卢店—小屯 | 2448 | 小屯—卢店 | 4496 |
| 郑州西—陇海西路 | 55163 | 陇海西路—郑州西 | 32027 |

图 4-37  2019 年河南省高速公路日均货运密度

### 4.12.3 2019年河南省高速公路日均交通量分布如表4-38和图4-38所示。

2019年河南省高速公路日均交通量　　　　　表4-38

| 路段起止点 | 正向 | | | 反向 | | |
|---|---|---|---|---|---|---|
| | 客车折算交通量（辆/日） | 货车折算交通量（辆/日） | 小计 | 客车折算交通量（辆/日） | 货车折算交通量（辆/日） | 小计 |
| 京港澳豫冀界—鹤壁 | 9849 | 22463 | 32312 | 9308 | 23002 | 32310 |
| 鹤壁—新乡 | 17010 | 24370 | 41381 | 16833 | 22541 | 39374 |
| 新乡—郑州 | 24422 | 38333 | 62755 | 22791 | 35805 | 58596 |
| 郑州—许昌 | 29797 | 23806 | 53603 | 28326 | 27043 | 55369 |
| 许昌—漯河 | 15578 | 22719 | 38296 | 14757 | 24669 | 39426 |
| 漯河—驻马店 | 11585 | 24373 | 35952 | 10997 | 25493 | 36490 |
| 驻马店—京港澳豫鄂界 | 4955 | 21219 | 26174 | 4501 | 20785 | 25286 |
| 大广豫冀省界—濮阳 | 6188 | 20589 | 26777 | 5763 | 18881 | 24644 |
| 濮阳—周口 | 6044 | 9182 | 15226 | 5813 | 9071 | 14884 |
| 周口—大广豫鄂界 | 3666 | 6621 | 10287 | 3703 | 6318 | 10021 |
| 二广豫晋省界—济源 | 1274 | 2985 | 4259 | 1265 | 5822 | 7087 |
| 济源—洛阳 | 7134 | 15268 | 22402 | 7202 | 14207 | 21409 |
| 洛阳—汝阳 | 8461 | 9132 | 17593 | 8378 | 9490 | 17868 |
| 汝阳—南阳 | 2603 | 2133 | 4736 | 2502 | 2080 | 4582 |
| 南阳—二广豫鄂界 | 5027 | 9487 | 14514 | 4761 | 9288 | 14049 |
| 连霍豫皖界—商丘 | 7871 | 7032 | 14903 | 8138 | 6382 | 14520 |
| 商丘—开封 | 8409 | 9584 | 17993 | 10141 | 10501 | 20642 |
| 开封—郑州 | 25915 | 23303 | 49218 | 27358 | 20725 | 48083 |
| 郑州—洛阳 | 14652 | 21887 | 36539 | 14487 | 16835 | 31322 |
| 洛阳—三门峡 | 8401 | 27867 | 36268 | 8165 | 20208 | 28373 |
| 三门峡—连霍豫陕界 | 5447 | 26726 | 32173 | 5419 | 18079 | 23499 |
| 宁洛豫皖界—漯河 | 7550 | 11862 | 19412 | 7719 | 10506 | 18225 |
| 漯河—平顶山 | 5468 | 13092 | 18560 | 5634 | 14989 | 20623 |
| 平顶山—洛阳 | 5286 | 10628 | 15914 | 5390 | 11128 | 16518 |
| 沪陕豫皖界—南阳 | 4109 | 5528 | 9637 | 3873 | 5374 | 9247 |
| 南阳—沪陕豫陕界 | 4197 | 5553 | 9750 | 3810 | 5731 | 9541 |
| 日兰豫鲁界—兰考 | 5202 | 17002 | 22204 | 4658 | 13336 | 17994 |
| 兰考—许昌 | 4972 | 15370 | 20342 | 4782 | 16420 | 21202 |
| 许昌—南阳 | 9681 | 14732 | 24413 | 9064 | 14085 | 23149 |
| 大广安南互通—林州 | 3946 | 7954 | 11900 | 3979 | 7832 | 11811 |
| 濮阳—鹤壁 | 7679 | 8590 | 16269 | 7751 | 6230 | 13981 |
| 长垣—新乡 | 4643 | 6691 | 11334 | 5386 | 6103 | 11489 |
| 新乡—济源 | 6536 | 16374 | 22910 | 6794 | 13096 | 19890 |
| 济源—济邵豫晋 | 2397 | 10878 | 13275 | 2197 | 12625 | 14822 |
| 原阳—焦作 | 10591 | 20475 | 31066 | 10229 | 17467 | 27696 |
| 焦作—晋新豫晋界 | 3816 | 18137 | 21953 | 4002 | 13856 | 17858 |
| 焦作—温县 | 2617 | 3479 | 6096 | 2350 | 2855 | 5205 |
| 济广豫鲁界—济广豫皖界 | 4467 | 9480 | 13947 | 4432 | 7665 | 12097 |
| 商丘—周口 | 5403 | 7362 | 12765 | 5253 | 5839 | 11092 |
| 许亳省界—鄢陵 | 3851 | 4046 | 7897 | 3842 | 3226 | 7068 |
| 十八里河—郑州西 | 22724 | 20416 | 43140 | 23647 | 19214 | 42861 |
| 郑州南—机场 | 49669 | 8779 | 58448 | 35465 | 9829 | 45294 |
| 郑州侯寨—禹州 | 15725 | 4996 | 20721 | 14705 | 6917 | 21622 |
| 禹州—尧山 | 4992 | 2571 | 7563 | 4728 | 2215 | 6943 |
| 郑州站—登封 | 17502 | 3986 | 21488 | 16106 | 3765 | 19871 |

续上表

| 路段起止点 | 正　向 | | 小计 | 反　向 | | 小计 |
| --- | --- | --- | --- | --- | --- | --- |
| | 客车折算交通量（辆/日） | 货车折算交通量（辆/日） | | 客车折算交通量（辆/日） | 货车折算交通量（辆/日） | |
| 登封—洛阳 | 6895 | 3187 | 10082 | 6452 | 3165 | 9617 |
| 登封—许昌 | 4022 | 5161 | 9183 | 3561 | 5536 | 9097 |
| 叶县—泌阳 | 2147 | 5709 | 7856 | 2081 | 6029 | 8110 |
| 泌阳—焦桐豫鄂界 | 2545 | 9084 | 11629 | 2460 | 9575 | 12035 |
| 泌阳—新蔡 | 3803 | 5938 | 9741 | 3771 | 4937 | 8708 |
| 安阳—南林豫晋界 | 3509 | 6808 | 10317 | 3243 | 5477 | 8720 |
| 濮阳—龙王庄 | 3681 | 3353 | 7034 | 3591 | 4192 | 7783 |
| 永亳—永登豫皖界 | 3806 | 1333 | 5139 | 3770 | 1309 | 5079 |
| 新蔡—新阳豫皖界 | 1885 | 2971 | 4856 | 1974 | 3322 | 5296 |
| 小茴店—固始 | 1405 | 529 | 1934 | 1313 | 420 | 1733 |
| 永城—永登豫皖界 | 4614 | 2317 | 6931 | 4507 | 1982 | 6489 |
| 洛龙—栾川 | 3513 | 731 | 4244 | 3173 | 481 | 3655 |
| 周山—灵宝 | 1860 | 749 | 2609 | 1664 | 607 | 2271 |
| 灵宝—卢氏 | 1199 | 994 | 2193 | 1212 | 908 | 2120 |
| 卢氏—三淅豫鄂界 | 578 | 1009 | 1587 | 451 | 895 | 1346 |
| 尉氏西—周口刘园 | 9540 | 4393 | 13933 | 9465 | 6180 | 15645 |
| 商丘机场—富航路 | 4978 | 2725 | 7703 | 4890 | 2260 | 7150 |
| 中牟—赵家立交 | 4084 | 4363 | 8447 | 4426 | 4097 | 8523 |
| 郑民互通—十八里河互通 | 9079 | 5713 | 14792 | 8029 | 4741 | 12770 |
| 富航路—唐庄 | 5123 | 5638 | 10761 | 4925 | 4622 | 9547 |
| 水冶—京港澳豫冀界 | 776 | 2412 | 3188 | 795 | 2201 | 2996 |
| 卢店—小屯 | 2103 | 788 | 2891 | 2006 | 930 | 2936 |
| 郑州西—陇海西路 | 18811 | 12022 | 30833 | 18568 | 13179 | 31747 |

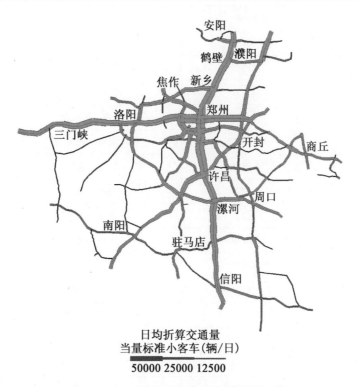

图 4-38　2019 年河南省高速公路日均交通量

## 4.13 湖北省高速公路日均运输密度

**4.13.1** 2019年湖北省高速公路日均客运密度分布如表4-39和图4-39所示。

2019年湖北省高速公路日均客运密度　　　　　　　　　表4-39

| 路段起止点 | 客运密度（人公里/公里） | 路段起止点 | 客运密度（人公里/公里） |
| --- | --- | --- | --- |
| 鄂西北—十堰东 | 6045 | 十堰东—鄂西北 | 6546 |
| 十堰东—襄樊北 | 17123 | 襄樊北—十堰东 | 17616 |
| 襄樊北—孝感 | 19535 | 孝感—襄樊北 | 19865 |
| 襄阳北—荆门 | 15118 | 荆门—襄阳北 | 14787 |
| 荆门—荆州 | 12375 | 荆州—荆门 | 11824 |
| 荆州—东岳庙 | 16678 | 东岳庙—荆州 | 14867 |
| 武汉北—京山 | 26093 | 京山—武汉北 | 25583 |
| 京山—荆门 | 15363 | 荆门—京山 | 14187 |
| 荆门—宜都 | 15363 | 宜都—荆门 | 14580 |
| 宜都—恩施 | 13654 | 恩施—宜都 | 13097 |
| 恩施—白羊塘 | 12604 | 白羊塘—恩施 | 11858 |
| 宜昌—枝江 | 20078 | 枝江—宜昌 | 22825 |
| 枝江—潜江 | 22873 | 潜江—枝江 | 23858 |
| 潜江—仙桃 | 32624 | 仙桃—潜江 | 33573 |
| 仙桃—武汉西 | 39939 | 武汉西—仙桃 | 39987 |
| 鄂豫—潜江 | 8150 | 潜江—鄂豫 | 8414 |
| 潜江—荆岳桥 | 12939 | 荆岳桥—潜江 | 13696 |
| 鄂北—武汉北 | 18353 | 武汉北—鄂北 | 17760 |
| 武汉北—鄂南 | 25508 | 鄂南—武汉北 | 24458 |
| 武汉—麻城 | 18060 | 麻城—武汉 | 18668 |
| 麻城—鄂东 | 7501 | 鄂东—麻城 | 9230 |
| 武汉—杨柳 | 11778 | 杨柳—武汉 | 12506 |
| 武东—黄石 | 49290 | 黄石—武东 | 49858 |
| 黄石—黄梅 | 29518 | 黄梅—黄石 | 29532 |
| 黄梅—鄂皖界 | 12147 | 鄂皖界—黄梅 | 12234 |
| 黄梅—鄂赣界 | 21334 | 鄂赣界—黄梅 | 21815 |
| 黄冈北—黄石 | 8380 | 黄石—黄冈北 | 9061 |
| 黄陂—府河 | 63242 | 府河—黄陂 | 61094 |
| 武汉绕城（顺时针） | 22540 | 武汉绕城（逆时针） | 22444 |
| 汉南—新滩 | 14402 | 新滩—汉南 | 6178 |

续上表

| 路段起止点 | 客运密度（人公里/公里） | 路段起止点 | 客运密度（人公里/公里） |
| --- | --- | --- | --- |
| 麻城—浠水 | 10328 | 浠水—麻城 | 11262 |
| 龚家岭—黄石西 | 16044 | 黄石西—龚家岭 | 15912 |
| 黄石西—鄂赣界 | 6771 | 鄂赣界—黄石西 | 8117 |
| 鄂东南—鄂湘 | 7599 | 鄂湘—鄂东南 | 6666 |
| 十堰西—鄂陕 | 5078 | 鄂陕—十堰西 | 4980 |
| 咸安—大冶 | 4905 | 大冶—咸安 | 4952 |
| 咸宁—通山 | 6750 | 通山—咸宁 | 7749 |
| 玉泉—远安北 | 3380 | 远安北—玉泉 | 3363 |
| 葛店—黄州 | 13394 | 黄州—葛店 | 13001 |
| 宜昌北—神农溪 | 12834 | 神农溪—宜昌北 | 11337 |
| 恩施北—丁寨 | 7854 | 丁寨—恩施北 | 7887 |
| 宜都—石首南 | 5929 | 石首南—宜都 | 5418 |
| 宜城—关垭子 | 3553 | 关垭子—宜都 | 3035 |
| 安居—宜城 | 3622 | 宜城—安居 | 3477 |

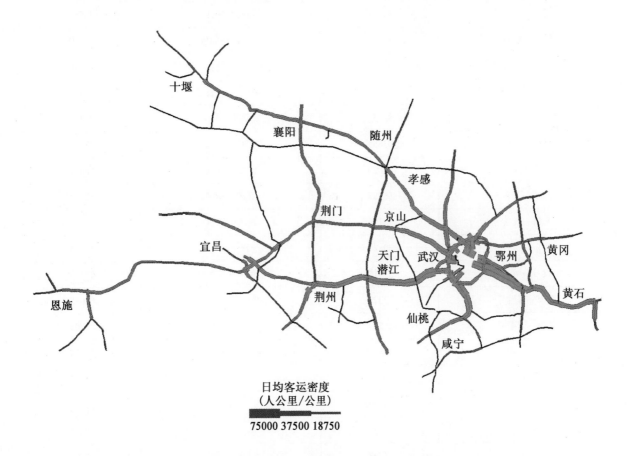

图 4-39 2019 年湖北省高速公路日均客运密度

**4.13.2  2019 年湖北省高速公路日均货运密度分布如表 4-40 和图 4-40 所示。**

2019 年湖北省高速公路日均货运密度　　　　　　　　　表 4-40

| 路段起止点 | 货运密度（吨公里/公里） | 路段起止点 | 货运密度（吨公里/公里） |
|---|---|---|---|
| 鄂西北—十堰东 | 21715 | 十堰东—鄂西北 | 14756 |
| 十堰东—襄樊北 | 28366 | 襄樊北—十堰东 | 34387 |
| 襄樊北—孝感 | 30678 | 孝感—襄樊北 | 21070 |
| 襄阳北—荆门 | 115913 | 荆门—襄阳北 | 76758 |
| 荆门—荆州 | 105149 | 荆州—荆门 | 59399 |
| 荆州—东岳庙 | 89059 | 东岳庙—荆州 | 59088 |
| 武汉北—京山 | 18903 | 京山—武汉北 | 24391 |
| 京山—荆门 | 16528 | 荆门—京山 | 17673 |
| 荆门—宜都 | 35544 | 宜都—荆门 | 24342 |
| 宜都—恩施 | 39176 | 恩施—宜都 | 22781 |
| 恩施—白羊塘 | 30592 | 白羊塘—恩施 | 20535 |
| 宜昌—枝江 | 16642 | 枝江—宜昌 | 25376 |
| 枝江—潜江 | 40935 | 潜江—枝江 | 48187 |
| 潜江—仙桃 | 40578 | 仙桃—潜江 | 47555 |
| 仙桃—武汉西 | 31878 | 武汉西—仙桃 | 36720 |
| 鄂豫—潜江 | 51629 | 潜江—鄂豫 | 45348 |
| 潜江—荆岳桥 | 69540 | 荆岳桥—潜江 | 58882 |
| 鄂北—武汉北 | 82453 | 武汉北—鄂北 | 71258 |
| 武汉北—鄂南 | 103864 | 鄂南—武汉北 | 103135 |
| 武汉—麻城 | 45020 | 麻城—武汉 | 58471 |
| 麻城—鄂东 | 56585 | 鄂东—麻城 | 59722 |
| 武汉—杨柳 | 16199 | 杨柳—武汉 | 17855 |
| 武东—黄石 | 39827 | 黄石—武东 | 32763 |
| 黄石—黄梅 | 51415 | 黄梅—黄石 | 46148 |
| 黄梅—鄂皖界 | 57329 | 鄂皖界—黄梅 | 66085 |
| 黄梅—鄂赣界 | 52347 | 鄂赣界—黄梅 | 47305 |
| 黄冈北—黄石 | 22836 | 黄石—黄冈北 | 17954 |
| 黄陂—府河 | 9121 | 府河—黄陂 | 5663 |
| 武汉绕城(顺时针) | 64525 | 武汉绕城(逆时针) | 61382 |
| 汉南—新滩 | 5393 | 新滩—汉南 | 4453 |
| 麻城—浠水 | 35733 | 浠水—麻城 | 22897 |

续上表

| 路段起止点 | 货运密度（吨公里/公里） | 路段起止点 | 货运密度（吨公里/公里） |
|---|---|---|---|
| 龚家岭—黄石西 | 16793 | 黄石西—龚家岭 | 14782 |
| 黄石西—鄂赣界 | 24760 | 鄂赣界—黄石西 | 15026 |
| 鄂东南—鄂湘 | 8911 | 鄂湘—鄂东南 | 9218 |
| 十堰西—鄂陕 | 23377 | 鄂陕—十堰西 | 11638 |
| 咸安—大冶 | 13512 | 大冶—咸安 | 12189 |
| 咸宁—通山 | 6194 | 通山—咸宁 | 12593 |
| 玉泉—远安北 | 2891 | 远安北—玉泉 | 3249 |
| 葛店—黄州 | 6972 | 黄州—葛店 | 10117 |
| 宜昌北—神农溪 | 15726 | 神农溪—宜昌北 | 9956 |
| 恩施北—丁寨 | 4311 | 丁寨—恩施北 | 3895 |
| 宜都—石首南 | 10705 | 石首南—宜都 | 6067 |
| 宜城—关垭子 | 2378 | 关垭子—宜都 | 1621 |
| 安居—宜城 | 2034 | 宜城—安居 | 2563 |

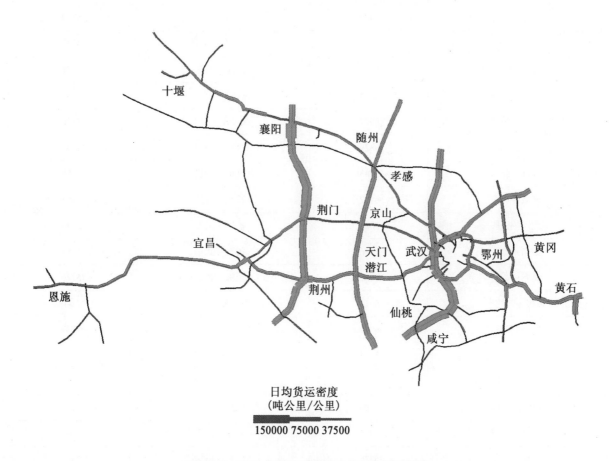

图 4-40 2019 年湖北省高速公路日均货运密度

### 4.13.3 2019年湖北省高速公路日均道路负荷分布如表4-41和图4-41所示。

2019年湖北省高速公路日均轴载  表4-41

| 路段起止点 | 轴载（标准轴载当量轴次/日） | 路段起止点 | 轴载（标准轴载当量轴次/日） |
|---|---|---|---|
| 鄂西北—十堰东 | 2577 | 十堰东—鄂西北 | 1733 |
| 十堰东—襄樊北 | 3511 | 襄樊北—十堰东 | 4096 |
| 襄樊北—孝感 | 3694 | 孝感—襄樊北 | 2540 |
| 襄阳北—荆门 | 13158 | 荆门—襄阳北 | 8303 |
| 荆门—荆州 | 11802 | 荆州—荆门 | 6582 |
| 荆州—东岳庙 | 10358 | 东岳庙—荆州 | 6467 |
| 武汉北—京山 | 2233 | 京山—武汉北 | 2765 |
| 京山—荆门 | 2121 | 荆门—京山 | 2057 |
| 荆门—宜都 | 5385 | 宜都—荆门 | 3083 |
| 宜都—恩施 | 5040 | 恩施—宜都 | 2998 |
| 恩施—白羊塘 | 3534 | 白羊塘—恩施 | 2493 |
| 宜昌—枝江 | 2425 | 枝江—宜昌 | 3908 |
| 枝江—潜江 | 5253 | 潜江—枝江 | 6248 |
| 潜江—仙桃 | 5060 | 仙桃—潜江 | 5749 |
| 仙桃—武汉西 | 4074 | 武汉西—仙桃 | 4532 |
| 鄂豫—潜江 | 5324 | 潜江—鄂豫 | 5058 |
| 潜江—荆岳桥 | 7084 | 荆岳桥—潜江 | 6392 |
| 鄂北—武汉北 | 8597 | 武汉北—鄂北 | 7180 |
| 武汉北—鄂南 | 10829 | 鄂南—武汉北 | 11139 |
| 武汉—麻城 | 5443 | 麻城—武汉 | 6655 |
| 麻城—鄂东 | 6477 | 鄂东—麻城 | 6755 |
| 武汉—杨柳 | 2061 | 杨柳—武汉 | 2046 |
| 武东—黄石 | 5786 | 黄石—武东 | 4381 |
| 黄石—黄梅 | 6656 | 黄梅—黄石 | 5326 |
| 黄梅—鄂皖界 | 6912 | 鄂皖界—黄梅 | 7240 |
| 黄梅—鄂赣界 | 6099 | 鄂赣界—黄梅 | 5749 |
| 黄冈北—黄石 | 3118 | 黄石—黄冈北 | 2527 |
| 黄陂—府河 | 1114 | 府河—黄陂 | 650 |
| 武汉绕城（顺时针） | 7608 | 武汉绕城（逆时针） | 7148 |
| 汉南—新滩 | 931 | 新滩—汉南 | 663 |
| 麻城—浠水 | 5335 | 浠水—麻城 | 2964 |

续上表

| 路段起止点 | 轴载（标准轴载当量轴次/日） | 路段起止点 | 轴载（标准轴载当量轴次/日） |
|---|---|---|---|
| 龚家岭—黄石西 | 2472 | 黄石西—龚家岭 | 2313 |
| 黄石西—鄂赣界 | 3299 | 鄂赣界—黄石西 | 1938 |
| 鄂东南—鄂湘 | 1192 | 鄂湘—鄂东南 | 1227 |
| 十堰西—鄂陕 | 2705 | 鄂陕—十堰西 | 1240 |
| 咸安—大冶 | 1749 | 大冶—咸安 | 1382 |
| 咸宁—通山 | 1144 | 通山—咸宁 | 1474 |
| 玉泉—远安北 | 490 | 远安北—玉泉 | 1111 |
| 葛店—黄州 | 985 | 黄州—葛店 | 1331 |
| 宜昌北—神农溪 | 2114 | 神农溪—宜昌北 | 1226 |
| 恩施北—丁寨 | 600 | 丁寨—恩施北 | 472 |
| 宜都—石首南 | 1388 | 石首南—宜都 | 851 |
| 宜城—关垭子 | 336 | 关垭子—宜都 | 196 |
| 安居—宜城 | 313 | 宜城—安居 | 331 |

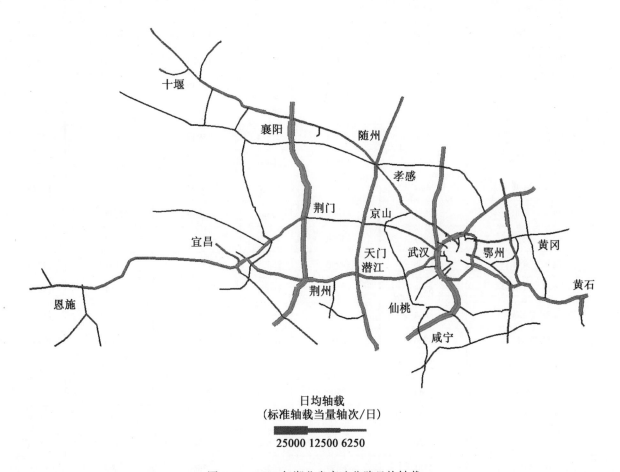

图 4-41 2019 年湖北省高速公路日均轴载

### 4.13.4 2019年湖北省高速公路日均交通量分布如表4-42和图4-42所示。

2019年湖北省高速公路日均交通量　　　　　表4-42

| 路段起止点 | 正向 | | | 反向 | | |
|---|---|---|---|---|---|---|
| | 客车折算交通量（辆/日） | 货车折算交通量（辆/日） | 小计 | 客车折算交通量（辆/日） | 货车折算交通量（辆/日） | 小计 |
| 鄂西北—十堰东 | 2049 | 4298 | 6347 | 2206 | 3957 | 6163 |
| 十堰东—襄樊北 | 5507 | 7121 | 12628 | 5667 | 7562 | 13229 |
| 襄樊北—孝感 | 6353 | 6477 | 12830 | 6473 | 6034 | 12507 |
| 襄阳北—荆门 | 4742 | 20191 | 24933 | 4683 | 17516 | 22199 |
| 荆门—荆州 | 4130 | 18091 | 22221 | 3948 | 15248 | 19196 |
| 荆州—东岳庙 | 5304 | 16331 | 21635 | 4795 | 13726 | 18521 |
| 武汉北—京山 | 9216 | 6670 | 15886 | 8943 | 5910 | 14853 |
| 京山—荆门 | 5406 | 4693 | 10099 | 4913 | 4451 | 9364 |
| 荆门—宜都 | 5090 | 7141 | 12231 | 4819 | 7651 | 12470 |
| 宜都—恩施 | 3958 | 7572 | 11530 | 3806 | 7043 | 10849 |
| 恩施—白羊塘 | 3874 | 6224 | 10098 | 3602 | 5153 | 8755 |
| 宜昌—枝江 | 6611 | 4970 | 11581 | 7434 | 5714 | 13148 |
| 枝江—潜江 | 7233 | 10149 | 17382 | 7612 | 11157 | 18769 |
| 潜江—仙桃 | 10347 | 9923 | 20270 | 10743 | 10855 | 21598 |
| 仙桃—武汉西 | 13015 | 8111 | 21126 | 12923 | 8724 | 21647 |
| 鄂豫—潜江 | 2538 | 9412 | 11950 | 2739 | 9425 | 12164 |
| 潜江—荆岳桥 | 3807 | 13008 | 16815 | 4196 | 12740 | 16936 |
| 鄂北—武汉北 | 6140 | 15234 | 21374 | 5940 | 16238 | 22178 |
| 武汉北—鄂南 | 8757 | 19547 | 28304 | 8375 | 22130 | 30505 |
| 武汉—麻城 | 5984 | 11271 | 17255 | 6204 | 11621 | 17825 |
| 麻城—鄂东 | 2536 | 11349 | 13885 | 3089 | 11880 | 14969 |
| 武汉—杨柳 | 3938 | 3976 | 7914 | 4183 | 4033 | 8216 |
| 武东—黄石 | 15408 | 9990 | 25398 | 15579 | 8627 | 24206 |
| 黄石—黄梅 | 8298 | 10674 | 18972 | 8243 | 10713 | 18956 |
| 黄梅—鄂皖界 | 3634 | 12549 | 16183 | 3640 | 12054 | 15694 |
| 黄梅—鄂赣界 | 6346 | 10033 | 16379 | 6539 | 10606 | 17145 |
| 黄冈北—黄石 | 2752 | 4710 | 7462 | 2979 | 4990 | 7969 |
| 黄陂—府河 | 21449 | 2400 | 23849 | 20627 | 1950 | 22577 |
| 武汉绕城（顺时针） | 7770 | 14956 | 22726 | 7754 | 15184 | 22938 |
| 汉南—新滩 | 5320 | 2301 | 7621 | 2266 | 1647 | 3913 |
| 麻城—浠水 | 3301 | 6959 | 10260 | 3666 | 6969 | 10635 |

续上表

| 路段起止点 | 正向 | | | 反向 | | |
|---|---|---|---|---|---|---|
| | 客车折算交通量（辆/日） | 货车折算交通量（辆/日） | 小计 | 客车折算交通量（辆/日） | 货车折算交通量（辆/日） | 小计 |
| 龚家岭—黄石西 | 5916 | 4557 | 10473 | 5880 | 4081 | 9961 |
| 黄石西—鄂赣界 | 2311 | 4644 | 6955 | 2871 | 3754 | 6625 |
| 鄂东南—鄂湘 | 2793 | 2094 | 4887 | 2441 | 2179 | 4620 |
| 十堰西—鄂陕 | 1544 | 4409 | 5953 | 1521 | 2726 | 4247 |
| 咸安—大冶 | 1676 | 3250 | 4926 | 1701 | 2677 | 4378 |
| 咸宁—通山 | 2407 | 2747 | 5154 | 2762 | 2263 | 5025 |
| 玉泉—远安北 | 1168 | 1281 | 2449 | 1161 | 936 | 2097 |
| 葛店—黄州 | 4824 | 2704 | 7528 | 4695 | 2532 | 7227 |
| 宜昌北—神农溪 | 3641 | 3272 | 6913 | 3135 | 3170 | 6305 |
| 恩施北—丁寨 | 2618 | 1192 | 3810 | 2625 | 1332 | 3957 |
| 宜都—石首南 | 1940 | 2155 | 4095 | 1831 | 2094 | 3925 |
| 宜城—关垭子 | 1105 | 723 | 1828 | 954 | 675 | 1629 |
| 安居—宜城 | 1262 | 723 | 1985 | 1205 | 766 | 1971 |

图 4-42　2019 年湖北省高速公路日均交通量

## 4.14 湖南省高速公路日均运输密度

### 4.14.1 2019年湖南省高速公路日均客运密度分布如表4-43和图4-43所示。

2019年湖南省高速公路日均客运密度　　　　　表4-43

| 路段起止点 | 客运密度（人公里/公里） | 路段起止点 | 客运密度（人公里/公里） |
|---|---|---|---|
| 羊楼司(湘鄂)—岳阳 | 18468 | 岳阳—羊楼司(湘鄂) | 17446 |
| 岳阳—长沙 | 38170 | 长沙—岳阳 | 39415 |
| 长沙—永安 | 59894 | 永安—长沙 | 57482 |
| 长沙—湘潭 | 68323 | 湘潭—长沙 | 69722 |
| 湘潭—醴陵 | 27311 | 醴陵—湘潭 | 28406 |
| 望城区—湘潭 | 17384 | 湘潭—望城区 | 18243 |
| 湘潭—衡阳蒸湘 | 16155 | 衡阳蒸湘—湘潭 | 15191 |
| 衡阳—常宁 | 15226 | 常宁—衡阳 | 14690 |
| 常宁—临武 | 11503 | 临武—常宁 | 11135 |
| 新晃(湘黔界)—怀化南 | 8856 | 怀化南—新晃(湘黔界) | 9644 |
| 怀化南—洞口 | 23724 | 洞口—怀化南 | 25790 |
| 洞口—隆回 | 34131 | 隆回—洞口 | 36531 |
| 隆回—邵阳南 | 40600 | 邵阳南—隆回 | 42929 |
| 邵阳南—娄底 | 26323 | 娄底—邵阳南 | 28422 |
| 娄底—新化 | 20277 | 新化—娄底 | 19189 |
| 娄底—韶山 | 30343 | 韶山—娄底 | 31183 |
| 韶山—湘潭 | 49941 | 湘潭—韶山 | 52066 |
| 小塘(湘粤界)—宜章 | 24257 | 宜章—小塘(湘粤界) | 19990 |
| 宜章—郴州 | 28007 | 郴州—宜章 | 26436 |
| 郴州—耒阳 | 25536 | 耒阳—郴州 | 23737 |
| 耒阳—衡阳 | 30587 | 衡阳—耒阳 | 29115 |
| 衡阳—湘潭 | 43244 | 湘潭—衡阳 | 40564 |
| 枣木铺(湘桂界)—永州 | 8458 | 永州—枣木铺(湘桂界) | 8769 |
| 永州—石埠 | 12562 | 石埠—永州 | 12747 |
| 石埠—衡阳 | 14990 | 衡阳—石埠 | 15581 |
| 张家界—常德 | 22921 | 常德—张家界 | 27454 |
| 常德—益阳 | 26337 | 益阳—常德 | 28003 |
| 益阳—长沙 | 84417 | 长沙—益阳 | 86754 |
| 常德—吉首 | 15165 | 吉首—常德 | 16120 |
| 吉首—茶峒 | 10240 | 茶峒—吉首 | 10879 |
| 吉首—怀化南 | 29273 | 怀化南—吉首 | 28518 |
| 邵阳县—永州东 | 19843 | 永州东—邵阳县 | 21026 |
| 永州东—宁远 | 22079 | 宁远—永州东 | 23669 |
| 宁远东—蓝山 | 23584 | 蓝山—宁远东 | 25661 |
| 衡东—炎陵 | 11304 | 炎陵—衡东 | 11061 |
| 大浦—松木塘 | 21329 | 松木塘—大浦 | 21054 |
| 松木塘—邵阳 | 12794 | 邵阳—松木塘 | 12725 |
| 长沙—株洲 | 38103 | 株洲—长沙 | 42226 |

续上表

| 路段起止点 | 客运密度（人公里/公里） | 路段起止点 | 客运密度（人公里/公里） |
|---|---|---|---|
| 郴州南—嘉禾 | 6346 | 嘉禾—郴州南 | 6421 |
| 嘉禾—宁远南 | 8565 | 宁远南—嘉禾 | 8539 |
| 宁远南—道州西 | 6485 | 道州西—宁远南 | 6260 |
| 道州—江永 | 5064 | 江永—道州 | 4653 |
| 郴州—汝城 | 6179 | 汝城—郴州 | 6261 |
| 宜章—堡城 | 5622 | 堡城—宜章 | 4986 |
| 张家界—花垣东 | 10471 | 花垣东—张家界 | 9011 |
| 怀化南—通道 | 8855 | 通道—怀化南 | 8106 |
| 醴陵—上塔市 | 9665 | 上塔市—醴陵 | 10617 |
| 蕉溪—张坊 | 5255 | 张坊—蕉溪 | 5873 |
| 洞阳—大瑶 | 12423 | 大瑶—洞阳 | 10829 |
| 凤凰—凤凰西 | 17615 | 凤凰西—凤凰 | 17026 |
| 醴陵工业园—攸县 | 19776 | 攸县—醴陵工业园 | 19893 |
| 常德—城头山 | 18300 | 城头山—常德 | 17543 |
| 湘潭—学士 | 31427 | 学士—湘潭 | 31866 |
| 怀化—新化 | 12688 | 新化—怀化 | 12977 |
| 涟源—娄底 | 11683 | 娄底—涟源 | 12603 |
| 娄底—岳麓 | 21748 | 岳麓—娄底 | 21771 |
| 湘西北—吉首 | 11483 | 吉首—湘西北 | 12582 |
| 金竹山—坪上 | 11317 | 坪上—金竹山 | 11620 |

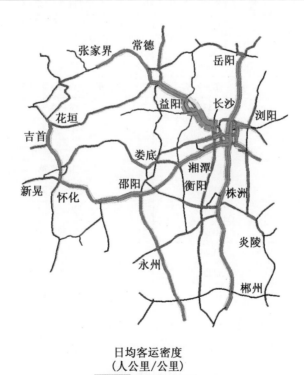

日均客运密度
（人公里/公里）
100000 50000 25000

图4-43 2019年湖南省高速公路日均客运密度

### 4.14.2 2019年湖南省高速公路日均货运密度分布如表4-44和图4-44所示。

2019年湖南省高速公路日均货运密度  表4-44

| 路段起止点 | 货运密度（吨公里/公里） | 路段起止点 | 货运密度（吨公里/公里） |
| --- | --- | --- | --- |
| 羊楼司（湘鄂）—岳阳 | 120597 | 岳阳—羊楼司（湘鄂） | 101662 |
| 岳阳—长沙 | 178383 | 长沙—岳阳 | 146088 |
| 长沙—永安 | 32095 | 永安—长沙 | 29825 |
| 长沙—湘潭 | 174627 | 湘潭—长沙 | 166868 |
| 湘潭—醴陵 | 59340 | 醴陵—湘潭 | 67217 |
| 望城区—湘潭 | 9598 | 湘潭—望城区 | 12165 |
| 湘潭—衡阳蒸湘 | 8962 | 衡阳蒸湘—湘潭 | 10090 |
| 衡阳—常宁 | 11219 | 常宁—衡阳 | 14435 |
| 常宁—临武 | 7511 | 临武—常宁 | 11407 |
| 新晃（湘黔界）—怀化南 | 17942 | 怀化南—新晃（湘黔界） | 22083 |
| 怀化南—洞口 | 44120 | 洞口—怀化南 | 63333 |
| 洞口—隆回 | 48151 | 隆回—洞口 | 67689 |
| 隆回—邵阳南 | 47038 | 邵阳南—隆回 | 66456 |
| 邵阳南—娄底 | 24810 | 娄底—邵阳南 | 30955 |
| 娄底—新化 | 11852 | 新化—娄底 | 10430 |
| 娄底—韶山 | 30598 | 韶山—娄底 | 31238 |
| 韶山—湘潭 | 44594 | 湘潭—韶山 | 48773 |
| 小塘（湘粤界）—宜章 | 112199 | 宜章—小塘（湘粤界） | 120277 |
| 宜章—郴州 | 113778 | 郴州—宜章 | 119695 |
| 郴州—耒阳 | 96590 | 耒阳—郴州 | 104545 |
| 耒阳—衡阳 | 126305 | 衡阳—耒阳 | 132464 |
| 衡阳—湘潭 | 161067 | 湘潭—衡阳 | 160900 |
| 枣木铺（湘桂界）—永州 | 70369 | 永州—枣木铺（湘桂界） | 64242 |
| 永州—石埠 | 65539 | 石埠—永州 | 62325 |
| 石埠—衡阳 | 65633 | 衡阳—石埠 | 59982 |
| 张家界—常德 | 9367 | 常德—张家界 | 17771 |
| 常德—益阳 | 13275 | 益阳—常德 | 13993 |
| 益阳—长沙 | 33812 | 长沙—益阳 | 35801 |
| 常德—吉首 | 60611 | 吉首—常德 | 53492 |
| 吉首—茶峒 | 40676 | 茶峒—吉首 | 27675 |
| 吉首—怀化南 | 43389 | 怀化南—吉首 | 58219 |
| 邵阳县—永州东 | 38428 | 永州东—邵阳县 | 44917 |
| 永州东—宁远 | 26710 | 宁远—永州东 | 34649 |
| 宁远东—蓝山 | 24570 | 蓝山—宁远东 | 32658 |
| 衡东—炎陵 | 12267 | 炎陵—衡东 | 11641 |
| 大浦—松木塘 | 43336 | 松木塘—大浦 | 38460 |
| 松木塘—邵阳 | 15863 | 邵阳—松木塘 | 10843 |
| 长沙—株洲 | 26354 | 株洲—长沙 | 26882 |
| 郴州南—嘉禾 | 4614 | 嘉禾—郴州南 | 7787 |

续上表

| 路段起止点 | 货运密度（吨公里/公里） | 路段起止点 | 货运密度（吨公里/公里） |
|---|---|---|---|
| 嘉禾—宁远南 | 11451 | 宁远南—嘉禾 | 20965 |
| 宁远南—道州西 | 8537 | 道州西—宁远南 | 16306 |
| 道州—江永 | 7753 | 江永—道州 | 15732 |
| 郴州—汝城 | 5606 | 汝城—郴州 | 2658 |
| 宜章—堡城 | 4433 | 堡城—宜章 | 4153 |
| 张家界—花垣东 | 8654 | 花垣东—张家界 | 5897 |
| 怀化南—通道 | 7900 | 通道—怀化南 | 11905 |
| 醴陵—上塔市 | 9524 | 上塔市—醴陵 | 9616 |
| 蕉溪—张坊 | 2981 | 张坊—蕉溪 | 3084 |
| 洞阳—大瑶 | 17890 | 大瑶—洞阳 | 18763 |
| 凤凰—凤凰西 | 50980 | 凤凰西—凤凰 | 46501 |
| 醴陵工业园—攸县 | 11707 | 攸县—醴陵工业园 | 7702 |
| 常德—城头山 | 46380 | 城头山—常德 | 60718 |
| 湘潭—学士 | 7328 | 学士—湘潭 | 9800 |
| 怀化—新化 | 10159 | 新化—怀化 | 14042 |
| 涟源—娄底 | 10149 | 娄底—涟源 | 11295 |
| 娄底—岳麓 | 22371 | 岳麓—娄底 | 10395 |
| 湘西北—吉首 | 5269 | 吉首—湘西北 | 2309 |
| 金竹山—坪上 | 9340 | 坪上—金竹山 | 10911 |

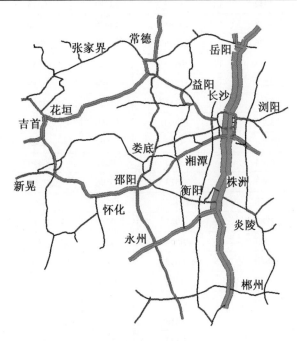

图 4-44　2019 年湖南省高速公路日均货运密度

### 4.14.3 2019年湖南省高速公路日均交通量分布如表 4-45 和图 4-45 所示。

2019 年湖南省高速公路日均交通量　　　　　　　　　　表 4-45

| 路段起止点 | 正向 | | | 反向 | | |
|---|---|---|---|---|---|---|
| | 客车折算交通量（辆/日） | 货车折算交通量（辆/日） | 小计 | 客车折算交通量（辆/日） | 货车折算交通量（辆/日） | 小计 |
| 羊楼司(湘鄂界)—岳阳 | 4912 | 21183 | 26095 | 4670 | 20670 | 25340 |
| 岳阳—长沙 | 9900 | 30786 | 40686 | 10453 | 30678 | 41131 |
| 长沙—永安 | 17813 | 9282 | 27095 | 16854 | 8117 | 24971 |
| 长沙—湘潭 | 19638 | 33301 | 52939 | 20223 | 35357 | 55580 |
| 湘潭—醴陵 | 6636 | 12038 | 18674 | 7009 | 12397 | 19406 |
| 望城区—湘潭 | 4935 | 2654 | 7589 | 5253 | 2708 | 7961 |
| 湘潭—衡阳蒸湘 | 4502 | 2255 | 6757 | 4294 | 2326 | 6620 |
| 衡阳—常宁 | 4452 | 2507 | 6959 | 4364 | 3064 | 7428 |
| 常宁—临武 | 3070 | 1617 | 4687 | 3073 | 2174 | 5247 |
| 新晃(湘黔界)—怀化南 | 2031 | 3372 | 5403 | 2177 | 4050 | 6227 |
| 怀化南—洞口 | 4405 | 8362 | 12767 | 4944 | 11154 | 16098 |
| 洞口—隆回 | 6950 | 9430 | 16380 | 7699 | 12036 | 19735 |
| 隆回—邵阳南 | 8513 | 9654 | 18167 | 9228 | 11941 | 21169 |
| 邵阳南—娄底 | 6404 | 5571 | 11975 | 7028 | 6210 | 13238 |
| 娄底—新化 | 5323 | 2782 | 8105 | 4966 | 2837 | 7803 |
| 娄底—韶山 | 7676 | 6365 | 14041 | 7963 | 7074 | 15037 |
| 韶山—湘潭 | 12894 | 9747 | 22641 | 13452 | 10519 | 23971 |
| 小塘(湘粤界)—宜章 | 5620 | 20703 | 26323 | 4908 | 19866 | 24774 |
| 宜章—郴州 | 7042 | 21177 | 28219 | 6213 | 20006 | 26219 |
| 郴州—耒阳 | 6128 | 18498 | 24626 | 5494 | 17713 | 23207 |
| 耒阳—衡阳 | 7526 | 24196 | 31722 | 7008 | 22629 | 29637 |
| 衡阳—湘潭 | 11084 | 30698 | 41782 | 10331 | 28478 | 38809 |
| 枣木铺(湘桂界)—永州 | 2226 | 11558 | 13784 | 2318 | 11043 | 13361 |
| 永州—石埠 | 3416 | 11311 | 14727 | 3465 | 10984 | 14449 |
| 石埠—衡阳 | 3900 | 11560 | 15460 | 4076 | 10805 | 14881 |
| 张家界—常德 | 5284 | 3318 | 8602 | 6048 | 3564 | 9612 |
| 常德—益阳 | 6144 | 3153 | 9297 | 6440 | 3401 | 9841 |
| 益阳—长沙 | 21683 | 8513 | 30196 | 22287 | 9108 | 31395 |
| 常德—吉首 | 3558 | 10424 | 13982 | 3464 | 10073 | 13537 |
| 吉首—茶峒 | 2288 | 6931 | 9219 | 2315 | 5221 | 7536 |
| 吉首—怀化南 | 5899 | 8657 | 14556 | 5900 | 10460 | 16360 |
| 邵阳县—永州东 | 3840 | 6643 | 10483 | 4286 | 7679 | 11965 |
| 永州东—宁远 | 4572 | 4786 | 9358 | 5159 | 5991 | 11150 |
| 宁远东—蓝山 | 4936 | 4392 | 9328 | 5664 | 5737 | 11401 |
| 衡东—炎陵 | 2731 | 2418 | 5149 | 2680 | 2331 | 5011 |
| 大浦—松木塘 | 5287 | 8443 | 13730 | 5154 | 7597 | 12751 |
| 松木塘—邵阳 | 2967 | 3012 | 5979 | 2895 | 2657 | 5552 |
| 长沙—株洲 | 11531 | 7286 | 18817 | 12548 | 7217 | 19765 |
| 郴州南—嘉禾 | 2018 | 1108 | 3126 | 2040 | 1560 | 3600 |
| 嘉禾—宁远南 | 2609 | 2389 | 4998 | 2591 | 3800 | 6391 |

续上表

| 路段起止点 | 正向 客车折算交通量（辆/日） | 正向 货车折算交通量（辆/日） | 小计 | 反向 客车折算交通量（辆/日） | 反向 货车折算交通量（辆/日） | 小计 |
|---|---|---|---|---|---|---|
| 宁远南—道州西 | 1997 | 1887 | 3884 | 1931 | 2993 | 4924 |
| 道州—江永 | 1580 | 1808 | 3388 | 1475 | 2773 | 4248 |
| 郴州—汝城 | 1644 | 1172 | 2816 | 1637 | 1020 | 2657 |
| 宜章—堡城 | 1651 | 1039 | 2690 | 1510 | 985 | 2495 |
| 张家界—花垣东 | 2358 | 1733 | 4091 | 2166 | 1669 | 3835 |
| 怀化南—通道 | 2125 | 1879 | 4004 | 1959 | 2362 | 4321 |
| 醴陵—上塔市 | 2830 | 2378 | 5208 | 3117 | 2225 | 5342 |
| 蕉溪—张坊 | 1579 | 987 | 2566 | 1759 | 866 | 2625 |
| 洞阳—大瑶 | 3795 | 5933 | 9728 | 3280 | 4211 | 7491 |
| 凤凰—凤凰西 | 4227 | 9422 | 13649 | 4102 | 8909 | 13011 |
| 醴陵工业园—攸县 | 5236 | 2756 | 7992 | 5305 | 2107 | 7412 |
| 常德—城头山 | 4490 | 9512 | 14002 | 4408 | 10129 | 14537 |
| 湘潭—学士 | 8855 | 1904 | 10759 | 9010 | 2705 | 11715 |
| 怀化—新化 | 3184 | 2995 | 6179 | 3324 | 2858 | 6182 |
| 涟源—娄底 | 3091 | 2154 | 5245 | 3453 | 2415 | 5868 |
| 娄底—岳麓 | 6015 | 3980 | 9995 | 5929 | 3557 | 9486 |
| 湘西北—吉首 | 2872 | 1186 | 4058 | 2853 | 935 | 3788 |
| 金竹山—坪上 | 3014 | 2363 | 5377 | 3052 | 2299 | 5351 |

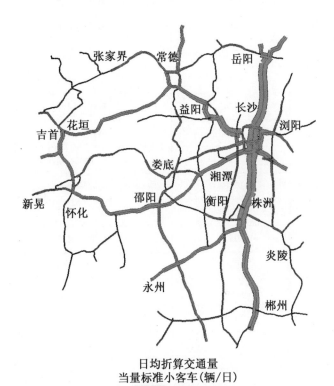

图 4-45 2019 年湖南省高速公路日均交通量

## 4.15 广东省高速公路日均运输密度

**4.15.1** 2019年广东省高速公路日均客运密度分布如表4-46和图4-46所示。

2019年广东省高速公路日均客运密度　　　　　表4-46

| 路段起止点 | 客运密度（人公里/公里） | 路段起止点 | 客运密度（人公里/公里） |
|---|---|---|---|
| 广州—阳江 | 94885 | 阳江—广州 | 90063 |
| 阳江—湛江 | 53610 | 湛江—阳江 | 47974 |
| 粤西—湛江 | 5262 | 湛江—粤西 | 17123 |
| 湛江—徐闻 | 17313 | 徐闻—湛江 | 19335 |
| 广州—三水 | 248742 | 三水—广州 | 243066 |
| 三水—云浮 | 46549 | 云浮—三水 | 44511 |
| 云浮—平台 | 20409 | 平台—云浮 | 19346 |
| 粤北主线—广州 | 24841 | 广州—粤北主线 | 23381 |
| 韶关—梅关 | 15254 | 梅关—韶关 | 14575 |
| 广州—太平 | 159283 | 太平—广州 | 155868 |
| 太平—深圳皇岗 | 139879 | 深圳皇岗—太平 | 127859 |
| 广州—惠州 | 111477 | 惠州—广州 | 110431 |
| 惠州—河源 | 79699 | 河源—惠州 | 78522 |
| 惠州—凌坑 | 37289 | 凌坑—惠州 | 36760 |
| 惠州—龙岗 | 81151 | 龙岗—惠州 | 77113 |
| 河源—粤赣 | 24245 | 粤赣—河源 | 23374 |
| 东源—梅州 | 17488 | 梅州—东源 | 16896 |
| 城西—广福主线 | 7238 | 广福主线—城西 | 6898 |
| 梅州—揭阳 | 17103 | 揭阳—梅州 | 17075 |
| 揭阳—潮州 | 25973 | 潮州—揭阳 | 25381 |
| 揭阳—东港 | 19503 | 东港—揭阳 | 18772 |
| 汾水关—汕头 | 25066 | 汕头—汾水关 | 26010 |
| 汕头—陆丰 | 18666 | 陆丰—汕头 | 22542 |
| 陆丰—惠东 | 39691 | 惠东—陆丰 | 42164 |
| 惠东—深圳 | 95346 | 深圳—惠东 | 93353 |
| 珠海—东城 | 18133 | 东城—珠海 | 18070 |
| 江门—珠海西 | 30703 | 珠海西—江门 | 29673 |
| 司前—斗山 | 13181 | 斗山—司前 | 13024 |

续上表

| 路段起止点 | 客运密度<br>(人公里/公里) | 路段起止点 | 客运密度<br>(人公里/公里) |
|---|---|---|---|
| 广州—怀集 | 80417 | 怀集—广州 | 78822 |
| 清新—凤头岭 | 28789 | 凤头岭—清新 | 26084 |
| 义和—沥林 | 26142 | 沥林—义和 | 26288 |
| 月环—南屏主线 | 58992 | 南屏主线—月环 | 61577 |
| 沙溪—坦洲 | 101955 | 坦洲—沙溪 | 102450 |
| 附城—礐滨主线 | 36117 | 礐滨主线—附城 | 36726 |
| 粤北主线(复线)—广州 | 32943 | 广州—粤北主线(复线) | 34692 |
| 梅花—机场北 | 15727 | 机场北—梅花 | 16124 |
| 东莞东—饶平主线 | 21822 | 饶平主线—东莞东 | 22044 |
| 连摊—安铺东站 | 7093 | 安铺东站—连摊 | 6163 |
| 茂名东—粤桂省界 | 9397 | 粤桂省界—茂名东 | 9967 |

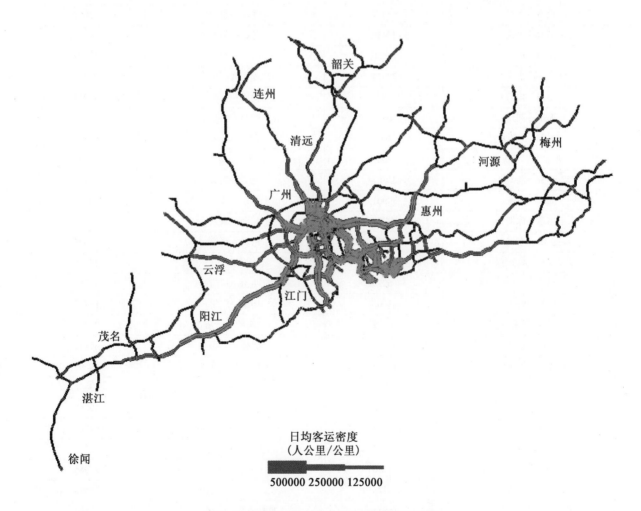

图 4-46 2019 年广东省高速公路日均客运密度

**4.15.2  2019年广东省高速公路日均货运密度分布如表4-47和图4-47所示。**

2019年广东省高速公路日均货运密度　　　　　表4-47

| 路段起止点 | 货运密度<br>（吨公里/公里） | 路段起止点 | 货运密度<br>（吨公里/公里） |
|---|---|---|---|
| 广州—阳江 | 84021 | 阳江—广州 | 76562 |
| 阳江—湛江 | 67161 | 湛江—阳江 | 61162 |
| 粤西—湛江 | 1386 | 湛江—粤西 | 30822 |
| 湛江—徐闻 | 17763 | 徐闻—湛江 | 38172 |
| 广州—三水 | 104950 | 三水—广州 | 111674 |
| 三水—云浮 | 52400 | 云浮—三水 | 56013 |
| 云浮—平台 | 32406 | 平台—云浮 | 37076 |
| 粤北主线—广州 | 54851 | 广州—粤北主线 | 53434 |
| 韶关—梅关 | 62684 | 梅关—韶关 | 64303 |
| 广州—太平 | 60658 | 太平—广州 | 52134 |
| 太平—深圳皇岗 | 19220 | 深圳皇岗—太平 | 15288 |
| 广州—惠州 | 107651 | 惠州—广州 | 86192 |
| 惠州—河源 | 80538 | 河源—惠州 | 113807 |
| 惠州—凌坑 | 33591 | 凌坑—惠州 | 19884 |
| 惠州—龙岗 | 63577 | 龙岗—惠州 | 60262 |
| 河源—粤赣 | 47450 | 粤赣—河源 | 73249 |
| 东源—梅州 | 14436 | 梅州—东源 | 16004 |
| 城西—广福主线 | 22039 | 广福主线—城西 | 26367 |
| 梅州—揭阳 | 77872 | 揭阳—梅州 | 47754 |
| 揭阳—潮州 | 36592 | 潮州—揭阳 | 39287 |
| 揭阳—东港 | 24093 | 东港—揭阳 | 15597 |
| 汾水关—汕头 | 42001 | 汕头—汾水关 | 29365 |
| 汕头—陆丰 | 22567 | 陆丰—汕头 | 20193 |
| 陆丰—惠东 | 30961 | 惠东—陆丰 | 36314 |
| 惠东—深圳 | 32750 | 深圳—惠东 | 34098 |
| 珠海—东城 | 9870 | 东城—珠海 | 9085 |
| 江门—珠海西 | 8606 | 珠海西—江门 | 15458 |
| 司前—斗山 | 6235 | 斗山—司前 | 4357 |
| 广州—怀集 | 83002 | 怀集—广州 | 81707 |
| 清新—凤头岭 | 14072 | 凤头岭—清新 | 25886 |
| 义和—沥林 | 35153 | 沥林—义和 | 46552 |
| 月环—南屏主线 | 13653 | 南屏主线—月环 | 9692 |
| 沙溪—坦洲 | 33868 | 坦洲—沙溪 | 33498 |
| 附城—替滨主线 | 53188 | 替滨主线—附城 | 49096 |
| 粤北—广州（复线） | 173522 | 广州—粤北主线（复线） | 154847 |
| 梅花—机场北 | 36655 | 机场北—梅花 | 29507 |
| 东莞东—饶平主线 | 31220 | 饶平主线—东莞东 | 27965 |
| 连摊—安铺东站 | 8728 | 安铺东站—连摊 | 4692 |
| 茂名东—粤桂省界 | 16855 | 粤桂省界—茂名东 | 7887 |

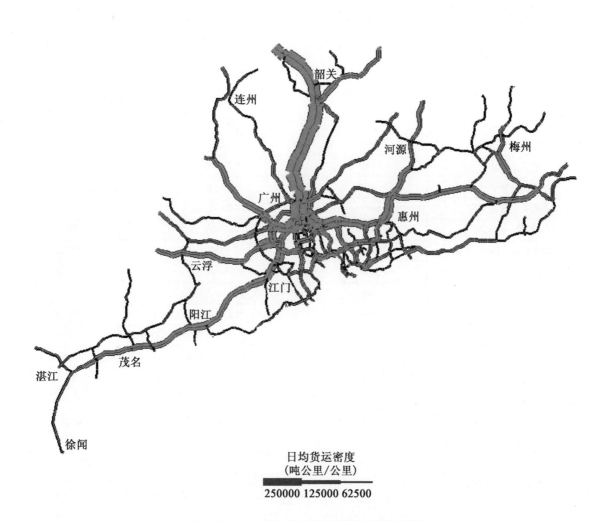

图 4-47　2019 年广东省高速公路日均货运密度

## 4.16 重庆市高速公路日均运输密度

**4.16.1** 2019年重庆市高速公路日均客运密度分布如表4-48和图4-48所示。

2019年重庆市高速公路日均客运密度　　　　　表4-48

| 路段起止点 | 客运密度（人公里/公里） | 路段起止点 | 客运密度（人公里/公里） |
|---|---|---|---|
| G65 渝北—长寿 | 49747 | 长寿—G65 渝北 | 48803 |
| 长寿—垫江 | 32031 | 垫江—长寿 | 30133 |
| 垫江—万州 | 15409 | 万州—垫江 | 16487 |
| 万州—云阳 | 24143 | 云阳—万州 | 25162 |
| 云阳—小三峡 | 14239 | 小三峡—云阳 | 16031 |
| 小周—开县 | 21630 | 开县—小周 | 20136 |
| 夔门—巫溪 | 5376 | 巫溪—夔门 | 5341 |
| 垫江—牡丹源 | 7296 | 牡丹源—垫江 | 3963 |
| 垫江—忠县 | 9259 | 忠县—垫江 | 10759 |
| 忠县—冷水 | 7488 | 冷水—忠县 | 9303 |
| 长寿—涪陵 | 10977 | 涪陵—长寿 | 11201 |
| G65 渝北—草坝场 | 24633 | 草坝场—G65 渝北 | 18176 |
| G65 巴南—南川 | 45666 | 南川—G65 巴南 | 47524 |
| 南川—武隆 | 28093 | 武隆—南川 | 28810 |
| 武隆—黔江 | 13902 | 黔江—武隆 | 14258 |
| 黔江—酉阳 | 10696 | 酉阳—黔江 | 11040 |
| 酉阳—G65 洪安 | 9830 | G65 洪安—酉阳 | 9856 |
| G75 巴南—綦江 | 49258 | 綦江—G75 巴南 | 49258 |
| 綦江—崇溪河 | 18773 | 崇溪河—綦江 | 18590 |
| 綦江—南川 | 11927 | 南川—綦江 | 11488 |
| 西彭—G93 江津 | 30416 | G93 江津—西彭 | 23454 |
| G85 九龙坡—永川 | 16933 | 永川—G85 九龙坡 | 16950 |
| 永川—渝荣 | 25845 | 渝荣—永川 | 20371 |
| G93 沙坪坝—铜梁 | 48344 | 铜梁—G93 沙坪坝 | 44319 |
| 铜梁—书房坝 | 22271 | 书房坝—铜梁 | 17304 |
| G75 北碚—合川 | 47677 | 合川—G75 北碚 | 42708 |
| 合川—兴山 | 17127 | 兴山—合川 | 11960 |
| 西彭—一品 | 27213 | 一品—西彭 | 26415 |
| 一品—复盛 | 12407 | 复盛—一品 | 12665 |
| 复盛—G75 北碚 | 22187 | G75 北碚—复盛 | 23135 |
| G75 北碚—璧山 | 34929 | 璧山—G75 北碚 | 35355 |
| 璧山—西彭 | 39728 | 西彭—璧山 | 39426 |
| G50 南岸—麻柳嘴 | 19126 | 麻柳嘴—G50 南岸 | 19330 |
| 茶店互通—涪陵南 | 23561 | 涪陵南—茶店互通 | 23955 |
| 涪陵南—丰都 | 13475 | 丰都—涪陵南 | 13854 |

续上表

| 路段起止点 | 客运密度<br>(人公里/公里) | 路段起止点 | 客运密度<br>(人公里/公里) |
|---|---|---|---|
| 丰都—石柱 | 7913 | 石柱—丰都 | 8399 |
| 马鞍—双河口 | 8886 | 双河口—马鞍 | 9023 |
| 沙坪坝—大足 | 24357 | 大足—沙坪坝 | 18861 |
| 永川—石蟆 | 4698 | 石蟆—永川 | 4902 |
| 铜梁—永川 | 7167 | 永川—铜梁 | 7495 |
| 沙溪—铜梁 | 3972 | 铜梁—沙溪 | 3976 |
| 綦江—江津 | 2969 | 江津—綦江 | 2940 |
| 金佛山—G69 南川 | 9624 | G69 南川—金佛山 | 10688 |
| 复兴—G85 合川 | 13145 | G85 合川—复兴 | 8281 |
| 刁家—S21 江津 | 6384 | S21 江津—刁家 | 6128 |

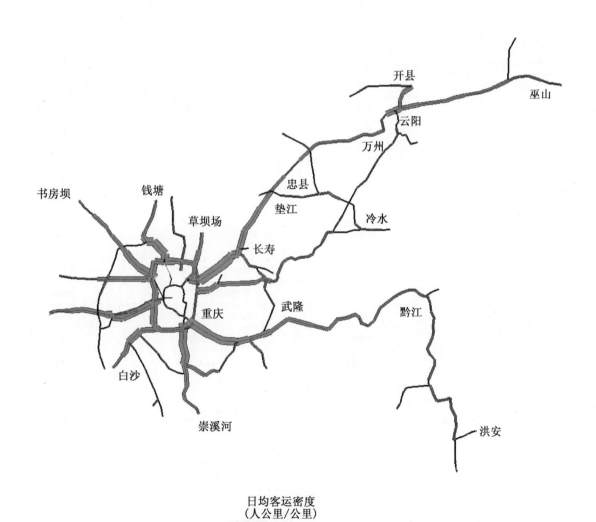

图 4-48　2019 年重庆市高速公路日均客运密度

### 4.16.2 2019年重庆市高速公路日均货运密度分布如表4-49和图4-49所示。

2019年重庆市高速公路日均货运密度　　　　　　　　　　　　　表4-49

| 路段起止点 | 货运密度（吨公里/公里） | 路段起止点 | 货运密度（吨公里/公里） |
|---|---|---|---|
| G50 江北—长寿 | 42093 | 长寿—G50 江北 | 46791 |
| 长寿—垫江 | 19633 | 垫江—长寿 | 13493 |
| 垫江—万州 | 13994 | 万州—垫江 | 10529 |
| 万州—云阳 | 11559 | 云阳—万州 | 8754 |
| 云阳—小三峡 | 9771 | 小三峡—云阳 | 9450 |
| 小周—开县 | 5323 | 开县—小周 | 4736 |
| 夔门—巫溪 | 3072 | 巫溪—夔门 | 2185 |
| 垫江—牡丹源 | 0 | 牡丹源—垫江 | 0 |
| 垫江—忠县 | 4486 | 忠县—垫江 | 2699 |
| 忠县—冷水 | 9370 | 冷水—忠县 | 10239 |
| 长寿—涪陵 | 16828 | 涪陵—长寿 | 17507 |
| G65 渝北—草坝场 | 5740 | 草坝场—G65 渝北 | 11237 |
| G65 巴南—南川 | 35731 | 南川—G65 巴南 | 60712 |
| 南川—武隆 | 30550 | 武隆—南川 | 36955 |
| 武隆—黔江 | 31365 | 黔江—武隆 | 35425 |
| 黔江—酉阳 | 27870 | 酉阳—黔江 | 34271 |
| 酉阳—G65 洪安 | 25481 | G65 洪安—酉阳 | 34179 |
| G75 巴南—綦江 | 22088 | 綦江—G75 巴南 | 36496 |
| 綦江—崇溪河 | 17512 | 崇溪河—綦江 | 27008 |
| 綦江—南川 | 6060 | 南川—綦江 | 11453 |
| 西彭—G93 江津 | 7668 | G93 江津—西彭 | 6230 |
| G85 九龙坡—永川 | 7916 | 永川—G85 九龙坡 | 8052 |
| 永川—渝荣 | 12113 | 渝荣—永川 | 10084 |
| G93 沙坪坝—铜梁 | 26967 | 铜梁—G93 沙坪坝 | 25680 |
| 铜梁—书房坝 | 13864 | 书房坝—铜梁 | 7225 |
| G75 北碚—合川 | 17003 | 合川—G75 北碚 | 26829 |
| 合川—兴山 | 2263 | 兴山—合川 | 2195 |
| 西彭——品 | 18742 | 一品—西彭 | 32064 |
| 一品—复盛 | 41957 | 复盛——品 | 27533 |
| 复盛—G75 北碚 | 41785 | G75 北碚—复盛 | 29004 |
| G75 北碚—璧山 | 56716 | 璧山—G75 北碚 | 40688 |
| 璧山—西彭 | 37792 | 西彭—璧山 | 39777 |
| G50 南岸—麻柳嘴 | 9878 | 麻柳嘴—G50 南岸 | 17752 |
| 茶店互通—涪陵南 | 10867 | 涪陵南—茶店互通 | 16608 |
| 涪陵南—丰都 | 15991 | 丰都—涪陵南 | 19415 |

续上表

| 路段起止点 | 货运密度（吨公里/公里） | 路段起止点 | 货运密度（吨公里/公里） |
| --- | --- | --- | --- |
| 丰都—石柱 | 16260 | 石柱—丰都 | 19040 |
| 马鞍—双河口 | 15619 | 双河口—马鞍 | 13333 |
| 沙坪坝—大足 | 9166 | 大足—沙坪坝 | 6663 |
| 永川—石蟆 | 4068 | 石蟆—永川 | 3479 |
| 铜梁—永川 | 3146 | 永川—铜梁 | 3538 |
| 沙溪—铜梁 | 2195 | 铜梁—沙溪 | 1076 |
| 綦江—江津 | 10224 | 江津—綦江 | 4999 |
| 金佛山—G69 南川 | 10724 | G69 南川—金佛山 | 13872 |
| 复兴—G85 合川 | 1365 | G85 合川—复兴 | 1603 |
| 刁家—S21 江津 | 2082 | S21 江津—刁家 | 1884 |

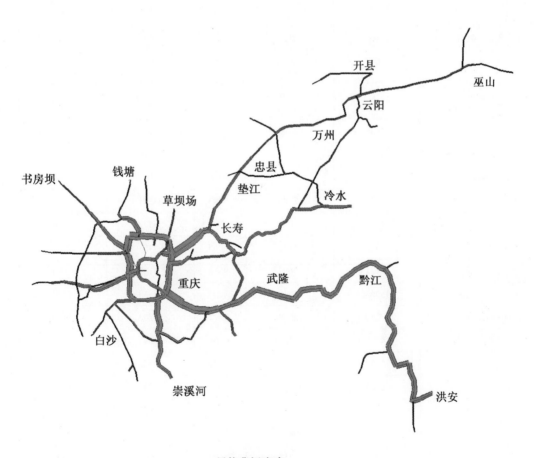

图 4-49　2019 年重庆市高速公路日均货运密度

### 4.16.3 2019 年重庆市高速公路日均交通量分布如表 4-50 和图 4-50 所示。

2019 年重庆市高速公路日均交通量　　　　表 4-50

| 路段起止点 | 正向 | | | 反向 | | |
|---|---|---|---|---|---|---|
| | 客车折算交通量（辆/日） | 货车折算交通量（辆/日） | 小计 | 客车折算交通量（辆/日） | 货车折算交通量（辆/日） | 小计 |
| G50 江北—长寿 | 14093 | 11196 | 25289 | 13914 | 10636 | 24550 |
| 长寿—垫江 | 9014 | 4161 | 13175 | 8457 | 3810 | 12267 |
| 垫江—万州 | 4214 | 2952 | 7166 | 4746 | 2856 | 7602 |
| 万州—云阳 | 5588 | 2845 | 8433 | 6124 | 2757 | 8881 |
| 云阳—小三峡 | 3740 | 2447 | 6187 | 4488 | 2323 | 6811 |
| 小周—开县 | 6459 | 1884 | 8343 | 5853 | 1929 | 7782 |
| 夔门—巫溪 | 1665 | 961 | 2626 | 1657 | 938 | 2595 |
| 垫江—牡丹源 | 2340 | 0 | 2340 | 987 | 0 | 987 |
| 垫江—忠县 | 2709 | 1058 | 3767 | 3342 | 851 | 8193 |
| 忠县—冷水 | 2129 | 2079 | 4208 | 2813 | 2237 | 5050 |
| 长寿—涪陵 | 3212 | 4096 | 7308 | 3330 | 4046 | 7376 |
| G65 渝北—草坝场 | 7477 | 1755 | 9232 | 4808 | 2174 | 6982 |
| G65 巴南—南川 | 12163 | 10128 | 22291 | 12685 | 10386 | 23071 |
| 南川—武隆 | 6663 | 5933 | 12596 | 6902 | 6948 | 13850 |
| 武隆—黔江 | 3255 | 5398 | 8653 | 3367 | 6405 | 9772 |
| 黔江—酉阳 | 2499 | 4878 | 7377 | 2575 | 6024 | 8599 |
| 酉阳—G65 洪安 | 2448 | 4790 | 7238 | 2482 | 5811 | 8293 |
| G75 巴南—綦江 | 14876 | 7652 | 22528 | 14910 | 7233 | 22143 |
| 綦江—崇溪河 | 5504 | 5332 | 10836 | 5501 | 5153 | 10654 |
| 綦江—南川 | 3540 | 2803 | 6343 | 3501 | 2383 | 5884 |
| 西彭—G93 江津 | 9259 | 2047 | 11306 | 6572 | 2004 | 8576 |
| G85 九龙坡—永川 | 4325 | 2440 | 6765 | 4453 | 2480 | 6933 |
| 永川—渝荣 | 7121 | 2697 | 9818 | 5105 | 2641 | 7746 |
| G93 沙坪坝—铜梁 | 15964 | 7040 | 23004 | 14369 | 6681 | 21050 |
| 铜梁—书房坝 | 7059 | 2518 | 9577 | 5208 | 2263 | 7471 |
| G75 北碚—合川 | 14195 | 6106 | 20301 | 12543 | 6264 | 18807 |
| 合川—兴山 | 5273 | 647 | 5920 | 3275 | 701 | 3976 |
| 西彭——品 | 8307 | 6657 | 14964 | 8247 | 6616 | 14863 |
| 一品—复盛 | 3877 | 9351 | 13228 | 3873 | 9277 | 13150 |
| 复盛—G75 北碚 | 6291 | 9827 | 16118 | 6453 | 9008 | 15461 |
| G75 北碚—璧山 | 11446 | 14218 | 25664 | 11668 | 13445 | 25113 |
| 璧山—西彭 | 13240 | 10977 | 24217 | 13115 | 11073 | 24188 |
| G50 南岸—麻柳嘴 | 6115 | 3467 | 9582 | 6167 | 3396 | 9563 |
| 茶店互通—涪陵南 | 7451 | 2872 | 10323 | 7572 | 3271 | 10843 |

续上表

| 路段起止点 | 正向 | | | 反向 | | |
|---|---|---|---|---|---|---|
| | 客车折算交通量（辆/日） | 货车折算交通量（辆/日） | 小计 | 客车折算交通量（辆/日） | 货车折算交通量（辆/日） | 小计 |
| 涪陵南—丰都 | 4224 | 3257 | 7481 | 4370 | 3907 | 8277 |
| 丰都—石柱 | 2406 | 3209 | 5615 | 2549 | 3821 | 6370 |
| 马鞍—双河口 | 2643 | 3269 | 5912 | 2705 | 3421 | 6126 |
| 沙坪坝—大足 | 8232 | 1927 | 10159 | 6026 | 1857 | 7883 |
| 永川—石蟆 | 1534 | 1186 | 2720 | 1622 | 1218 | 2840 |
| 铜梁—永川 | 2565 | 1033 | 3598 | 2697 | 1083 | 3780 |
| 沙溪—铜梁 | 1433 | 487 | 1920 | 1432 | 568 | 2000 |
| 綦江—江津 | 1051 | 1878 | 2929 | 1033 | 1974 | 3007 |
| 金佛山—G69南川 | 3184 | 2616 | 5800 | 3581 | 2710 | 6291 |
| 复兴—G85合川 | 4414 | 457 | 4871 | 2464 | 380 | 2844 |
| 刁家—S21江津 | 2293 | 651 | 2944 | 2188 | 681 | 2869 |

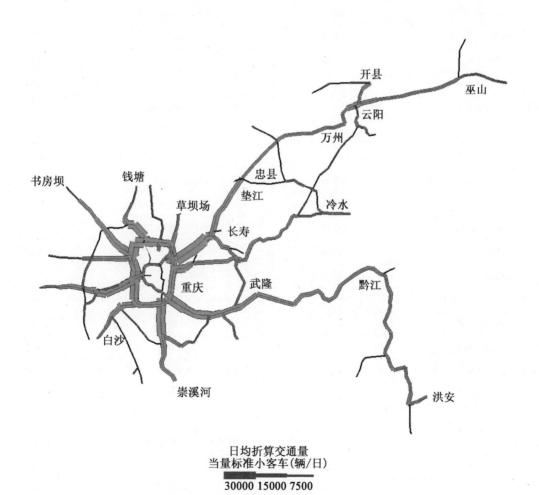

图 4-50  2019 年重庆市高速公路日均交通量

## 4.17 四川省高速公路日均运输密度

**4.17.1** 2019年四川省高速公路日均客运密度分布如表4-51和图4-51所示。

2019年四川省高速公路日均客运密度　　　　　　表4-51

| 路段起止点 | 客运密度（人公里/公里） | 路段起止点 | 客运密度（人公里/公里） |
|---|---|---|---|
| 棋盘关—广元 | 6691 | 广元—棋盘关 | 6830 |
| 广元—绵阳 | 11737 | 绵阳—广元 | 11704 |
| 绵阳—德阳 | 34853 | 德阳—绵阳 | 36098 |
| 德阳—成都 | 68377 | 成都—德阳 | 73383 |
| 绵阳南—什邡北 | 22800 | 什邡北—绵阳南 | 22451 |
| 什邡北—成都 | 44495 | 成都—什邡北 | 44741 |
| 成都—崇州 | 122313 | 崇州—成都 | 123431 |
| 崇州—邛崃 | 48186 | 邛崃—崇州 | 49078 |
| 桑园—名山 | 23772 | 名山—桑园 | 22634 |
| 名山—汉源北 | 30656 | 汉源北—名山 | 30027 |
| 汉源北—西昌 | 21039 | 西昌—汉源北 | 20874 |
| 西昌—盐边 | 12573 | 盐边—西昌 | 13062 |
| 盐边—田房 | 7085 | 田房—盐边 | 7284 |
| 攀田鱼塘—丽攀民主(川滇界) | 5251 | 丽攀民主(川滇界)—攀田鱼塘 | 5387 |
| 成都—眉山 | 96873 | 眉山—成都 | 81241 |
| 眉山—乐山 | 43621 | 乐山—眉山 | 37481 |
| 乐山—宜宾北 | 12916 | 宜宾北—乐山 | 13103 |
| 名山—青龙 | 37016 | 青龙—名山 | 35734 |
| 成都—简阳 | 43059 | 简阳—成都 | 45003 |
| 简阳—内江 | 32664 | 内江—简阳 | 32045 |
| 内江—隆昌 | 10146 | 隆昌—内江 | 13236 |
| 隆昌—渔箭(川渝界) | 0 | 渔箭(川渝界)—隆昌 | 13841 |
| 隆昌—泸州 | 21432 | 泸州—隆昌 | 20344 |
| 泸州—纳溪 | 25964 | 纳溪—纳溪 | 25682 |
| 纳溪—纳黔四川(川黔界) | 20456 | 纳黔四川(川黔界)—纳溪 | 18870 |
| 内江—自贡 | 43013 | 自贡—内江 | 41767 |
| 自贡—宜宾北 | 34858 | 宜宾北—自贡 | 32840 |
| 宜宾北—四川主线(川滇界) | 22403 | 四川主线(川滇界)—宜宾北 | 21837 |
| 成都—都江堰 | 82891 | 都江堰—成都 | 76825 |
| 都江堰—映秀 | 35347 | 映秀—都江堰 | 21508 |
| 成都绕城(逆时针) | 141790 | 成都绕城(顺时针) | 136227 |

第4章 部分省(直辖市)高速公路日均运输密度

续上表

| 路段起止点 | 客运密度<br>(人公里/公里) | 路段起止点 | 客运密度<br>(人公里/公里) |
|---|---|---|---|
| 成都第二绕城(逆时针) | 21533 | 成都第二绕城(顺时针) | 21594 |
| 成都—仁寿 | 55482 | 仁寿—成都 | 55971 |
| 仁寿—自贡东 | 36480 | 自贡东—仁寿 | 37521 |
| 自贡东—泸州 | 21115 | 泸州—自贡东 | 21558 |
| 宜宾—泸渝四川(川渝界) | 11733 | 泸渝四川(川渝界)—宜宾 | 17334 |
| 乐山—雅安 | 9762 | 雅安—乐山 | 9631 |
| 乐山—自贡 | 9214 | 自贡—乐山 | 10417 |
| 荣县—内江 | 6625 | 内江—荣县 | 6702 |
| 内江—安居 | 12270 | 安居—内江 | 12599 |
| 洪雅—资阳 | 7509 | 资阳—洪雅 | 7138 |
| 资阳—遂宁 | 8622 | 遂宁—资阳 | 9095 |
| 遂宁—广安 | 9614 | 广安—遂宁 | 10652 |
| 成都—南充 | 31755 | 南充—成都 | 33185 |
| 南充—广安 | 11868 | 广安—南充 | 13095 |
| 广安—邻水 | 21300 | 邻水—广安 | 23783 |
| 邻水—邻垫四川(川渝界) | 5778 | 邻垫四川(川渝界)—邻水 | 10034 |
| 成都—三台 | 49833 | 三台—成都 | 49772 |
| 三台—巴中 | 20057 | 巴中—三台 | 20071 |
| 巴中—南江北 | 9101 | 南江北—巴中 | 9134 |
| 绵阳—遂宁 | 8335 | 遂宁—绵阳 | 9029 |
| 大英回马—遂渝四川(川渝界) | 10309 | 遂渝四川(川渝界)—大英回马 | 14531 |
| 遂宁—西充 | 5850 | 西充—遂宁 | 5591 |
| 南充—广元 | 12972 | 广元—南充 | 12031 |
| 广元—广甘四川(川甘界) | 5965 | 广甘四川(川甘界)—广元 | 5534 |
| 广元绕城(逆时针) | 4671 | 广元绕城(顺时针) | 4617 |
| 广元—巴中 | 6165 | 巴中—广元 | 6420 |
| 巴中—达州 | 9781 | 达州—巴中 | 10536 |
| 达州—达万四川(川渝界) | 3607 | 达万四川(川渝界)—达州 | 5774 |
| 南充绕城(逆时针) | 13595 | 南充绕城(顺时针) | 12034 |
| 南充—南渝四川(川渝界) | 6949 | 南渝四川(川渝界)—南充 | 12236 |
| 南充—大竹 | 13436 | 大竹—南充 | 15287 |
| 南充新店—广安 | 3274 | 广安—南充新店 | 5707 |
| 达渝四川(川渝界)—邻水 | 15080 | 邻水—达渝四川(川渝界) | 2158 |
| 邻水—达州 | 18086 | 达州—邻水 | 12335 |
| 达州—达陕四川(川陕界) | 8455 | 达陕四川(川陕界)—达州 | 6845 |

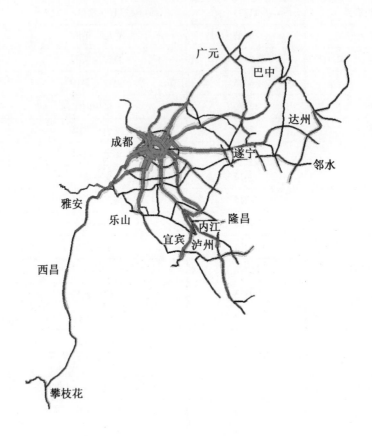

图 4-51 2019 年四川省高速公路日均客运密度

## 4.17.2 2019年四川省高速公路日均货运密度分布如表4-52和图4-52所示。

2019年四川省高速公路日均货运密度  表4-52

| 路段起止点 | 货运密度<br>(吨公里/公里) | 路段起止点 | 货运密度<br>(吨公里/公里) |
|---|---|---|---|
| 棋盘关—广元 | 43537 | 广元—棋盘关 | 76824 |
| 广元—绵阳 | 52850 | 绵阳—广元 | 89032 |
| 绵阳—德阳 | 38625 | 德阳—绵阳 | 71654 |
| 德阳—成都 | 22685 | 成都—德阳 | 38319 |
| 绵阳南—什邡北 | 39339 | 什邡北—绵阳南 | 56606 |
| 什邡北—成都 | 35678 | 成都—什邡北 | 46612 |
| 成都—崇州 | 22225 | 崇州—成都 | 21351 |
| 崇州—邛崃 | 19150 | 邛崃—崇州 | 18542 |
| 桑园—名山 | 19331 | 名山—桑园 | 18097 |
| 名山—汉源北 | 24797 | 汉源北—名山 | 24057 |
| 汉源北—西昌 | 19094 | 西昌—汉源北 | 17639 |
| 西昌—盐边 | 16440 | 盐边—西昌 | 19078 |
| 盐边—田房 | 12581 | 田房—盐边 | 15472 |
| 攀田鱼塘—丽攀民主(川滇界) | 6342 | 丽攀民主(川滇界)—攀田鱼塘 | 9912 |
| 成都—眉山 | 31549 | 眉山—成都 | 39235 |
| 眉山—乐山 | 23303 | 乐山—眉山 | 41089 |
| 乐山—宜宾北 | 18195 | 宜宾北—乐山 | 10380 |
| 名山—青龙 | 6410 | 青龙—名山 | 6120 |
| 成都—简阳 | 8579 | 简阳—成都 | 6717 |
| 简阳—内江 | 20438 | 内江—简阳 | 18659 |
| 内江—隆昌 | 5186 | 隆昌—内江 | 3698 |
| 隆昌—渔箭(川渝界) | 0 | 渔箭(川渝界)—隆昌 | 5 |
| 隆昌—泸州 | 10516 | 泸州—隆昌 | 8314 |
| 泸州—纳溪 | 19949 | 纳溪—泸州 | 18991 |
| 纳溪—纳黔四川(川黔界) | 19059 | 纳黔四川(川黔界)—纳溪 | 17075 |
| 内江—自贡 | 41140 | 自贡—内江 | 30334 |
| 自贡—宜宾北 | 39525 | 宜宾北—自贡 | 39947 |
| 宜宾北—四川主线(川滇界) | 31336 | 四川主线(川滇界)—宜宾北 | 28052 |
| 成都—都江堰 | 15229 | 都江堰—成都 | 14849 |
| 都江堰—映秀 | 16835 | 映秀—都江堰 | 16727 |
| 成都绕城(逆时针) | 37871 | 成都绕城(顺时针) | 40570 |
| 成都第二绕城(逆时针) | 18540 | 成都第二绕城(顺时针) | 16875 |
| 成都—仁寿 | 25806 | 仁寿—成都 | 32527 |

续上表

| 路段起止点 | 货运密度<br>（吨公里/公里） | 路段起止点 | 货运密度<br>（吨公里/公里） |
|---|---|---|---|
| 仁寿—自贡东 | 30800 | 自贡东—仁寿 | 30103 |
| 自贡东—泸州 | 24217 | 泸州—自贡东 | 20709 |
| 宜宾—泸渝四川（川渝界） | 5286 | 泸渝四川（川渝界）—宜宾 | 4504 |
| 乐山—雅安 | 5152 | 雅安—乐山 | 5307 |
| 乐山—自贡 | 16123 | 自贡—乐山 | 6899 |
| 荣县—内江 | 11384 | 内江—荣县 | 3678 |
| 内江—安居 | 20848 | 安居—内江 | 30230 |
| 洪雅—资阳 | 8736 | 资阳—洪雅 | 5102 |
| 资阳—遂宁 | 6696 | 遂宁—资阳 | 9113 |
| 遂宁—广安 | 6114 | 广安—遂宁 | 10044 |
| 成都—南充 | 16491 | 南充—成都 | 17685 |
| 南充—广安 | 5695 | 广安—南充 | 10472 |
| 广安—邻水 | 8400 | 邻水—广安 | 20060 |
| 邻水—邻垫四川（川渝界） | 709 | 邻垫四川（川渝界）—邻水 | 735 |
| 成都—三台 | 17981 | 三台—成都 | 15118 |
| 三台—巴中 | 24431 | 巴中—三台 | 22092 |
| 巴中—南江北 | 20238 | 南江北—巴中 | 31645 |
| 绵阳—遂宁 | 7691 | 遂宁—绵阳 | 7611 |
| 大英回马—遂渝四川（川渝界） | 6738 | 遂渝四川（川渝界）—大英回马 | 6596 |
| 遂宁—西充 | 17011 | 西充—遂宁 | 32365 |
| 南充—广元 | 15636 | 广元—南充 | 10076 |
| 广元—广甘四川（川甘界） | 12195 | 广甘四川（川甘界）—广元 | 12479 |
| 广元绕城（逆时针） | 24657 | 广元绕城（顺时针） | 14597 |
| 广元—巴中 | 6294 | 巴中—广元 | 1691 |
| 巴中—达州 | 4437 | 达州—巴中 | 3393 |
| 达州—达万四川（川渝界） | 594 | 达万四川（川渝界）—达州 | 583 |
| 南充绕城（逆时针） | 5388 | 南充绕城（顺时针） | 4347 |
| 南充—南渝四川（川渝界） | 1789 | 南渝四川（川渝界）—南充 | 1612 |
| 南充—大竹 | 13615 | 大竹—南充 | 16863 |
| 南充新店—广安 | 2328 | 广安—南充新店 | 2399 |
| 达渝四川（川渝界）—邻水 | 573 | 邻水—达渝四川（川渝界） | 552 |
| 邻水—达州 | 9850 | 达州—邻水 | 11610 |
| 达州—达陕四川（川陕界） | 11735 | 达陕四川（川陕界）—达州 | 17049 |

第4章 部分省(直辖市)高速公路日均运输密度

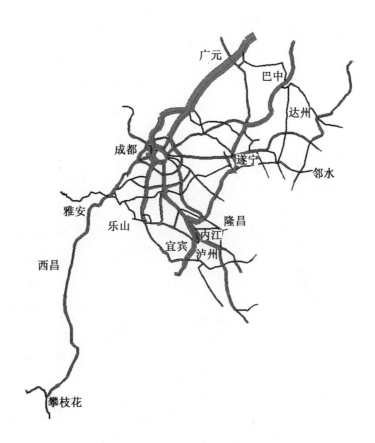

图 4-52　2019 年四川省高速公路日均货运密度

### 4.17.3 2019年四川省高速公路日均交通量分布如表4-53和图4-53所示。

2019年四川省高速公路日均交通量　　　　　表4-53

| 路段起止点 | 正向 | | | 反向 | | |
|---|---|---|---|---|---|---|
| | 客车折算交通量（辆/日） | 货车折算交通量（辆/日） | 小计 | 客车折算交通量（辆/日） | 货车折算交通量（辆/日） | 小计 |
| 棋盘关—广元 | 1464 | 12344 | 13808 | 1534 | 12185 | 13719 |
| 广元—绵阳 | 2852 | 13527 | 16379 | 2935 | 14670 | 17605 |
| 绵阳—德阳 | 9193 | 12248 | 21441 | 9585 | 13087 | 22672 |
| 德阳—成都 | 19162 | 8993 | 28155 | 20508 | 9288 | 29796 |
| 绵阳南—什邡北 | 6230 | 11538 | 17768 | 6181 | 11011 | 17192 |
| 什邡北—成都 | 12815 | 10919 | 23734 | 12945 | 11090 | 24035 |
| 成都—崇州 | 33363 | 8940 | 42303 | 33624 | 8591 | 42215 |
| 崇州—邛崃 | 12574 | 5387 | 17961 | 12863 | 5423 | 18286 |
| 桑园—名山 | 6194 | 4500 | 10694 | 5938 | 4368 | 10306 |
| 名山—汉源北 | 6869 | 5528 | 12397 | 6652 | 5272 | 11924 |
| 汉源北—西昌 | 4372 | 3910 | 8282 | 4326 | 3709 | 8035 |
| 西昌—盐边 | 2837 | 4141 | 6978 | 2923 | 3939 | 6862 |
| 盐边—田房 | 1778 | 3592 | 5370 | 1780 | 3414 | 5194 |
| 攀田鱼塘—丽攀民主(川滇界) | 1427 | 2245 | 3672 | 1474 | 2320 | 3794 |
| 成都—眉山 | 23788 | 14451 | 38239 | 20135 | 10579 | 30714 |
| 眉山—乐山 | 10284 | 10617 | 20901 | 8873 | 10433 | 19306 |
| 乐山—宜宾北 | 3381 | 3945 | 7326 | 3405 | 4098 | 7503 |
| 名山—青龙 | 8188 | 2184 | 10372 | 8146 | 2066 | 10212 |
| 成都—简阳 | 9978 | 2440 | 12418 | 10826 | 2454 | 13280 |
| 简阳—内江 | 7280 | 5101 | 12381 | 7225 | 5006 | 12231 |
| 内江—隆昌 | 2500 | 1391 | 3891 | 3023 | 1422 | 4445 |
| 隆昌—渔箭(川渝界) | 0 | 0 | 0 | 2259 | 1 | 2260 |
| 隆昌—泸州 | 5271 | 2747 | 8018 | 5182 | 2319 | 7501 |
| 泸州—纳溪 | 6298 | 5588 | 11886 | 6281 | 4398 | 10679 |
| 纳溪—纳黔四川(川黔界) | 5011 | 4272 | 9283 | 4614 | 3827 | 8441 |
| 内江—自贡 | 9320 | 8461 | 17781 | 9036 | 7166 | 16202 |
| 自贡—宜宾北 | 8125 | 9938 | 18063 | 7827 | 8531 | 16358 |
| 宜宾北—四川主线(川滇界) | 6129 | 7065 | 13194 | 6002 | 6422 | 12424 |
| 成都—都江堰 | 20754 | 5358 | 26112 | 20007 | 4904 | 24911 |
| 都江堰—映秀 | 7544 | 6242 | 13786 | 4659 | 3667 | 8326 |
| 成都绕城(逆时针) | 42642 | 16476 | 59118 | 40970 | 16366 | 57336 |
| 成都第二绕城(逆时针) | 6134 | 5586 | 11720 | 6147 | 5623 | 11770 |
| 成都—仁寿 | 15131 | 8020 | 23151 | 15185 | 7826 | 23011 |

续上表

| 路段起止点 | 正向 | | | 反向 | | |
|---|---|---|---|---|---|---|
| | 客车折算交通量（辆/日） | 货车折算交通量（辆/日） | 小计 | 客车折算交通量（辆/日） | 货车折算交通量（辆/日） | 小计 |
| 仁寿—自贡东 | 9414 | 7981 | 17395 | 9558 | 7222 | 16780 |
| 自贡东—泸州 | 4997 | 5215 | 10212 | 5045 | 5031 | 10076 |
| 宜宾—泸渝四川（川渝界） | 3014 | 1499 | 4513 | 4101 | 1569 | 5670 |
| 乐山—雅安 | 2412 | 1580 | 3992 | 2382 | 1645 | 4027 |
| 乐山—自贡 | 2375 | 2975 | 5350 | 2587 | 3559 | 6146 |
| 荣县—内江 | 1736 | 2166 | 3902 | 1748 | 2309 | 4057 |
| 内江—安居 | 2955 | 4556 | 7511 | 3047 | 5496 | 8543 |
| 洪雅—资阳 | 2032 | 2088 | 4120 | 1994 | 1877 | 3871 |
| 资阳—遂宁 | 2228 | 1772 | 4000 | 2353 | 2178 | 4531 |
| 遂宁—广安 | 2499 | 2134 | 4633 | 2717 | 2105 | 4822 |
| 成都—南充 | 8452 | 4862 | 13314 | 8787 | 4909 | 13696 |
| 南充—广安 | 3175 | 2253 | 5428 | 3513 | 2265 | 5778 |
| 广安—邻水 | 5645 | 4069 | 9714 | 6184 | 4025 | 10209 |
| 邻水—邻垫四川（川渝界） | 1256 | 361 | 1617 | 2169 | 358 | 2527 |
| 成都—三台 | 12690 | 4897 | 17587 | 12620 | 4238 | 16858 |
| 三台—巴中 | 4918 | 5040 | 9958 | 4903 | 5263 | 10166 |
| 巴中—南江北 | 2463 | 6226 | 8689 | 2469 | 5222 | 7691 |
| 绵阳—遂宁 | 2166 | 1942 | 4108 | 2328 | 1854 | 4182 |
| 大英回马—遂渝四川（川渝界） | 2626 | 1899 | 4525 | 3554 | 2025 | 5579 |
| 遂宁—西充 | 1593 | 4820 | 6413 | 1527 | 5224 | 6751 |
| 南充—广元 | 3413 | 3056 | 6469 | 3188 | 3087 | 6275 |
| 广元—广甘四川（川甘界） | 1579 | 2579 | 4158 | 1474 | 2340 | 3814 |
| 广元绕城（逆时针） | 1179 | 1682 | 2861 | 1140 | 1742 | 2882 |
| 广元—巴中 | 1539 | 1241 | 2780 | 1591 | 1385 | 2976 |
| 巴中—达州 | 2419 | 1206 | 3625 | 2574 | 1328 | 3902 |
| 达州—达万四川（川渝界） | 940 | 314 | 1254 | 1430 | 295 | 1725 |
| 南充绕城（逆时针） | 3806 | 1824 | 5630 | 3548 | 2156 | 5704 |
| 南充—南渝四川（川渝界） | 1948 | 673 | 2621 | 2910 | 760 | 3670 |
| 南充—大竹 | 3710 | 3705 | 7415 | 4226 | 3576 | 7802 |
| 南充新店—广安 | 855 | 735 | 1590 | 1370 | 770 | 2140 |
| 达渝四川（川渝界）—邻水 | 3184 | 291 | 3475 | 503 | 217 | 720 |
| 邻水—达州 | 4358 | 2811 | 7169 | 3122 | 2835 | 5957 |
| 达州—达陕四川（川陕界） | 2102 | 3401 | 5503 | 1673 | 3163 | 4836 |

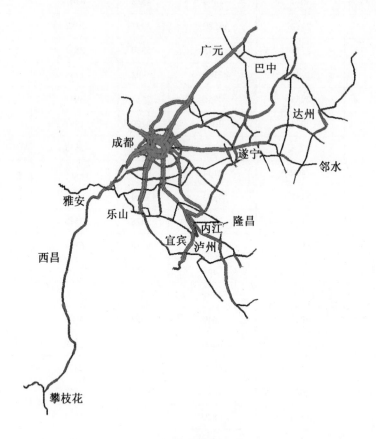

图 4-53 2019 年四川省高速公路日均交通量

## 4.18 陕西省高速公路日均运输密度

**4.18.1** 2019年陕西省高速公路日均客运密度分布如表4-54和图4-54所示。

2019年陕西省高速公路日均客运密度　　　　　　　　表4-54

| 路段起止点 | 客运密度（人公里/公里） | 路段起止点 | 客运密度（人公里/公里） |
|---|---|---|---|
| 陕蒙界—榆林 | 5973 | 榆林—陕蒙界 | 6032 |
| 榆林—店塔 | 9258 | 店塔—榆林 | 8862 |
| 榆林—靖边 | 9726 | 靖边—榆林 | 10005 |
| 靖边—延安南 | 9771 | 延安南—靖边 | 10254 |
| 延安南—铜川 | 9883 | 铜川—延安南 | 10283 |
| 铜川—聂冯(环城) | 2351 | 聂冯(环城)—铜川 | 15847 |
| 新筑—禹门口 | 27645 | 禹门口—新筑 | 26815 |
| 灞桥—潼关 | 43714 | 潼关—灞桥 | 42001 |
| 香王—商洛西 | 16813 | 商洛西—香王 | 17440 |
| 商洛西—界牌 | 6381 | 界牌—商洛西 | 6317 |
| 阎村—漫川关主线 | 4539 | 漫川关主线—阎村 | 4435 |
| 曲江—五里 | 17416 | 五里—曲江 | 16946 |
| 流水—陕川界 | 7318 | 陕川界—流水 | 7033 |
| 河池寨—汉中 | 15630 | 汉中—河池寨 | 15150 |
| 汉中—宁强 | 6263 | 宁强—汉中 | 6095 |
| 三桥—咸阳西 | 71093 | 咸阳西—三桥 | 66118 |
| 咸阳西—杨凌 | 51227 | 杨凌—咸阳西 | 47427 |
| 杨凌—宝鸡 | 29918 | 宝鸡—杨凌 | 29843 |
| 宝鸡—陈仓 | 4155 | 陈仓—宝鸡 | 3181 |
| 六村堡—永寿南 | 51526 | 永寿南—六村堡 | 50576 |
| 永寿南—彬县 | 24600 | 彬县—永寿南 | 23920 |
| 彬县—陕甘界 | 16180 | 陕甘界—彬县 | 15532 |
| 汉城—机场 | 63886 | 机场—汉城 | 61297 |
| 法门寺—太白山 | 6791 | 太白山—法门寺 | 6807 |
| 西安南环城(逆时针) | 91332 | 西安南环城(顺时针) | 92599 |
| 西安北环城(逆时针) | 79803 | 西安北环城(顺时针) | 79891 |
| 牛家梁—史家湾 | 6319 | 史家湾—牛家梁 | 5973 |
| 吴堡主线—靖边 | 2189 | 靖边—吴堡主线 | 2308 |
| 靖边—王圈梁 | 6590 | 王圈梁—靖边 | 6823 |
| 陕西壶口—富县 | 4527 | 富县—陕西壶口 | 5029 |
| 富县—张家湾 | 1510 | 张家湾—富县 | 1402 |
| 虢镇—陇关 | 5915 | 陇关—虢镇 | 5724 |
| 茅坪—安康 | 5213 | 安康—茅坪 | 5904 |
| 安康—汉中 | 7370 | 汉中—安康 | 7172 |
| 汉中东—略阳 | 3401 | 略阳—汉中东 | 2818 |

续上表

| 路段起止点 | 客运密度<br>（人公里/公里） | 路段起止点 | 客运密度<br>（人公里/公里） |
|---|---|---|---|
| 神木—府谷 | 4136 | 府谷—神木 | 3877 |
| 渭南东—孙镇 | 4823 | 孙镇—渭南东 | 4680 |
| 田王—商洛 | 9774 | 商洛—田王 | 9025 |
| 榆林—陕西佳县 | 3614 | 陕西佳县—榆林 | 3779 |
| 沿河湾立交—吴起 | 6110 | 吴起—沿河湾立交 | 6084 |
| 马庄—旬邑 | 8349 | 旬邑—马庄 | 8130 |
| 未央—铜川 | 20441 | 铜川—未央 | 19367 |
| 铜川—黄陵 | 12651 | 黄陵—铜川 | 12917 |
| 黄陵—延安 | 9686 | 延安—黄陵 | 9808 |
| 汉中—陕西南郑 | 4338 | 陕西南郑—汉中 | 4126 |
| 延安—陕西延川 | 3559 | 陕西延川—延安 | 3417 |
| 安康—陕西平利 | 3995 | 陕西平利—安康 | 3902 |
| 锦界—王家砭 | 808 | 王家砭—锦界 | 777 |
| 渭南—玉山 | 1941 | 玉山—渭南 | 1888 |
| 西咸北环线（逆时针） | 8360 | 西咸北环线（顺时针） | 8513 |

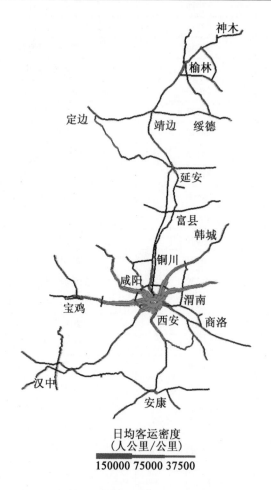

图 4-54　2019 年陕西省高速公路日均客运密度

## 4.18.2 2019年陕西省高速公路日均货运密度分布如表4-55和图4-55所示。

2019年陕西省高速公路日均货运密度　　　　表4-55

| 路段起止点 | 货运密度（吨公里/公里） | 路段起止点 | 货运密度（吨公里/公里） |
|---|---|---|---|
| 陕蒙界—榆林 | 21087 | 榆林—陕蒙界 | 10263 |
| 榆林—店塔 | 24978 | 店塔—榆林 | 23715 |
| 榆林—靖边 | 112092 | 靖边—榆林 | 43437 |
| 靖边—延安南 | 82537 | 延安南—靖边 | 29242 |
| 延安南—铜川 | 21000 | 铜川—延安南 | 19781 |
| 铜川—聂冯(环城) | 6563 | 聂冯(环城)—铜川 | 18831 |
| 新筑—禹门口 | 51783 | 禹门口—新筑 | 105392 |
| 灞桥—潼关 | 149025 | 潼关—灞桥 | 181406 |
| 香王—商洛西 | 113331 | 商洛西—香王 | 106082 |
| 商洛西—界牌 | 112492 | 界牌—商洛西 | 108760 |
| 阎村—漫川关主线 | 34682 | 漫川关主线—阎村 | 21846 |
| 曲江—五里 | 68139 | 五里—曲江 | 42901 |
| 流水—陕川界 | 68034 | 陕川界—流水 | 36956 |
| 河池寨—汉中 | 73758 | 汉中—河池寨 | 118849 |
| 汉中—宁强 | 75272 | 宁强—汉中 | 73013 |
| 三桥—咸阳西 | 49903 | 咸阳西—三桥 | 38479 |
| 咸阳西—杨凌 | 74790 | 杨凌—咸阳西 | 52620 |
| 杨凌—宝鸡 | 53780 | 宝鸡—杨凌 | 50229 |
| 宝鸡—陈仓 | 22887 | 陈仓—宝鸡 | 13059 |
| 六村堡—永寿南 | 106798 | 永寿南—六村堡 | 132384 |
| 永寿南—彬县 | 110291 | 彬县—永寿南 | 138946 |
| 彬县—陕甘界 | 105189 | 陕甘界—彬县 | 108591 |
| 汉城—机场 | 4 | 机场—汉城 | 6 |
| 法门寺—太白山 | 3579 | 太白山—法门寺 | 5340 |
| 西安南环城(逆时针) | 83078 | 西安南环城(顺时针) | 82966 |
| 西安北环城(逆时针) | 167586 | 西安北环城(顺时针) | 165115 |
| 牛家梁—史家湾 | 24207 | 史家湾—牛家梁 | 6611 |
| 吴堡主线—靖边 | 69129 | 靖边—吴堡主线 | 68881 |
| 靖边—王圈梁 | 70236 | 王圈梁—靖边 | 65654 |
| 陕西壶口—富县 | 19031 | 富县—陕西壶口 | 37755 |
| 富县—张家湾 | 5686 | 张家湾—富县 | 4214 |
| 虢镇—陇关 | 9881 | 陇关—虢镇 | 11543 |
| 茅坪—安康 | 36731 | 安康—茅坪 | 30387 |
| 安康—汉中 | 20403 | 汉中—安康 | 26399 |
| 汉中东—略阳 | 5864 | 略阳—汉中东 | 5768 |
| 神木—府谷 | 189387 | 府谷—神木 | 25408 |
| 渭南东—孙镇 | 5864 | 孙镇—渭南东 | 11156 |
| 田王—商洛 | 30888 | 商洛—田王 | 28003 |

续上表

| 路段起止点 | 货运密度<br>(吨公里/公里) | 路段起止点 | 货运密度<br>(吨公里/公里) |
|---|---|---|---|
| 榆林—陕西佳县 | 70227 | 陕西佳县—榆林 | 22160 |
| 沿河湾立交—吴起 | 19091 | 吴起—沿河湾立交 | 32160 |
| 马庄—旬邑 | 5748 | 旬邑—马庄 | 12962 |
| 未央—铜川 | 35202 | 铜川—未央 | 95162 |
| 铜川—黄陵 | 38341 | 黄陵—铜川 | 111635 |
| 黄陵—延安 | 38636 | 延安—黄陵 | 88976 |
| 汉中—陕西南郑 | 6058 | 陕西南郑—汉中 | 25469 |
| 延安—陕西延川 | 6617 | 陕西延川—延安 | 9836 |
| 安康—陕西平利 | 4086 | 陕西平利—安康 | 2772 |
| 锦界—王家砭 | 29833 | 王家砭—锦界 | 1234 |
| 渭南—玉山 | 14029 | 玉山—渭南 | 6903 |
| 西咸北环线(逆时针) | 65470 | 西咸北环线(顺时针) | 68772 |

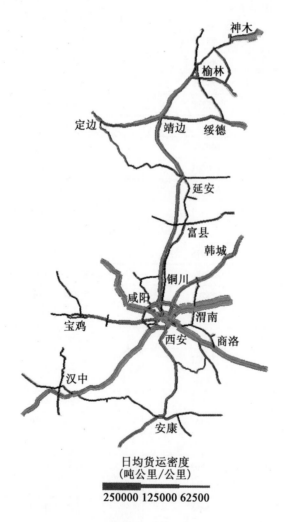

图 4-55　2019 年陕西省高速公路日均货运密度

### 4.18.3 2019 年陕西省高速公路日均道路负荷分布如表 4-56 和图 4-56 所示。

2019 年陕西省高速公路日均轴载　　　　　　　　　　　　　表 4-56

| 路段起止点 | 轴载（标准轴载当量轴次/日） | 路段起止点 | 轴载（标准轴载当量轴次/日） |
| --- | --- | --- | --- |
| 陕蒙界—榆林 | 2297 | 榆林—陕蒙界 | 1193 |
| 榆林—店塔 | 3552 | 店塔—榆林 | 2739 |
| 榆林—靖边 | 11838 | 靖边—榆林 | 5124 |
| 靖边—延安南 | 8936 | 延安南—靖边 | 3286 |
| 延安南—铜川 | 2233 | 铜川—延安南 | 1870 |
| 铜川—聂冯(环城) | 716 | 聂冯(环城)—铜川 | 1947 |
| 新筑—禹门口 | 6486 | 禹门口—新筑 | 10185 |
| 灞桥—潼关 | 16802 | 潼关—灞桥 | 17258 |
| 香王—商洛西 | 12112 | 商洛西—香王 | 10244 |
| 商洛西—界碑 | 12420 | 界碑—商洛西 | 10410 |
| 阎村—漫川关主线 | 3493 | 漫川关主线—阎村 | 2182 |
| 曲江—五里 | 7584 | 五里—曲江 | 4718 |
| 流水—陕川界 | 7448 | 陕川界—流水 | 3767 |
| 河池寨—汉中 | 6705 | 汉中—河池寨 | 12909 |
| 汉中—宁强 | 6900 | 宁强—汉中 | 7567 |
| 三桥—咸阳西 | 4364 | 咸阳西—三桥 | 3904 |
| 咸阳西—杨凌 | 6648 | 杨凌—咸阳西 | 5571 |
| 杨凌—宝鸡 | 5002 | 宝鸡—杨凌 | 5005 |
| 宝鸡—陈仓 | 2120 | 陈仓—宝鸡 | 1451 |
| 六村堡—永寿南 | 10641 | 永寿南—六村堡 | 14431 |
| 永寿南—彬县 | 11078 | 彬县—永寿南 | 15682 |
| 彬县—陕甘界 | 10483 | 陕甘界—彬县 | 11762 |
| 汉城—机场 | 0 | 机场—汉城 | 1 |
| 法门寺—太白山 | 323 | 太白山—法门寺 | 450 |
| 西安南环城(逆时针) | 8698 | 西安南环城(顺时针) | 8475 |
| 西安北环城(逆时针) | 15988 | 西安北环城(顺时针) | 17364 |
| 牛家梁—史家湾 | 2727 | 史家湾—牛家梁 | 731 |
| 吴堡主线—靖边 | 6066 | 靖边—吴堡主线 | 6771 |
| 靖边—王圈梁 | 5833 | 王圈梁—靖边 | 7022 |
| 陕西壶口—富县 | 2146 | 富县—陕西壶口 | 4357 |
| 富县—张家湾 | 704 | 张家湾—富县 | 467 |
| 虢镇—陇关 | 1046 | 陇关—虢镇 | 1122 |
| 茅坪—安康 | 3586 | 安康—茅坪 | 2550 |
| 安康—汉中 | 1809 | 汉中—安康 | 2371 |
| 汉中东—略阳 | 538 | 略阳—汉中东 | 499 |
| 神木—府谷 | 28338 | 府谷—神木 | 3866 |
| 渭南东—孙镇 | 567 | 孙镇—渭南东 | 1160 |
| 田王—商洛 | 3287 | 商洛—田王 | 2809 |

续上表

| 路段起止点 | 轴载（标准轴载当量轴次/日） | 路段起止点 | 轴载（标准轴载当量轴次/日） |
|---|---|---|---|
| 榆林—陕西佳县 | 7539 | 陕西佳县—榆林 | 2160 |
| 沿河湾立交—吴起 | 1739 | 吴起—沿河湾立交 | 3324 |
| 马庄—旬邑 | 659 | 旬邑—马庄 | 1684 |
| 未央—铜川 | 3351 | 铜川—未央 | 10185 |
| 铜川—黄陵 | 3854 | 黄陵—铜川 | 11826 |
| 黄陵—延安 | 3902 | 延安—黄陵 | 9334 |
| 汉中—陕西南郑 | 548 | 陕西南郑—汉中 | 2657 |
| 延安—陕西延川 | 546 | 陕西延川—延安 | 915 |
| 安康—陕西平利 | 349 | 陕西平利—安康 | 287 |
| 锦界—王家砭 | 3216 | 王家砭—锦界 | 159 |
| 渭南—玉山 | 1571 | 玉山—渭南 | 669 |
| 西咸北环线(逆时针) | 6347 | 西咸北环线(顺时针) | 7689 |

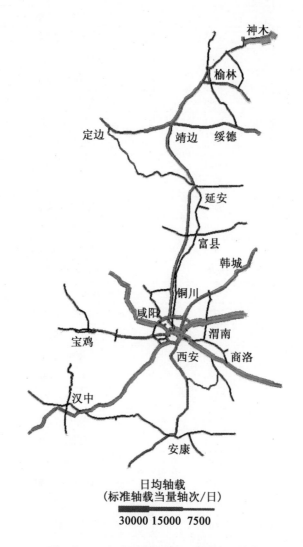

图 4-56 2019 年陕西省高速公路日均轴载

### 4.18.4 2019年陕西省高速公路日均交通量分布如表4-57和图4-57所示。

2019年陕西省高速公路日均交通量　　　　　表4-57

| 路段起止点 | 正向 | | | 反向 | | |
|---|---|---|---|---|---|---|
| | 客车折算交通量（辆/日） | 货车折算交通量（辆/日） | 小计 | 客车折算交通量（辆/日） | 货车折算交通量（辆/日） | 小计 |
| 陕蒙界—榆林 | 1874 | 2307 | 4181 | 1907 | 4617 | 6524 |
| 榆林—店塔 | 2889 | 4949 | 7838 | 2765 | 3095 | 5860 |
| 榆林—靖边 | 2965 | 11521 | 14486 | 3065 | 17425 | 20490 |
| 靖边—延安南 | 2864 | 8260 | 11124 | 3064 | 12935 | 15999 |
| 延安南—铜川 | 2444 | 2605 | 5049 | 2405 | 4172 | 6577 |
| 铜川—聂冯(环城) | 744 | 752 | 1496 | 4742 | 6399 | 11141 |
| 新筑—禹门口 | 8493 | 10881 | 19374 | 8204 | 11776 | 19980 |
| 灞桥—潼关 | 12508 | 19925 | 32433 | 11840 | 21840 | 33680 |
| 香王—商洛西 | 4325 | 12280 | 16605 | 4325 | 13563 | 17888 |
| 商洛西—界牌 | 1773 | 11238 | 13011 | 1769 | 13252 | 15021 |
| 阎村—漫川关主线 | 1350 | 4221 | 5571 | 1321 | 3518 | 4839 |
| 曲江—五里 | 4465 | 8947 | 13412 | 4321 | 7982 | 12303 |
| 流水—陕川界 | 2185 | 7769 | 9954 | 2122 | 6613 | 8735 |
| 河池寨—汉中 | 4686 | 8436 | 13122 | 4531 | 15878 | 20409 |
| 汉中—宁强 | 1794 | 7963 | 9757 | 1763 | 11609 | 13372 |
| 三桥—咸阳西 | 22340 | 9625 | 31965 | 20686 | 8310 | 28996 |
| 咸阳西—杨凌 | 14737 | 12189 | 26926 | 13553 | 9826 | 23379 |
| 杨凌—宝鸡 | 8701 | 8673 | 17374 | 8635 | 8317 | 16952 |
| 宝鸡—陈仓 | 1376 | 3111 | 4487 | 1055 | 1961 | 3016 |
| 六村堡—永寿南 | 14054 | 17798 | 31852 | 13832 | 15380 | 29212 |
| 永寿南—彬县 | 6203 | 16510 | 22713 | 6010 | 14756 | 20766 |
| 彬县—陕甘界 | 4205 | 13633 | 17838 | 4030 | 11680 | 15710 |
| 汉城—机场 | 19981 | 4 | 19985 | 19014 | 9 | 19023 |
| 法门寺—太白山 | 1825 | 797 | 2622 | 1900 | 1169 | 3069 |
| 西安南环城(逆时针) | 31175 | 13203 | 44378 | 31696 | 13547 | 45243 |
| 西安北环城(逆时针) | 27412 | 26808 | 54220 | 27461 | 27405 | 54866 |
| 牛家梁—史家湾 | 2228 | 2530 | 4758 | 2088 | 2940 | 5028 |
| 吴堡主线—靖边 | 747 | 7628 | 8375 | 808 | 6637 | 7445 |
| 靖边—王圈梁 | 1971 | 8348 | 10319 | 2007 | 8186 | 10193 |
| 陕西壶口—富县 | 1108 | 2571 | 3679 | 1037 | 3802 | 4839 |
| 富县—张家湾 | 463 | 733 | 1196 | 423 | 650 | 1073 |
| 虢镇—陇关 | 1814 | 1858 | 3672 | 1752 | 1534 | 3286 |
| 茅坪—安康 | 1371 | 4513 | 5884 | 1596 | 4193 | 5789 |
| 安康—汉中 | 1944 | 2721 | 4665 | 1876 | 3423 | 5299 |
| 汉中东—略阳 | 1021 | 972 | 1993 | 835 | 801 | 1636 |
| 神木—府谷 | 1326 | 17255 | 18581 | 1225 | 11959 | 13184 |
| 渭南东—孙镇 | 1584 | 1417 | 3001 | 1543 | 1649 | 3192 |

续上表

| 路段起止点 | 正向 | | 小计 | 反向 | | 小计 |
|---|---|---|---|---|---|---|
| | 客车折算交通量（辆/日） | 货车折算交通量（辆/日） | | 客车折算交通量（辆/日） | 货车折算交通量（辆/日） | |
| 田王—商洛 | 2769 | 3752 | 6521 | 2583 | 3974 | 6557 |
| 榆林—陕西佳县 | 1150 | 7056 | 8206 | 1209 | 5918 | 7127 |
| 沿河湾立交—吴起 | 1766 | 3194 | 4960 | 1783 | 3536 | 5319 |
| 马庄—旬邑 | 2515 | 1807 | 4322 | 2435 | 1672 | 4107 |
| 未央—铜川 | 6383 | 14241 | 20624 | 5791 | 9995 | 15786 |
| 铜川—黄陵 | 3774 | 16057 | 19831 | 3618 | 11130 | 14748 |
| 黄陵—延安 | 3041 | 13042 | 16083 | 2828 | 8915 | 11743 |
| 汉中—陕西南郑 | 1491 | 900 | 2391 | 1424 | 4484 | 5908 |
| 延安—陕西延川 | 939 | 817 | 1756 | 890 | 1337 | 2227 |
| 安康—陕西平利 | 1212 | 855 | 2067 | 1186 | 805 | 1991 |
| 锦界—王家砭 | 258 | 2782 | 3040 | 247 | 906 | 1153 |
| 渭南—玉山 | 577 | 1643 | 2220 | 568 | 1592 | 2160 |
| 西咸北环线(逆时针) | 2670 | 8661 | 11331 | 2747 | 9267 | 12014 |

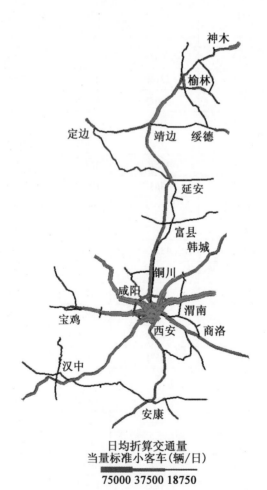

图 4-57　2019 年陕西省高速公路日均交通量

## 4.19 贵州省高速公路日均运输密度

**4.19.1** 2019年贵州省高速公路日均客运密度分布见表4-58和图4-58。

2019年贵州省高速公路日均客运密度　　　　表4-58

| 路段起止点 | 客运密度（人公里/公里） | 路段起止点 | 客运密度（人公里/公里） |
|---|---|---|---|
| 黔渝界松坎主线—桐梓 | 14588 | 桐梓—黔渝界松坎主线 | 14663 |
| 桐梓—遵义 | 26212 | 遵义—桐梓 | 26515 |
| 遵义—黔川界茅台主线 | 39744 | 黔川界茅台主线—遵义 | 38437 |
| 遵义—金沙 | 13285 | 金沙—遵义 | 13084 |
| 金沙—毕节 | 13819 | 毕节—金沙 | 13734 |
| 遵义—息烽 | 33784 | 息烽—遵义 | 33053 |
| 息烽—贵阳 | 44960 | 贵阳—息烽 | 45005 |
| 贵阳—清镇 | 54724 | 清镇—贵阳 | 57513 |
| 清镇—安顺 | 38321 | 安顺—清镇 | 38472 |
| 安顺—普定 | 11809 | 普定—安顺 | 11391 |
| 安顺—晴隆 | 22142 | 晴隆—安顺 | 21675 |
| 晴隆—黔滇界胜境关主线 | 11932 | 黔滇界胜境关主线—晴隆 | 11825 |
| 晴隆—兴仁 | 9601 | 兴仁—晴隆 | 9688 |
| 惠水—紫云 | 6524 | 紫云—惠水 | 6278 |
| 紫云—兴仁 | 9968 | 兴仁—紫云 | 10113 |
| 兴仁—兴义 | 23429 | 兴义—兴仁 | 23434 |
| 兴义—黔滇界岔江主线 | 5732 | 黔滇界岔江主线—兴义 | 5844 |
| 兴义—黔桂界板坝主线 | 9757 | 黔桂界板坝主线—兴义 | 10120 |
| 贵阳绕城（顺时针） | 33601 | 贵阳绕城（逆时针） | 34230 |
| 贵阳—贵定 | 31965 | 贵定—贵阳 | 32137 |
| 贵定—台江 | 26850 | 台江—贵定 | 27691 |
| 台江—三穗 | 27215 | 三穗—台江 | 27189 |
| 三穗—铜仁 | 22588 | 铜仁—三穗 | 21998 |
| 龙里—都匀 | 23184 | 都匀—龙里 | 27030 |
| 都匀—榕江 | 14919 | 榕江—都匀 | 15255 |
| 榕江—黔桂界雷洞主线 | 13182 | 黔桂界雷洞主线—榕江 | 13592 |
| 从江—黎平 | 7532 | 黎平—从江 | 7565 |
| 都匀—黔桂界新寨主线 | 20992 | 黔桂界新寨主线—都匀 | 21019 |
| 独山—荔波 | 11283 | 荔波—独山 | 12018 |
| 赤水—仁怀 | 12866 | 仁怀—赤水 | 13041 |
| 遵义汇川区高坪镇—绥阳 | 16262 | 绥阳—遵义汇川区高坪镇 | 16001 |
| 遵义—思南 | 22758 | 思南—遵义 | 22781 |
| 思南—镇远 | 13040 | 镇远—思南 | 13657 |
| 贵阳—惠水 | 21373 | 惠水—贵阳 | 20947 |
| 安顺—六枝 | 9092 | 六枝—安顺 | 9183 |
| 盘县—水城 | 10800 | 水城—盘县 | 10929 |
| 毕节—周家院主线 | 8900 | 周家院主线—毕节 | 8844 |
| 惠水—断杉 | 9747 | 断杉—惠水 | 9568 |
| 大方—黔西 | 22103 | 黔西—大方 | 22561 |
| 黔西—织金 | 5409 | 织金—黔西 | 5607 |

续上表

| 路段起止点 | 客运密度<br>(人公里/公里) | 路段起止点 | 客运密度<br>(人公里/公里) |
|---|---|---|---|
| 麻江—瓮安 | 25167 | 瓮安—麻江 | 24718 |
| 遵义绕城(顺时针) | 14924 | 遵义绕城(逆时针) | 14564 |
| 思南—铜仁 | 17199 | 铜仁—思南 | 17205 |
| 铜仁北—铜仁大兴 | 20020 | 铜仁大兴—铜仁北 | 20364 |
| 铜仁—黄板 | 10413 | 黄板—铜仁 | 10388 |
| 贵阳南环线(顺时针) | 18856 | 贵阳南环线(逆时针) | 17908 |
| 镇宁—魏旗站 | 30843 | 魏旗站—镇宁 | 30983 |
| 凯里北—丹寨 | 7250 | 丹寨—凯里北 | 7271 |
| 黎平—瓦寨 | 7071 | 瓦寨—黎平 | 7005 |
| 瓮安—湄潭 | 10613 | 湄潭—瓮安 | 10866 |
| 百宜—闵孝镇 | 16228 | 闵孝镇—百宜 | 16293 |
| 红枫—九洞天 | 11803 | 九洞天—红枫 | 11621 |
| 毕节—法窝 | 17056 | 法窝—毕节 | 17204 |
| 六枝—滥坝 | 8712 | 滥坝—六枝 | 9068 |
| 凯里东—雷山主线 | 10676 | 雷山主线—凯里东 | 10330 |
| 重安—余庆 | 7829 | 余庆—重安 | 8016 |
| 合兴—沙子 | 4478 | 沙子—合兴 | 4396 |
| 余安高速立交—望谟西 | 5124 | 望谟西—余安高速立交 | 5328 |
| 黔西东—小寨坝 | 2581 | 小寨坝—黔西东 | 2590 |
| 盘州东—兴义东 | 6270 | 兴义东—盘州东 | 6339 |
| 黔西—曹关 | 26764 | 曹关—黔西 | 26510 |
| 羊昌—喇叭 | 13641 | 喇叭—羊昌 | 13167 |
| 龙宫北—桐木岭 | 12659 | 桐木岭—龙宫北 | 13226 |

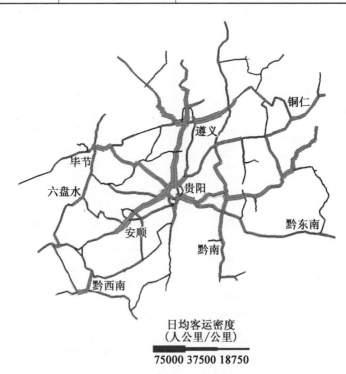

图4-58 2019年贵州省高速公路日均客运密度

**4.19.2　2019 年贵州省高速公路日均货运密度分布见表 4-59 和图 4-59。**

2019 年贵州省高速公路日均货运密度　　　　　　表 4-59

| 路段起止点 | 货运密度<br>(吨公里/公里) | 路段起止点 | 货运密度<br>(吨公里/公里) |
|---|---|---|---|
| 黔渝界松坎主线—桐梓 | 17782 | 桐梓—黔渝界松坎主线 | 17447 |
| 桐梓—遵义 | 17707 | 遵义—桐梓 | 16787 |
| 遵义—黔川界茅台主线 | 13360 | 黔川界茅台主线—遵义 | 11517 |
| 遵义—金沙 | 4647 | 金沙—遵义 | 4492 |
| 金沙—毕节 | 6710 | 毕节—金沙 | 4983 |
| 遵义—息烽 | 18425 | 息烽—遵义 | 16877 |
| 息烽—贵阳 | 19806 | 贵阳—息烽 | 17304 |
| 贵阳—清镇 | 36930 | 清镇—贵阳 | 25301 |
| 清镇—安顺 | 27708 | 安顺—清镇 | 32522 |
| 安顺—普定 | 7756 | 普定—安顺 | 10275 |
| 安顺—晴隆 | 35335 | 晴隆—安顺 | 46031 |
| 晴隆—黔滇界胜境关主线 | 33764 | 黔滇界胜境关主线—晴隆 | 41949 |
| 晴隆—兴仁 | 1588 | 兴仁—晴隆 | 1237 |
| 惠水—紫云 | 1128 | 紫云—惠水 | 1337 |
| 紫云—兴仁 | 3253 | 兴仁—紫云 | 3548 |
| 兴仁—兴义 | 11356 | 兴义—兴仁 | 9216 |
| 兴义—黔滇界岔江主线 | 21391 | 黔滇界岔江主线—兴义 | 16573 |
| 兴义—黔桂界板坝主线 | 22973 | 黔桂界板坝主线—兴义 | 16444 |
| 贵阳绕城(顺时针) | 32834 | 贵阳绕城(逆时针) | 30094 |
| 贵阳—贵定 | 37837 | 贵定—贵阳 | 36532 |
| 贵定—台江 | 28711 | 台江—贵定 | 28771 |
| 台江—三穗 | 28523 | 三穗—台江 | 26133 |
| 三穗—铜仁 | 17941 | 铜仁—三穗 | 15975 |
| 龙里—都匀 | 26131 | 都匀—龙里 | 30655 |
| 都匀—榕江 | 8475 | 榕江—都匀 | 6335 |
| 榕江—黔桂界雷洞主线 | 6240 | 黔桂界雷洞主线—榕江 | 6404 |
| 从江—黎平 | 1139 | 黎平—从江 | 1314 |
| 都匀—黔桂界新寨主线 | 34417 | 黔桂界新寨主线—都匀 | 35125 |
| 独山—荔波 | 14710 | 荔波—独山 | 17123 |
| 赤水—仁怀 | 3193 | 仁怀—赤水 | 3261 |
| 遵义汇川区高坪镇—绥阳 | 1572 | 绥阳—遵义汇川区高坪镇 | 939 |
| 遵义—思南 | 9571 | 思南—遵义 | 10406 |
| 思南—镇远 | 2507 | 镇远—思南 | 3377 |
| 贵阳—惠水 | 3821 | 惠水—贵阳 | 2551 |
| 安顺—六枝 | 4858 | 六枝—安顺 | 3128 |
| 盘县—水城 | 3403 | 水城—盘县 | 3043 |
| 毕节—周家院主线 | 4606 | 毕节—周家院主线 | 2156 |
| 惠水—断杉 | 2493 | 断杉—惠水 | 1490 |
| 大方—黔西 | 5916 | 黔西—大方 | 10620 |
| 黔西—织金 | 1869 | 织金—黔西 | 1741 |
| 麻江—瓮安 | 19705 | 瓮安—麻江 | 17410 |

续上表

| 路段起止点 | 货运密度（吨公里/公里） | 路段起止点 | 货运密度（吨公里/公里） |
|---|---|---|---|
| 遵义绕城（顺时针） | 5938 | 遵义绕城（逆时针） | 5990 |
| 思南—铜仁 | 25222 | 铜仁—思南 | 25007 |
| 铜仁北—铜仁大兴 | 40442 | 铜仁大兴—铜仁北 | 38742 |
| 铜仁—黄板 | 6669 | 黄板—铜仁 | 4402 |
| 贵阳南环线（顺时针） | 12767 | 贵阳南环线（逆时针） | 13190 |
| 镇宁—魏旗站 | 31023 | 魏旗站—镇宁 | 27014 |
| 凯里北—丹寨 | 1019 | 丹寨—凯里北 | 862 |
| 黎平—瓦寨 | 1616 | 瓦寨—黎平 | 1055 |
| 瓮安—湄潭 | 12755 | 湄潭—瓮安 | 15070 |
| 百宜—闵孝镇 | 34401 | 闵孝镇—百宜 | 35631 |
| 红枫—九洞天 | 2951 | 九洞天—红枫 | 2738 |
| 毕节—法窝 | 10053 | 法窝—毕节 | 10787 |
| 六枝—滥坝 | 4701 | 滥坝—六枝 | 2940 |
| 凯里东—雷山主线 | 563 | 雷山主线—凯里东 | 282 |
| 重安—余庆 | 805 | 余庆—重安 | 1312 |
| 合兴—沙子 | 1573 | 沙子—合兴 | 1348 |
| 余安高速立交—望谟西 | 1245 | 望谟西—余安高速立交 | 929 |
| 黔西东—小寨坝 | 772 | 小寨坝—黔西东 | 678 |
| 盘州东—兴义东 | 5958 | 兴义东—盘州东 | 2771 |
| 黔西—曹关 | 12991 | 曹关—黔西 | 15682 |
| 羊昌—喇叭 | 2736 | 喇叭—羊昌 | 2069 |
| 龙宫北—桐木岭 | 12871 | 桐木岭—龙宫北 | 13259 |

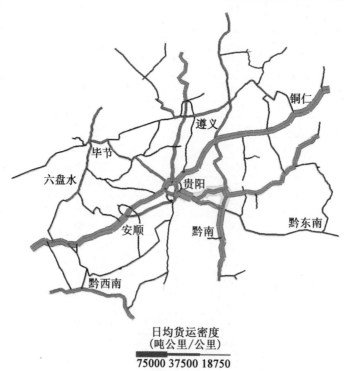

图 4-59　2019 年贵州省高速公路日均货运密度

### 4.19.3 2019年贵州省高速公路日均交通量分布如表4-60和图4-60所示。

2019年贵州省高速公路日均交通量　　　　　表4-60

| 路段起止点 | 正向 客车折算交通量（辆/日） | 正向 货车折算交通量（辆/日） | 小计 | 反向 客车折算交通量（辆/日） | 反向 货车折算交通量（辆/日） | 小计 |
|---|---|---|---|---|---|---|
| 黔渝界松坎主线—桐梓 | 4310 | 4319 | 8629 | 4345 | 4207 | 8552 |
| 桐梓—遵义 | 7867 | 4739 | 12606 | 7982 | 4500 | 12482 |
| 遵义—黔川界茅台主线 | 12168 | 3965 | 16133 | 11745 | 3892 | 15637 |
| 遵义—金沙 | 3857 | 1540 | 5397 | 3765 | 1710 | 5475 |
| 金沙—毕节 | 3986 | 1672 | 5698 | 3913 | 1884 | 5797 |
| 遵义—息烽 | 9994 | 5005 | 14999 | 9769 | 4593 | 14362 |
| 息烽—贵阳 | 13703 | 5699 | 19402 | 13746 | 5436 | 19182 |
| 贵阳—清镇 | 16218 | 8211 | 24429 | 17042 | 7551 | 24593 |
| 清镇—安顺 | 10693 | 6826 | 17519 | 10675 | 7322 | 17997 |
| 安顺—普定 | 3245 | 2067 | 5312 | 3180 | 2295 | 5475 |
| 安顺—晴隆 | 5795 | 7735 | 13530 | 5709 | 8474 | 14183 |
| 晴隆—黔滇界胜境关主线 | 3670 | 7052 | 10722 | 3630 | 7701 | 11331 |
| 晴隆—兴仁 | 2719 | 806 | 3525 | 2705 | 729 | 3434 |
| 惠水—紫云 | 2074 | 528 | 2602 | 1999 | 565 | 2564 |
| 紫云—兴仁 | 3010 | 1101 | 4111 | 3132 | 1298 | 4430 |
| 兴仁—兴义 | 7374 | 3258 | 10632 | 7364 | 2898 | 10262 |
| 兴义—黔滇界岔江主线 | 1705 | 4178 | 5883 | 1726 | 3783 | 5509 |
| 兴义—黔桂界板坝主线 | 2950 | 4537 | 7487 | 3045 | 3372 | 6417 |
| 贵阳绕城（顺时针） | 10210 | 8419 | 18629 | 10406 | 8115 | 18521 |
| 贵阳—贵定 | 8210 | 8562 | 16772 | 7893 | 8703 | 16596 |
| 贵定—台江 | 6654 | 6185 | 12839 | 6636 | 6542 | 13178 |
| 台江—三穗 | 7027 | 6115 | 13142 | 7066 | 5589 | 12655 |
| 三穗—铜仁 | 6499 | 4058 | 10557 | 6414 | 3822 | 10236 |
| 龙里—都匀 | 5952 | 5616 | 11568 | 6326 | 6382 | 12708 |
| 都匀—榕江 | 3718 | 2032 | 5750 | 3878 | 1901 | 5779 |
| 榕江—黔桂界雷洞主线 | 3134 | 1715 | 4849 | 3312 | 1605 | 4917 |
| 从江—黎平 | 1874 | 591 | 2465 | 1884 | 613 | 2497 |
| 都匀—黔桂界新寨主线 | 4962 | 6750 | 11712 | 4965 | 6688 | 11653 |
| 独山—荔波 | 2301 | 3128 | 5429 | 2320 | 2907 | 5227 |
| 赤水—仁怀 | 3652 | 1402 | 5054 | 3709 | 1121 | 4830 |
| 遵义汇川区高坪镇—绥阳 | 5033 | 696 | 5729 | 4940 | 761 | 5701 |
| 遵义—思南 | 6237 | 2443 | 8680 | 6308 | 2872 | 9180 |
| 思南—镇远 | 3982 | 1181 | 5163 | 4100 | 1108 | 5208 |
| 贵阳—惠水 | 6719 | 1592 | 8311 | 6597 | 1551 | 8148 |
| 安顺—六枝 | 2894 | 1490 | 4384 | 2929 | 1364 | 4293 |
| 盘县—水城 | 3208 | 1169 | 4377 | 3226 | 1238 | 4464 |
| 毕节—周家院主线 | 2798 | 1239 | 4037 | 2755 | 1268 | 4023 |
| 惠水—断杉 | 3046 | 929 | 3975 | 3015 | 962 | 3977 |
| 大方—黔西 | 6415 | 2712 | 9127 | 6534 | 2501 | 9035 |
| 黔西—织金 | 1668 | 857 | 2525 | 1735 | 612 | 2347 |

续上表

| 路段起止点 | 正向 客车折算交通量（辆/日） | 正向 货车折算交通量（辆/日） | 小计 | 反向 客车折算交通量（辆/日） | 反向 货车折算交通量（辆/日） | 小计 |
|---|---|---|---|---|---|---|
| 麻江—瓮安 | 7524 | 4464 | 11988 | 7334 | 4413 | 11747 |
| 遵义绕城（顺时针） | 4488 | 1792 | 6280 | 4407 | 1956 | 6363 |
| 思南—铜仁 | 4106 | 4888 | 8994 | 4227 | 5035 | 9262 |
| 铜仁北—铜仁大兴 | 5319 | 7549 | 12868 | 5524 | 7636 | 13160 |
| 铜仁—黄板 | 2979 | 1678 | 4657 | 3018 | 1519 | 4537 |
| 贵阳南环线（顺时针） | 5812 | 3885 | 9697 | 5530 | 3816 | 9346 |
| 镇宁—魏旗站 | 8277 | 7262 | 15539 | 8332 | 6989 | 15321 |
| 凯里北—丹寨 | 1893 | 495 | 2388 | 1883 | 468 | 2351 |
| 黎平—瓦寨 | 1824 | 603 | 2427 | 1810 | 561 | 2371 |
| 瓮安—湄潭 | 3318 | 2779 | 6097 | 3405 | 2918 | 6323 |
| 百宜—闵孝镇 | 4803 | 6767 | 11570 | 4863 | 6809 | 11672 |
| 红枫—九洞天 | 3524 | 1120 | 4644 | 3463 | 1187 | 4650 |
| 毕节—法窝 | 5416 | 2763 | 8179 | 5496 | 2830 | 8326 |
| 六枝—滥坝 | 2743 | 1363 | 4106 | 2874 | 1319 | 4193 |
| 凯里东—雷山主线 | 2397 | 329 | 2726 | 2341 | 352 | 2693 |
| 重安—余庆 | 2128 | 616 | 2744 | 2194 | 629 | 2823 |
| 合兴—沙子 | 1366 | 492 | 1858 | 1346 | 500 | 1846 |
| 余安高速立交—望谟西 | 1518 | 529 | 2047 | 1579 | 565 | 2144 |
| 黔西东—小寨坝 | 896 | 301 | 1197 | 901 | 298 | 1199 |
| 盘州东—兴义东 | 1958 | 1466 | 3424 | 1985 | 835 | 2820 |
| 黔西—曹关 | 7892 | 4027 | 11919 | 7787 | 3805 | 11592 |
| 羊昌—喇叭 | 4324 | 916 | 5240 | 4155 | 913 | 5068 |
| 龙宫北—桐木岭 | 3394 | 2892 | 6286 | 3611 | 3269 | 6880 |

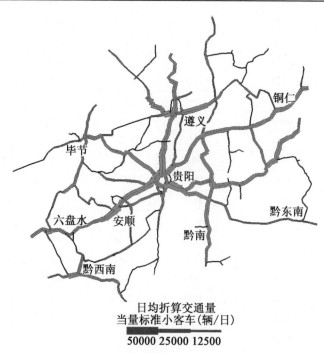

图 4-60　2019 年贵州省高速公路日均交通量

# 附　录

## 附录1　各省(自治区、直辖市)高速公路收费系统数据库信息类型

2019年高速公路运输量统计主要数据来源更加完善,见附表1。

**2019年度各省(自治区、直辖市)收费系统数据库信息**　　　　附表1

| 车型 | 客车车型 | 货车车型 | 货车轴型 | 货车轴重 | 货车总重 | 货车轴数 |
|---|---|---|---|---|---|---|
| 北京 | ● | | | | | |
| 天津 | ● | | ● | | ● | |
| 河北 | ● | | ● | ● | ● | |
| 山西 | ● | | ● | ● | ● | |
| 内蒙古 | ● | | | | ● | ● |
| 辽宁 | ● | | | | ● | ● |
| 吉林 | ● | | | | ● | ● |
| 黑龙江 | ● | | ● | | ● | |
| 上海 | ● | ● | | | | |
| 江苏 | ● | | ● | ● | ● | |
| 浙江 | ● | | | | ● | ● |
| 安徽 | ● | | ● | | ● | |
| 福建 | ● | | ● | ● | ● | |
| 江西 | ● | | ● | | ● | |
| 山东 | ● | | | | ● | |
| 河南 | ● | | | | ● | |
| 湖北 | ● | | | | ● | |
| 湖南 | ● | | ● | | ● | |
| 广东 | ● | ● | | | ● | ● |
| 广西 | ● | | | | ● | ● |
| 重庆 | ● | | | | ● | ● |
| 四川 | ● | | | | ● | ● |
| 贵州 | ● | | ● | ● | ● | |
| 云南 | ● | | | | ● | ● |
| 陕西 | ● | | | | ● | |
| 甘肃 | ● | | | | ● | ● |
| 宁夏 | ● | | | | ● | |
| 青海 | ● | | | | ● | ● |
| 新疆 | ● | | | | ● | ● |

注:1. 表中●项表示数据库中有该项信息;
　2. 海南省高速公路因不设收费站,无数据库信息。

## 附录2 各省(自治区、直辖市)客车收费车型划分标准

北京、天津、河北、山西、内蒙古、辽宁、吉林、黑龙江、上海、江苏、浙江、安徽、江西、福建、山东、河南、湖北、湖南、广东、广西、重庆、四川、贵州、云南、陕西、甘肃、宁夏、青海、新疆等省(自治区、直辖市)执行部标《收费公路车辆通行费车型分类》(JT/T 489—2003),见附表2。

收费客车车型划分(JT/T 489—2003)　　　　　　　　　　　　　附表2

| 车型 | I | II | III | IV |
|---|---|---|---|---|
| 座位数 | ≤7 | 8~19 | 20~39 | ≥40 |

## 附录3 运输结构主要数据说明

在统计运输指标时,没有包括香港、澳门特别行政区和台湾省相关数据。各省(自治区、直辖市)(不含海南省)已通车而相关数据未进入收费系统数据库的路段运输量也未计入。

高速公路运输结构指标性数据的处理和统计学测试等项参见《2008中国高速公路运输量调查分析报告》。

高速公路运输量统计调查工作采取统一核算方式。派专人到各省(自治区、直辖市)高速公路管理部门和业主单位采集收费系统数据库数据和相关资料。全部数据汇总后,集中进行处理、核算和分析,撰写调查分析报告。

统一核算方式有助于提高高速公路运输量统计数据的质量,增强运输经济运行分析的可信度。同时,可以减轻各省(自治区、直辖市)被调查部门和单位的工作量。

1. 高速公路运输与国民经济

(1) 每万元国内生产总值(按现价计算)的高速公路货运量

$$= \frac{年度全国高速公路货运量(吨)}{年度国内生产总值(按当年价格计算)(万元)}$$

(2) 每万元国内生产总值(按现价计算)的高速公路货物周转量

$$= \frac{年度全国高速公路货物周转量(吨公里)}{年度国内生产总值(按当年价格计算)(万元)}$$

(3) 全国平均每人高速公路乘车次数

$$= \frac{年度全国高速公路客运量(人次)}{年度全国总人口}$$

(4) 全国平均每人高速公路乘行距离(公里)

$$= \frac{年度全国高速公路旅客周转量(人公里)}{年度全国总人口}$$

2. 高速公路基础设施

(1) 通车里程(公里)是指高速公路已建成通车的里程。

(2) 车道里程(公里)是用于车辆通行的主线车道的长度,用于反映公路的综合通行能力。

(3) 平均车道数(条) $= \dfrac{车道里程(公里)}{通车里程(公里)}$。

3. 高速公路交通状况

(1) 货车在行驶量中比例(%) $= \dfrac{货车行驶量(车公里)}{行驶量(车公里)}$。

(2) 道路负荷以标准轴载当量轴次计。

在取得车辆轴重数据的省(自治区、直辖市),绝大部分可按照部标《公路沥青路面设计规范》(JTG D50—2017)计算各个路段的道路负荷。

4. 高速公路旅客运输

(1)客运量(亿人)。

为避免重复计算,全国高速公路客运量只汇总各省(自治区、直辖市)的省(自治区、直辖市)内客运量和出省(自治区、直辖市)客运量。有26个省(自治区、直辖市)(里程占全国高速公路通车里程的90.44%)可以同时求取高速公路客运量和旅客周转量两项指标;其他省(自治区、直辖市)可以求取高速公路旅客周转量指标。通过26个省(自治区、直辖市)的高速公路旅客周转量在全国高速公路旅客周转量中的比重,放大推算全国高速公路客运量。

(2)客运密度(万人公里/公里)。

$$客运密度(万人公里/公里) = \frac{旅客周转量(万人公里)}{通车里程(公里)}$$

客运密度是指每公里高速公路上通过的旅客人数。客运密度分布是把各个路段的客运密度汇总在某一干线、某一省(自治区、直辖市)或全国高速公路路网上。

(3)旅客平均行程(公里)。

$$旅客平均行程(公里) = \frac{旅客周转量(亿人公里)}{客运量(亿人)}$$

旅客平均行程是指旅客在高速公路网中的旅行距离,是旅客完成一次旅行总距离的一部分。由26个省(自治区、直辖市)(里程占全国高速公路通车里程的90.44%)的旅客周转量除以省(自治区、直辖市)内客运量和出省(自治区、直辖市)客运量之和得到的。

(4)省(自治区、直辖市)内旅客平均行程(公里)。

省(自治区、直辖市)内旅客平均行程(公里),由26个省(自治区、直辖市)(里程占全国高速公路通车里程的90.44%)的省(自治区、直辖市)内旅客周转量除以省(自治区、直辖市)内客运量得到的。

(5)跨省(自治区、直辖市)的旅客平均行程(公里)。

跨省(自治区、直辖市)的旅客平均行程(公里),由26个省(自治区、直辖市)(里程占全国高速公路通车里程的90.44%)的跨省(自治区、直辖市)旅客周转量除以出省(自治区、直辖市)的客运量得到的。

(6)客车平均速度(公里/小时)。

$$每辆客车的速度 = \frac{客车行驶距离(公里)}{运行时间(小时)}$$

这里的运行时间是指出口时刻与入口时刻之差,包括行驶时间、服务区(或停车区)休息时间、路边暂停时间以及出口交费等待时间。

客车平均速度由河北、辽宁、吉林、江苏、浙江、山东、福建、江西、山西、河南、湖北、湖南、广西、贵州、安徽、重庆、四川、陕西、甘肃等19个省(自治区、直辖市)数据计算出的。

(7)高速公路客运结构分析。

①≤7座客运车辆在客车车数中的比例(%)。

②≤7座客运车辆人数在客运量中的比例(%)。

③≤7座客运车辆完成的周转量在旅客周转量中的比例(%)。

未执行部标《收费公路车辆通行费车型分类》(JT/T 489—2003)的省市,统计时把Ⅰ型客车划入≤7座客运车辆项目内。

④客运车辆平均座位数和乘坐率。

大多数省(自治区、直辖市)执行部标《收费公路车辆通行费车型分类》(JT/T 489—2003),通过收费站的调查,求取各个车型客运车辆的平均座位数和乘坐率:

$$\text{车型客运车辆的平均乘坐率}(\%) = \frac{\text{该车型客运车辆乘客数}}{\text{该车型客运车辆座位数}}$$

⑤轿车平均乘坐人数(人/车)。

$$5 \text{座轿车的平均乘坐人数}(\text{人/车}) = \frac{\text{轿车乘客数}(\text{人})}{\text{轿车数}(\text{车})}, \text{在收费站调查求得。}$$

**5. 高速公路货物运输**

(1)货运量(亿吨)。

各省(自治区、直辖市)高速公路货运量包括省(自治区、直辖市)内货运量、出省(自治区、直辖市)货运量、进省(自治区、直辖市)货运量和穿越货运量。

为避免重复计算,全国高速公路货运量只汇总各省(自治区、直辖市)的省(自治区、直辖市)内货运量和驶出省(自治区、直辖市)货运量。有26个省(自治区、直辖市)(里程占全国高速公路通车里程的90.44%)可以同时求取高速公路货运量和货物周转量两项指标;其他省(自治区、直辖市)可以求取高速公路货物周转量指标。通过26个省(自治区、直辖市)的高速公路货物周转量在全国高速公路货物周转量中的比重,放大推算全国高速公路货运量。

(2)货运密度(万吨公里/公里)。

$$\text{货运密度}(\text{万吨公里/公里}) = \frac{\text{货物周转量}(\text{万吨公里})}{\text{通车里程}(\text{公里})}$$

货运密度是每公里高速公路上通过的货物量。货运密度分布是把各个路段的货运密度汇总在某一干线、某一省区市或全国高速公路路网上。

(3)货物平均运距(公里)。

$$\text{货物平均运程}(\text{公里}) = \frac{\text{货物周转量}(\text{亿吨公里})}{\text{货运量}(\text{亿吨})}$$

仅指货物在高速公路网中的运输距离,是货物完成一次运输过程总距离的一部分。由26个省(自治区、直辖市)(里程占全国高速公路通车里程的91.33%)的货物周转量除以省(自治区、直辖市)内货运量和出省(自治区、直辖市)货运量之和求出。

(4)省(自治区、直辖市)内货物平均运距(公里)。

省(自治区、直辖市)内货物平均运距(公里),由26个省(自治区、直辖市)(里程占全国高速公路通车里程的90.44%)的省(自治区、直辖市)内货物周转量除以省(自治区、直辖市)内货运量求出。

(5)跨省(自治区、直辖市)的货物平均运距(公里)。

跨省(自治区、直辖市)货物平均运距(公里),由26个省(自治区、直辖市)(里程占全国高速公路通车里程的90.44%)跨省货物周转量除以出省(自治区、直辖市)货运量求出。

(6)货车平均速度(公里/小时)。

$$\text{每辆货车的速度}(\text{公里/小时}) = \frac{\text{货车行驶距离}(\text{公里})}{\text{运行时间}(\text{小时})}$$

这里的运行时间是指出口时刻与入口时刻之差,包括行驶时间、服务区(或停车区)休息时间、路边暂停时间以及出口交费等待时间。

货车平均速度由河北、山西、黑龙江、江苏、山东、福建、湖北、湖南、河南、江西、重庆、贵州、陕西等13个省(自治区、直辖市)数据求出。

(7)高速公路货运结构分析。

①货车轴型构成。

货车轴型构成是指各种轴型货车在高速公路网的货车车数、货车行驶量以及完成的货物周转量中的比重。轴型按轴数、轮胎数、单一车体和汽车列车划分为2轴4胎、2轴6胎、3轴和4轴单车以及半挂列车4大类。

②货车空驶状况。

货车空驶状况用空车走行率来衡量：空车走行率(%) = $\frac{空车行驶量(车公里)}{重车行驶量(车公里)}$。

③货车超限运输状况。

车辆的轴载质量限值按国标《道路车辆外廓尺寸、轴载及质量限值》(GB 1589—2016)规定选取，见附表3。

汽车及挂车单轴、二轴组及三轴组的最大允许轴荷限值　　　　　　　附表3

| 类型 | | | 最大允许轴荷限值(kg) |
|---|---|---|---|
| 单轴 | 每侧单轮胎 | | 7000 |
| | 每侧双轮胎 | 非驱动轴 | 10000 |
| | | 驱动轴 | 11500 |
| 二轴组 | 轴距<1000mm | | 11500 |
| | 轴距≥1000mm，且<1300mm | | 16000 |
| | 轴距≥1300mm，且<1800mm | | 18000 |
| | 轴距≥1800mm(仅挂车) | | 18000 |
| 三轴组 | 相邻两轴之间距离≤1300mm | | 21000 |
| | 相邻两轴之间距离>1300mm，且≤1400mm | | 24000 |

按照规定的限值，计算超限0~30%(含30%)，30%~50%(含50%)，50%~100%(含100%)以及>100%的超限运输车辆在货车总数中的比例(超限率)。

6. 县乡运输量比例(%)

县乡运输量比例是指从县级及县级以下地区内的高速公路收费站进入的客运量和货运量与总客运量和总货运量之比。

所列指标根据河北、山西、辽宁、江苏、浙江、安徽、江西、福建、山东、河南、湖北、湖南、广西、陕西、甘肃、贵州16个省区(里程占全国高速公路通车里程的62.54%)统计得到。其中江苏省长江以南地区、浙江省杭州、嘉兴、湖州、绍兴、宁波五市全部辖区都列入城市区域。

7. 省(自治区、直辖市)的穿越车流状况

省(自治区、直辖市)的穿越车流是指起止点都不在省(自治区、直辖市)域高速公路网内的车流。穿越车流与被穿越的省份社会经济发展并无直接关系，但这部分车流的畅通影响全国高速公路网整体平稳有序的运营。

8. 道路负荷分布

按照《公路沥青路面设计规范》(JTG D50—2017)的规定，标准轴载为单轴双胎轴载10吨。

各型车轴标准轴载当量轴次 m 为：

(1) 单轴单胎　　$m = 6.4 \times \left(\frac{P}{10}\right)^{4.35}$；

(2) 单轴双胎　　$m = 1.0 \times \left(\frac{P}{10}\right)^{4.35}$；

(3) 双联轴单胎　　$m = 2.2 \times 6.4 \times \left(\frac{P}{20}\right)^{4.35}$；

(4) 双联轴双胎　　$m = 2.2 \times \left(\frac{P}{20}\right)^{4.35}$；

(5) 三联轴单胎　　$m = 3.4 \times 6.4 \times \left(\frac{P}{30}\right)^{4.35}$；

(6) 三联轴双胎　　$m = 3.4 \times \left(\frac{P}{30}\right)^{4.35}$。

式中，P为该型车轴的总轴重(吨)。

高速公路多为沥青路面，上述当量轴次算式用在以设计弯沉值为指标及沥青层层底拉应力验算时。

省(自治区、直辖市)的道路负荷分布是把各个路段的标准轴载当量轴次汇总在省(自治区、直辖市)高速公路路网上。

9. 交通量分布

按照交通运输部办公厅《关于调整公路交通情况调查车型分类及折算系数的通知》(厅规划字〔2010〕205号)文件，规定了公路交通情况调查机动车车型分类和公路交通情况调查机动车型折算系数参考值，而《公路工程技术标准》(JTG B01—2014)在此基础上将大型车的折算系数修订为2.5，其中与高速公路有关的车型划分见附表4。

公路交通情况调查机动车型折算系数参考值　　　　　　　　　　附表4

| 一级分类 | 二级分类 | 额定载荷参数 | 轮廓及轴数特征参数 | 当量标准小客车换算系数 |
| --- | --- | --- | --- | --- |
| 小型车 | 中小客车 | 额定座位≤19座 | 车长<6m,2轴 | 1.0 |
| | 小型货车 | 载货量≤2吨 | | 1.0 |
| 中型车 | 大客车 | 额定座位>19座 | 6m≤车长≤12m,2轴 | 1.5 |
| | 中型货车 | 2吨<载质量≤7吨 | | 1.5 |
| 大型车 | 大型货车 | 7吨<载质量≤20吨 | 6m≤车长≤12m,3轴或4轴 | 2.5 |
| 特大型车 | 特大型货车 | 载质量>20吨 | 车长>12m或4轴以上；且车高<3.8m，或车高>4.2m | 4.0 |
| | 集装箱车 | | 车长>12m或4轴以上；且3.8m≤车高≤4.2m | 4.0 |
| | 拖挂车 | — | | 4.0 |

将公路交通情况调查机动车型折算系数参考值与附表2——部颁标准《收费公路车辆通行费车型分类》(JT/T 489—2003)对照后，高速公路客车交通量的当量标准小客车换算系数按照附表5折算。

高速公路客车的当量标准小客车换算系数　　　　　　　　　　附表5

| 收费车型 | 座 位 数 | 车型二级分类 | 当量标准小客车换算系数 |
| --- | --- | --- | --- |
| Ⅰ型 | ≤7 | 中小客车 | 1.0 |
| Ⅱ型 | 8~19 | 中小客车 | 1.0 |
| Ⅲ型 | 20~39 | 大客车 | 1.5 |
| Ⅳ型 | ≥40 | 大客车 | 1.5 |

在附表2中一些省(市)收费客车车型划分与部标《收费公路车辆通行费车型分类》(JT/T 489—2003)虽有差别，但也可参照部颁标准进行划分。

将高速公路的货车轴型分类与公路交通情况调查机动车型折算系数参考值对比后，高速公路货车交通量的当量标准小客车换算系数按照附表6计算。

2019年高速公路货车的当量标准小客车换算系数　　　　　　　　　　附表6

| 轴　型 | 轴　数 | 二级分类 | 当量标准小客车换算系数 |
| --- | --- | --- | --- |
| | 2轴4胎 | 小型货车 | 1.0 |
| | 2轴6胎 | 中型货车 | 1.23 |

续上表

| 轴 型 | 轴 数 | 二级分类 | 当量标准小客车换算系数 |
|---|---|---|---|
|  | 3 轴单车 | 大型货车 | 2.5 |
|  | 4 轴单车 | 大型货车 | 2.5 |
|  | 4 轴半挂列车 | 特大型货车、拖挂车、集装箱车 | 4.0 |
|  | 5 轴半挂列车 | | |
|  | 6 轴半挂列车 | | |

省(自治区、直辖市)的交通量分布是把各个路段客车、货车(含重车和空车)的当量标准小客车车次汇总在省(自治区、直辖市)高速公路路网上。

# 致　　谢

　　《中国高速公路运输量统计调查分析报告》（以下简称《报告》）已经连续出版12年，为社会公众披露了中国高速公路运输状况。《报告》得到了交通运输部综合规划司统计处、交通运输部科学研究院信息中心的大力支持。在此，表示衷心的感谢！

　　2019年《报告》在编制的过程中，分阶段完成了高速公路联网收费数据库的采集，处理分析了115.52亿辆次的通行数据。结合对各省（自治区、直辖市）高速公路收费站进行的实际抽样调查数据，顺利完成了《2019年中国高速公路运输量统计调查分析报告》撰写工作。

　　为此，长安大学运输科学研究院全体成员付出了相当大的精力与汗水，特别感谢孙爽、郭沛鑫、陈美芳、杨鹏飞、姬艳伟和郭鸿伟等人在高速公路联网收费数据进行汇总、处理分析高速公路联网收费数据及收费站实际抽样调查中的辛勤工作，通过他们的严密审查和验证，保证了数据的真实性和可靠性。

长安大学运输科学研究院<br>
2020年10月31日